JN070816

愛のコース

マリ・ペロン 記
香咲 弥須子 監訳、ティケリー裕子 訳

Mari Perron, First Receiver

ナチュラルスピリット

A COURSE OF LOVE:
Combined Volume received
by Mari Perron

Japanese translation published by arrangement with
Take Heart Publications through The English Agency(Japan)Ltd.

This translation is based Second Printing, August, 2015.

第三部　対話

愛のコース　目次

第三部　対話

※本文、段落冒頭の数字は最初が章番号、次が段落番号を示す。
例えば 5.1 は、第五章の一番目の段落であることを示している。

第一章　神の子という新しいアイデンティティ~その恵みを受け入れる

1.1　親愛なるキリストの兄弟姉妹たちよ。

1.2　わたしは今、真のあなたの共同創造者として、かつ、あなたが「あなた自身の身体で象徴したい」と願う真の自己として、あなたのもとへ現れています。単なる「他者」としてではなく、あなたと同じ、聖なる真の自己として現れています。わたしたちは、融合した状態では「神の子」という同一性を保っています。あなたは、融合したヴィジョンとともに進むとき、肉体を持ったわたしのようになり、スピリットの泉から受け取って与えるようになります。準備や計画は必要ありませんが、あなたは、自分が受け継いだもの、贈り物、そして真の自己を、自分のものだと主張しなければなりません。

1.3　これは個の自分を後退させ、真の自己を全面に出すことを意味します。あなたの心配事はすべて、個の自分のためのものだということに気づいてください。あなたは、個の自分には、使命や目的を果たせない可能性があると思い続け、そんな失敗を次のようなときに目撃します。不適切な発言、不適切な服装、肉体のスタミナ不足、知性の欠如といった「足りない」ものを通し、あなたは失敗を目にします。言い換えれば、個の自分の能力を通してそれらを見ます。そのようなものを見ている間は、かつてのように、個の自分のパターンの継続を目撃し、新しいものや高められた新しい自己や、神と一つの真の自己を見出すことはありません。さらに、分離した自己がいまだに挑戦し、悪戦苦闘し、一人でしくじるところを目撃します。自然の恵みや宇宙の秩序が、高められた自己の領域と空間に広がるところは見えません。そのような状態では、真の自己を前面に出すべく個の自分を後退させるのでなく、個の自分を最前線へと打ち出します。

1.4 こうした混乱や苦闘が生じるのは、あなたが準備として何をすればよいのかをわかっていないからです。あなたは、学びを終えたように準備も終えているのに、それらを終えたことを確信できていません。あなたはまだ、何をすべきか、次は何がやってくるのか、何を学ぶべきか、どのように入念に先々に備えられるかを知りたがっています。

1.5 一方で、わたしがあなたの準備を完了させたことも、わたしとつながれば失敗があり得ないことも、あなたは知っています。あなたはすでに完成された存在なので、準備をし損ねることはありません。あなたのマインドがこの真実を受け入れるために、あと何が必要でしょうか。それは、あなたのマインドがこの真実を受け入れることです。

1.6 あなたのハートは、現実であるこの真実を知っています。古い現実とは異なる、この新しい現実が実在することを知っています。マインドとハートが一つになり、この新しい現実を受け入れ、その受容をもってハートが解放し、新しい世界である神の家を住処とすること、それが、理想です。そこは、神の王国です。そこは、すでに準備されていた場所なので、あなたが準備をする必要はありません。

1.7 このように受け入れることが、個の自分を高めるには極めて重要です。もし受け入れなければ、個の自分は挑戦し、悪戦苦闘し、準備や計画をし続けなければなりません。さもなければ、個の自分は、どうしてよいのかわからないのです。あなたもまた、そうする以外にどうしたらよいのかわからないと思っています。

1.8 これが、最後の明け渡しです。個の自分による支配を放棄するのです。エゴがなくなっても、個の自分は、世界を動き回ることができます。顔も名もアイデンティティもない存在として控えめで無私無欲で、かつ効力を持たずにいられるのです。結果を生むには動機が不可欠だからです。

1.9 そんな「反エゴ」の傾向は、この時期、本当に危険です。あなたは、無私無欲になれと言われているのではなく、真の自己になりなさいと言われています！

1.10 これが、あなたの感じてきた、あなた自身に起きている変化です。エゴがなくなったというのに、真の自己を個の自分の内側に宿らせる許可が出ていません。だから、真の自己は個の自分を高められず、あなたは、一時的に無私無欲の状態へ陥り、個の自分はアイデンティティがないことに苦しみました。人はこの時期、本当に文字通り、アイデンティティの欠如、つまり動機の欠如から、死へと至ることがあります。もはや、個の自分に執着しないことは求められていません。その代わりに個の自分を高める取り組みをするからです。あなたは、アイデンティティのない状態でいるのではなく、真のアイデンティティを受け入れることで、個の自分を高めることができます。エゴの統治は、アイデンティティが見失われているときに始まりました。そんなふうに生きてはいけません。

1.11 ここに、救いがあります。呼びかけられた通りに生きてください。あなたの住処を、あなたの真のアイデンティティである真の自己へと解放しましょう。その様子を全身全霊で想像してみてください。分離した自己が抱擁され、融合した真の自己に吸収されていく様子を思い浮かべてみてください。キリストの身体は、形に内在するキリストを通して実在します。

1.12 この考えによって、これまで自分と呼んできたアイデンティティはどうなってしまうのかと心配になるでしょう。古いものの放棄と新しいものの受容を象徴する改名の儀式が数多くあるのは、このためです。例えば、あなたも知っているように、洗礼や堅信礼や結婚のような聖礼典では、何らかの形で改名の儀式があり、毎回そこで新しいアイデンティティを迎え入れます。それらと同様に、わたしたちも今、新しいアイデンティティを迎え入れましょう。今では、聖礼典はほとんど意味のないものになっていますが、その意味を取り戻しましょう。新しい名前は、新しいアイデンティティの象徴に過ぎないため、改名は必要なく、ここでも、それは求められていません。わたしたちは、象徴を超え、内側でしか得られない知へ向かって進みます。つまり、わたしは今、神の恵みを受け入れている状態になって欲しいと呼びかけています。「神の子」という新しいアイデンティティは、神の恵みです。どうかそれを受け入れてください。

1.13 ハートを開いてください。すると、あなたの前にはあらゆるものと融合した人が現れるからです。あなたがハートを開き、真のアイデンティティが、あなたという形の中であるがままに存在できるようになると、かつては小さな光の点だったものが、導き手へと変化します。あなたは、神の恵みの内に存在し、融合を引き起こす源と、一つの存在です。原因を見失ったままでいないでください。あなたとあなたの源は、一つです。

1.14 **わたしは分離して孤立した個の自己ではありません。**
わたしはキリストです。
わたしは融合の内側にいます。
わたしのアイデンティティは確実で信頼できるものです。
それが真実です。

わたしは、かつてのわたしに満たない存在ではなく、それ以上の存在です。
わたしは今、かつて空虚に感じていたところで満たされます。
わたしは今、かつて暗闇だった場所で光に包まれます。

わたしは今、かつて忘れていた場所で本当の自分を思い出します。

今、出発します。

本当の自分として世界で生きるために。

原因と結果を同じものにするために。

愛の源とつながり、あらゆる創造物とつながることを実現させるために。

1.15 この対話は、あらゆる人に向けたものです。わたしたちは、皆と融合して生きているからです。わたしたちの会話に参加するよう強要されている人は、一人もいません。耳を傾ける人だけが、聞く準備を整えます。聞く準備を整えた人だけが、耳を傾けます。融合によって何を惜しみなく与えられるのか、あなたはそれを教わることはできないことをと覚えておいてください。ゴールは、もはや学ぶことではありません。いつのときもあなたのものであった、アイデンティティを受け入れることがゴールです。再び姿を現し、あなたの記憶に蘇ったそのアイデンティティを受け入れること、それがゴールです。知っているにも関わらずそれを真実として受け入れなければ、狂気のパターンが続きます。そんな狂気のパターンと正気のパターンが入れ替わらなければなりません。

1.16 狂気のときは、真実が真実でないかのように振舞い、正気のときは、真実を現実として受け入れ、真実に基づいた行動をします。いったん真実を知ると、真実でない性質は、狂気を受け入れる行為としてしか残りません。わたしはこれから、あなたがそんな狂気を拒否し、完璧な正気である真実を受け入れる手助けをします。

1.17 それは、学びを通しては行われません。あなたが教わった通り、学びは、分離した自己が融合に回帰するための手段だからです。そのためのレッスンが与えられてきました。レッスンは何度でも見直され、あなたが、完全に学び終えたと感じるまで続きます。あなたが「これぞ本当の自分である」と知った真の自己で居続ける間も、レッスンは、あなたに思い出させる役割を担います。けれども、さらなる学びがあったからといって、その学びが、個の自己から高められた真の自己への変容を完了させたり、キリスト意識を維持したりするわけではありません。

1.18 では、わたしたちはこれから何をするのでしょうか。わたしが教えるわけでも、あなたが学ぶわけでもないのなら、その変容を完了させる継続的な手段とは何でしょうか。あなたが示してきたように、それは、準備や挑戦のことではありません。その手段とは、受け入れて明け渡すことです。

1.19 この対話を始める際、自然と疑問が湧くでしょう。あなたは次のように問うかもしれません。この対話を受け取って書き取る人ならば、「これが本当に対話であり、やり取りであり、会話であると感じられるかもしれないけれど、自分は読者としてどのようにそれを感じられるのか」と。それは、これらの言葉を最初に聞いて書き記した彼女［訳註・マリ・ペロン］と同じように、あなた自身も、この対話の受け取り手であることに気づくことで、彼女と同じように感じることができます。

1.20 ある曲を何千回、何百万回と耳にしているあなたは、その曲の受け取り手ではないと言えるでしょうか。その曲を最初に聞いた人になるということが重要でしょうか。この対話は、本当にわたしとあなたの対話なのです。これらの言葉を書き取った人の「手法」が、全員の手法であることを望まないでください。源から「直接」聞くこととあなたがここで行うことが、異なっているとは思わないでください。それは、融合の考え方ではなく、分離の考え方です。ここでわたしが述べていることは、あなたに対して述べていることです。わたしがこれらの言葉を大勢に対して述べていることは、重要ではありません。これらの言葉をあなたとともに受け取る大勢とあなたは、一つなのですから。

1.21　この対話は、祈りで始まります。あなたが融合して何を知ったのか、それを思い出してもらうためです。それは、あなたが分離した自己としてやり遂げたと思っていた、どんな学びとも違います。あなたは、融合の状態を受け入れる方法を学べなかったというのに、融合した状態を受け入れて認めるという偉業をなし遂げました。これは、真実を伝えようとするあらゆるカリキュラムに共通した、難解な部分です。真実を本当に知るにはまず、教わることのできない、融合した状態を習得しなければなりません。その状態は、切に求めることでしか得られません。

1.22　マインドとハートを融合させたあなたは、もはや学びを必要としない、「知っている」状態に戻りました。そして、学ぶことができないカリキュラムに出会いました。教師は必要ないので、いません。それでも、あなた方の多くはまだ、引き続き学ぶ必要があると感じたり、学びを実践する中で、自分を導く教師との関係を続ける必要があるかのように感じたりしています。現実である真実に従って生きようとするのに、あなたは、いまだにハートに向き合いもしなければ、取り戻した知に信頼を寄せようともしません。

1.23　これは、神が、あなたから離れた外側に存在しているという考えに似ています。もし真のアイデンティティを完全に受け入れていたなら、ガイダンスを外側に求めることはないでしょう。完全に受け入れた状態では、真の自己だけが存在することに気づいているからです。わたしたちは、一体です。一つのキリストです。わたしたちは、一つの真の自己です。

1.24　あなたの真の自己は、あなたが誕生したときからここにいる「人」ではありません。あなたの身体は、容れ物のようにあなたをとどめているわけではありません。真のアイデンティティを受け入れるとき、あなたは、自分の身体の目的が変わることに気づきます。かつて、自分だと思っていた自分を、今度は、真の自己の「象徴」として見るようにならなければなりません。あなたは、すべてです。あなたは、あらゆる人です。あなたが見ているのは、あなただけです。あなたは、どんなものからも離れて佇んでいるわけではありません。

1.25 わたしたちは、一体です。

1.26 学びは、自分から分離している人たちが自分の知らない物事を知っていることを受け入れますが、それは、事実ではありません。それが事実ではないと完全に受け入れると、その通りだとわかるようになります。融合を受け入れることは教わることのできないことですが、それは、学ぶための条件でもありました。同様に、真のアイデンティティを受け入れることも教わることができませんが、本当の自分であるため、かつ学びが要らないと気づくためには、なくてはならない条件です。

1.27 したがって、わたしたちはこれから、融合して身につけたことを受け入れる取り組みをしていきます。正気を受け入れ、狂気を拒絶することを目指します。わたしたちは、愛と融合の内側でしか受け取れないものを求め、愛と融合の内側でともに取り組みます。愛と融合の内側でこそ、わたしたちは一体となり、一つのキリストとして、一つの真の自己として、ともに真に生きることができます。

第二章　受容と否定

2.1　あなたは、新しいものを受け入れ、古いものを拒否するという、二つのことを同時にするよう求められています。受け入れるとは、受け取る意志を持つということです。この定義について考えると、これが古いやり方ではないことがわかるでしょう。受け取る意志を持つことは、あなたの人生をここまで導いた態度や行動とはまったく反しています。第一部であなたは、このコースをハートに取り込んで真のアイデンティティに戻るには、意志だけが必要だと聞かされました。その意志の中に受け取る力を見出して、このコースを「学ぶ」努力をやめた人たちが、ここで継続する取り組みを始めます。古いパターンの学びを新しいパターンの受容で置き換えていくのです。

2.2　否定するとは、自分の知っていることが正しくないことを、真実として受け入れることを「拒否」するという意味です。つまりここでは、正気と真実を受け入れ、狂気と誤りを否定します。この受容と否定の二つを同時に行うことが求められていますが、手段と結果、原因と結果が同じであるように、受容と否定も同じ行為だととらえることができます。あなたは自分の真実を受け入れ、本当の自分として生きる方法を示すものを受け取るよう求められています。そして、本当の自分ではないものを受け入れることを「拒否」し、誤った自分として生きることがないよう求められています。

2.3 古いパターンを否定すると、新しいパターンが自然と生まれます。以前にも述べましたが、今のあなたは、自分のすべきことが何であるかを知っています。あなたはもはや、分裂したマインドが作り出す状況の犠牲者ではありません。分裂したマインドは、混乱が生じることを容認していました。だからこそ、わたしは「彼らは何をしているのかわかっていないのです」と言いました。あなたは、古いパターンを否定するや否や、自分が今何をして、これから何をするのかを、知っているということを再認識しなければなりません。わたしは、あなたに古いパターンに抗ったり抵抗したりして欲しくありません。したがって、「否定」という言葉がここでは適切です。パターンは、あなたが取り消して一掃した誤った記憶と同類のものではありません。

2.4 パターンは、「学ばれた体系」と「設計図である体系」の両方を指します。学びのパターンは、融合への回帰を可能にするために、融合の内側で協力して創造された聖なる設計図です。そのパターンによって、望ましい結果へと達したため、パターンは必要なくなり、適したものではなくなりました。そのパターンは、望む結果を目指す上では完璧な設計図でしたが、それを継続すると、本当の自分を完全に受け入れる上で妨げとなります。

2.5 望む結果を目指す点においては完璧な設計図であるそのパターンは、例えば、学校教育にも当てはまります。教育にはもともと終点があり、学生は医者、教師、科学者、神父、エンジニアになるための教育を終了すると、それぞれ新しいアイデンティティを名乗り、そのアイデンティティを生きるようになります。学びの時間が終わったことに気づかぬまま、学ぶ必要があると思い続けるなら、それは「終了」に気づいてないということです。

2.6 こうした学生生活のある一面を示す例では、新しいアイデンティティを名乗れないことがときにあり、また、名乗れないことが適切とされる場合もあります。けれども、あなたが終了した本当の自分を明らかにする学びでは、「終了」に気づかぬまま新しいアイデンティティを名乗らないことは、許容できることでも、ふさわしいことでもありません。

2.7 これは判断しているのではなく、ただ、真実を述べています。真実を知っても、その真実を受け入れないことは、職業上で必要な何かを学ぶときとは異なります。真実を知っても、それを受け入れないのなら、それは狂気です。真実を知ったのに、学びを終了せずにいることを受け入れるのもまた、狂気です。

2.8 必要なことはすべて学んだことに気づかなければ、キリスト意識ではなく、分離した自己の意識のままとどまることになります。

2.9 古いパターンによって間違った確信を得る場合もあるため、古いパターンを否定することは困難です。わたしたちが否定について語るとき、それは、新しいものがあなたの役に立つよう古いものの「使用」を拒否することについて話しています。あるがままにただ受け入れるために、否定について話します。

2.10 かつては、学ぶことで上手くいっていると感じていましたが、今となっては、学ぶ状態を否定することの方がふさわしいと言えます。上手くいっていると感じていたのは、幻想です。新しいものが訪れるよう古いものへのアクセスを拒否するとき、幻想が退きます。

2.11 「上手くいっている」と思い込んでいたパターンを振り返ると、一つひとつのパターンは、どれも、上手くいくときもあればいかないときもあり、自ら結果をもとに判断していたことがわかるでしょう。言い換えれば、あなたは、結果が生じた「事後」に判断しているということです。例えば、よい成績やよい結果をもたらした学習習慣は「上手くいくパターン」となり、次によい成績やよい結果を出せなくなるまで、そのパターンは繰り返される傾向にあります。そのため、「上手くいく」と思っていたものは、いちかばちかの運試しのようなものだったと言えます。あなたは、試して望ましい結果になれば、それを成功と呼び、望ましい結果にならなければ、それを失敗と呼び、上手くいかなかった事実を認めます。

2.12 これが、同じことに再挑戦するときに妨げとなることもありますが、大抵はそうはなりません。けれども、何を試したとしても、それは、試行錯誤の概念に基づくもので、確実な結果を期待できるものではありません。ある思考パターンや行動パターンが、一度ならず何度も上手くいくとわかると、それは「確実に上手くいくもの」として固執されるようになります。つまり、上手くいくことが証明されたパターン、あるいは方法として、固守されるようになります。

2.13 「上手くいかない」と思われるものは、大抵、あなたが支配できないものなので、自ら支配しようとするパターンを身につけたあなたは、次のような考えを習得しました。「他のあらゆる方法で上手くいかないならば、地味で昔ながらの努力でやり遂げる」「安全とは危険を冒さないこと」「情報は力なり」といった考えです。

2.14 あなた方の多くは、より詳細に人生をコントロールできれば、より一層、結果をコントロールできると信じています。また、人生が、善意に満ちた制度や政府の支配下にあればあるほど、より望ましい結果を得られると思っている人たちもいます。どちらにしても、支配は強力なパターンとして見なされています。

2.15 そうは思えないかもしれませんが、あらゆるパターンは学びに関連しています。分離した自己としてのあなたは、学ぶことを唯一の機能とする存在です。あらゆる学びの役割は、あなたを真のアイデンティティに戻すことです。わたしたちは今、崇高な形ある個の自分と真のアイデンティティを一つにしようとしているので、新しいパターンを必要としています。

2.16 あなたがパターンを表に出そうとした結果、体系が生まれました。パターンは内側で保たれるものですが、それを自ら表に出そうとした例を振り返れば、パターンの性質を理解する手助けとなります。

2.17 司法制度がそのよい例と言えるでしょう。あなたは大抵の場合、制度が上手く機能していると信じているので、望ましい結果を求め、進んでその制度を利用します。けれども、求めていた解決法が得られないとわかると、その制度に憤慨します。あなたは、そのようにどんな制度も信頼できるものではないと知りながら、よきことも悪しきことも受け入れようとしますが、自ら「上手くいく」と信じている体系が万能でないことを率直に認めます。

2.18 信頼できない体系はすべて、誤った設計図とパターンに基づいています。世界に対するあなたの誤った知覚が、信頼できない体系を成長させました。信頼できないのは、誤った知覚や幻想に基づいているからです。そんな体系から離れたくないという思いは、狂気です。信頼できない体系における創造は、明晰に考えられない、分裂したマインドのすることだからです。

2.19 あらゆる体系は、自分の「内側」ではなく「外側」の世界を理解したいという欲求に基づいています。自分の「内側」の世界を理解しているのなら、「外側」の世界を理解して管理するための体系は要らないでしょう。こうした体系は、外側の手段を使って自分という性質を学ぶ試みであり、外側の世界を学ぶための手段です。司法制度を例に取っても、あなたは、社会や周りの人々を見るたび、そこに潜む敵意を目にし、誤った裁きに基づいて、誤った結論から誤った制度を発展させてきたのです。そうしてできた制度は、厳しい環境に公平に対処する手助けを目的にしています。そして、延々と学びを繰り返さなくて済むよう、習得されたことに基づくパターンの形成を目的にしています。このような体系やパターンは、機能していないことが判明しているにも関わらず、新たな学びが不可能で望ましくないと思えてしまうほど、定着してしまいました。実際は、古いパターンの学びに基づく新しい学びや体系は上手くいかないので、わたしたちはこうして再び始めています。

2.20 新しい始まりを困難に思う気持ちは、再び学びたいという思いから生じています。あなたは、こんなことをつぶやくでしょう。「司法制度が機能していないなら、改善しよう」「古いやり方が上手くいかないなら、新しいやり方を教えてよ」「新しい方法さえ教えてくれれば、それを一生懸命学んで実践するのに!」「新しいパターンを教えてくれたら、きちんとそれを実践するから」などなど。

2.21 これ自体が、パターンです。原因ではなく、反応のパターンです。外側を見て、そこで見えたものに対して何ができるかを考えるパターンです。これらは内側を見ることで、外側で見えているものに変化を起こすパターンとは異なります。

2.22 あなたの内側こそが、本当の世界です。そこでは、すべての兄弟姉妹がキリスト意識と融合して生きています。内側の変化が外側に変化をもたらします。その逆はありません！　アドバイスやガイダンスを求める際は、権威ある他者を頼るのではなく、内側のハートに頼り、アドバイスやガイダンスをもらいましょう。内側でこそ、あなたはキリスト意識の知を見出し、融合意識を取り戻し、創造力を発見します。新しいパターンを創造する力を、内側で見つけるのです。内側を見ることは、古い個の自分に対する答えを見つける試みとは違います。内側を見るとは、答えを求めて学んだ知識に頼る分離した自己に対して、答えを見つけてあげることではありません。内側を見るとは、本当の自分に頼ることです。つまり、形ある姿でどのようにキリスト意識を保てるかという、唯一の疑問に対する新しい答えを創造するために、あらゆる人たちに分かち合われている意識に頼るということです。

2.23 神はあなたに同意を求めています。共有されたその同意におけるあなたの役割によって、あなたが受け継いだものの約束が果たされます。これは、新しい契約です。あなたは、その契約で地上に天国をもたらし、キリストの統治を迎えることへの同意を称えます。迎え入れるとは、手のひらで兄弟姉妹の道を彼らに示すことです。その約束を受け入れることが、あなた自身の約束を受け入れることであることがわかるでしょうか。「新しいものを受け入れ、古いものを否定することが、ともに新しい契約を確立させる」という、わたしたちの取り組みに不可欠であることがわかるでしょうか。

第三章　新しい契約

3.1 「新しい契約」とは、先人たちが歩んできたキリスト意識への道のりを、ともに歩んでいくという同意です。それは、喜びが悲しみに勝り、勝利が敗北に打ち勝つ道のりです。そこで必要なものは、新しいものを受け入れ、古いものを否定することだけです。すると、キリスト意識を形の中で保てるようになります。

3.2 親愛なるキリストの兄弟姉妹たちよ、この呼びかけは、あなたの記憶において、聞いたことのあるものでしょう。かつて静かに耳を澄ますたびに聞こえていた呼びかけです。それは、美しい記録であり、神のベルの音色であり、生家に戻るための招待状です。その呼びかけは、常に鳴り響いていました。それは、弔いの鐘ではなく、生きるための呼びかけです。過去や未来ではなく、永遠なる今という、この瞬間に鳴り響いている呼びかけです。それは、内なる対話の音色の中に存在しています。

3.3 それは、あなたへの呼びかけであり、ずっと望んできた目的のために、人生を投じてくださいというお願いです。あなたは今や、目的のない状態ではありません。あなたの人生は、無意味ではありません。あなたは導き手であり、新しいものに挑む先駆者です。今後も繰り返されるように、あなたの取り組みは新しいものを受け入れ、古いものの受容を拒否することです。その方法でしか、新しいものは古いものに打ち勝てません。

3.4 わたしは意図的に「勝利」「打ち勝つ」という言葉を使いました。こうした取り組みで使う言葉としては稀ですが、わたしたちの対話では普通の言葉として使っていきます。「受容」と「否定」を一緒に使うように、これらの二つの言葉も使っていきます。新しいものを迎え入れるには、古いものを否定しなければならないように、真実が幻想に打ち勝つには、古いものが消え去らなければなりません。

3.5 完全な心を保つあなたは、分裂したマインドで生きる人々には決してできないことを行う力と、二元の不和を修復する力を持っています。真実は、その力に宿っています。二元性は、分離した自己が学ぶ上で必要な状態でした。しかし、今はもう必要ありません。ハートとマインドの不和を修復することで、あなたは真の自己へと戻りました。同様に、二元性の不和を修復することで、あなたは世界を真の姿へと戻します。あなたがマインドとハートを一つにしてキリスト意識のワンネスと融合へ戻ったとき、あなたの内側で、二元の不和が修復されました。キリスト意識を保っていれば、世界においても同じことを達成できます。

3.6 二元性と対比は、同義語です。ホーリースピリットの時代では、あなた方は対比を通して学びました。善悪、強弱、正誤のように相反するものを対比することから学び、愛と恐れ、病と健康、生と死など対比をなすものから学びました。キリストの時代では、学びがもはや必要ないため、学びに必要だった対比の状態も必要ありません。したがって、あなたが最初に受け入れることは、学ぶ状態を終えることです。しかし、それは、善を受け入れて悪を否定するとか、愛を受け入れて恐れを否定するとか、そのような意味ではありません。では、どうすれば学ぶ状態を終えられるのでしょうか。

3.7 わたしたちがともに行うべきことを理解した上で最初にすることは、学ぶ際に必要だった、人生のさまざまな側面をすべて解放することです。新しいものを受け入れ、古いものを否定することから始めたのは、そのためです。それ以外のことをする必要はありません。対比の概念に信頼を置くのなら、あなたは、新しいものにもその古い概念を持ち込むでしょう。わたしたちは、古いものを手放します。同時に、相反する考えや対比をすべて手放し、相反する力や対立という概念そのものを一掃します。新しいものが古いものに打ち勝つために必要なのは、それだけです。争いが必要なのではありません。権力や争いによる勝利はありません。これが明け渡すという意味です。わたしたちは明け渡すことで今、勝利を収めます。つまり、与えられたものを意識的に完全に受け入れることによって、勝利を収めます。

3.8 第一部で紹介し、第二部の解説IIで詳しく説明した、与えることと受け取ることは同じであるという考えについて、再び話していきましょう。今度は学んだことではなく、一つの考えとして、かつ、新しいものへと取り込む考えとして話していきます。以前教えた考えの中には、もう一度新たな方法で述べたいものがたくさんありますが、これは、その最初の一つと言えます。それらの考えは、融合の中で生きるあなたの本質を表しているからこそ、あなたはそれらとともに歩んでいきます。あなたにとって、それらは新しい考えです。あなたは、最近それらを知り、思考術を使い、崇高な形ある真の自己へとそれらを取り入れ始めたところだからです。でも実は、それらは新しい考えではありません。本当の自分という概念は、形ある自己の内側で生まれました。真の自己、つまり崇高な形ある真の自己が、同じ源から生じたさまざまな考えとともに取り組めるようにするためです。

3.9 「本当の自分」という概念は、あらゆるものと融合した、完全な心を持つ自己から生じました。それによって新しいパターンの出現が認められ、未来の設計図が創造されました。そのように生まれた考えが、わたしたちが習得して手放した概念に取って代わります。

3.10 そうした考えには、共通して、ワンネスという性質があることに気づくでしょう。二元性や対比をワンネスで置き換えます。あなたは、これまでの人生を司っていたものの代わりとなるものを探し求めるようになるでしょう。その置き換えについて話していきましょう。

3.11 与え手と受け取り手が存在するという考えを一掃するとき、与えることと受け取ることは同じであることが、もっともよく理解できるでしょう。あらゆるものが一つなら、与え手と受け取り手が存在するという考えは、意味をなしません。同時に、与えることと受け取ることが同じであるという考えもまた、ある意味、意味をなしていません。それは、分かち合われた意識の観点からは意味をなしていないのです。しかし、分かち合われた意識が形あるものに宿る場合、それは、まったく理にかなっています。

3.12 あらゆる考えは、その源を去りません。「与える」「受け取る」という考えは、あらゆる考えと同様、形から離れて存在します。与えることと受け取ることは、融合して分かち合われた意識では同じことです。つまり、「与えることと受け取ることは同じ」と述べることと一緒です。分かち合われた意識こそ、本当のあなたの真実です。けれども、個の自分を高めるには、与えて受け取るその同じものが、形で共有された一つのものである必要があります。しかし、真の自己の分かち合われた意識を象徴する崇高な形は、分かち合われた意識から分離していません。したがって、与えることと受け取ることが同じであることは、崇高な形ある真の自己の本質とも言えます。わたしたちがこの対話を通して目指すことは、この意味を完全に知ることです。

3.13 本当の自分を知る手助けは、学ぶ手助けとは異なります。以前述べたように、あなたは知るべきことを知ります。この対話でやり遂げようとしていることは、あなたが知っていることを受け入れて、自覚することです。受け入れることは意志によって容易にできますが、かつて幻想の霧の中で隠れていたものを、「形」を通して完全に知ることはさらに難しい課題です。

3.14 与えることと受け取ることが同じとは、形においても概念においても、それらは一つであるということです。この意味をもう一度簡潔に述べると、「与えることと受け取ることは、融合した中で同時に起こる」ということです。そこには、与えることと受け取ることが別々の行為であるかのような「時差」はありません。また、与えることと受け取ることが起こっていない「時間」というものもありません。つまり、与えることと受け取ることが同じであるというのは、新しいものの本質と分かち合われた意識の本質を言い表しているに過ぎません。

3.15 崇高な形ある真の自己にとって、これは何を意味するでしょうか。この対話を例えにするとわかりやすいでしょう。この対話は、継続します。与えることと受け取ることは同じです。これらはこのページに記された表現に過ぎませんが、ここにある言葉は、引き続き分かち合われるものを象徴しています。あなたも同じです。あなたは、崇高な形ある真の自己として、引き続き与えられ受け取られ分かち合われるものを継続的に象徴する存在です。あなたは、象徴です。例えば、この対話においても、あなたは象徴です。あなたは、あらゆるキリストの兄弟姉妹たちの象徴であり、真実の象徴です。与えられ受け取られるすべてを象徴しています。創造、融合、真の自己の象徴なのです。

3.16 あなたは真の自己として、与え手であり受け取り手です。あなたの真の自己が、全面的にこの対話に参加しています。真の自己として、あなた自身が真実です。真の自己であるあなたは、創造者であり創造物です。あなたは真の自己として、融合そのものです。それが、自覚というものです。意識は、あなたの自覚と関連します。分離した自己の現実と、今知っていることだけを知っている状態では、キリスト意識を形の中で保つことはできません。

3.17 「わたしがもはやあなたの教師ではない」と繰り返すのは、このためです。あなたは、わたしとのワンネス、あらゆる創造物とのワンネスに気づかなければなりません。しかし、わたしを教師、自分を学習者ととらえている間は、それに気づけません。自分のことを学ぶ存在だと思っていれば、あなたは内なる知ではなく、自分と異なる「何か」、真の自己とは異なる「誰か」を頼り続けてしまいます。

3.18 これは、真の自己と崇高な形ある真の自己の相違を伝えるものではありませんが、形においては、真の自己と崇高な形ある真の自己には違いがあることを示しています。真の自己は、これまでもこれからも身体以上の存在であり続けます。しかし、身体もまた、新しい真の自己であり、新しい一つの身体であり、一つのキリストです。

3.19 真の自己と崇高な形ある真の自己の違いが、わたしたちを新しいものを創造する者にさせているとも言えます。崇高な形ある真の自己は、新しいからです。真の自己は、永遠です。わたしの真の自己も永遠ですが、かつてわたしが誕生したように、あなたの崇高な形ある真の自己もまた、生まれたものです。わたしたちがこれから歩む中で目撃する主な一つは、形と中身の違い、さまざまに分離した形による、中身の表現方法の違いです。異なる多様な表現が、違いを生んでいないことに気づくのは難しいでしょう。このコースではその違いを、あらゆるものに備わる同一の愛を独自に表現したものとして語っています。

3.20 自然界の秩序が木々の生命を支えるように、木々は、一体となって協力して生命を活性化する、生命維持装置のようなものです。これは、学ぶ存在としてあなた方が発展させた、どの社会にも言えることではないでしょうか。あなたの社会は、活気を与え合い生命を支え合っているでしょうか。新しいパターンは、あなたがその新しいパターンを受け入れて十分に自覚する間、生きる力を与えて生命を支える体系だけを創造します。

3.21 わたしは、これが最初の一歩であることを知っています。あなた方の多くが、再び学ぶことを求められているかのようにすでに感じ取っていることも知っています。そればかりか、学習困難な概念を、わたしに提示されているように感じていることも知っています。ここで覚えておかなければいけないのは、分離した自己は、すでに「与える、受け取る」という概念を学んでいること、そして崇高な形ある真の自己にとって、それは、ワンネスという分かち合われた本質でしかないということです。学ぶ必要も、理解する必要もありません。崇高な形ある真の自己は、ただ存在しています。あるがままに知ることが、キリスト意識の本質です。したがって、あなたはすでに、与えることと受け取ることが同じであるという真実を知っています。その「知っている」という自覚は、あなたの内側にあります。あなたはもはや、あるがままに受け入れずにそれを知らないと主張することはできません。

3.22 これらは、あなたの考えであり、わたしの考えでもあり、神の考えでもあるように、兄弟姉妹の考えでもあります。わたしはあなたに何も教えていません。古いことも新しいことも教えていません。わたしはただ、あなたにあなたのアイデンティティを思い出させたように、あなたの知っていることをあなたに思い出させているだけです。

3.23 この対話でしようとしていることは、あなたのすでに知っていることを伝えて後押ししていくための言語をあなたに提供することです。あなたが新しいものを創造するとき、すでに知っていることをより心地よく役立たせることができるようにするためです。新しいものを創造するために必要なものはすべて、あなたの内側にあります。新しい創造の支えとして、宇宙の力が、絶えず与えられ、受け取られています。それが「創造」です！ 全宇宙のあらゆる存在が、同一のものを与えて受け取っています。それが、わたしたちの力です。このキリストの時代に新しい契約を創造するために、わたしたちの力が必要とされています。

第四章　新しいあなた

4.1　この契約によって、あなたと神の同意を実現させます。同意は、あなたが新しい存在になるためのものです。あなたがそうなれば、神も世界も兄弟姉妹も、新たに生まれ変わります。あなたとそれらは、同じではないにしても一つだからです。

4.2　あなた方は、同じではないとはいえ、異なっているわけでもありません。学んでいる間に見た相違こそ、あなたが見ないよう求められているものです。一人ひとりが離れ離れで孤立して佇んでいるかのように感じさせるその相違こそ、見過ごすよう求められているものです。融合の内側では、あなた方は一体で、切り離されることのできない存在です。そして、あなたが形においてその融合に気づくと、一つの生命体がその生命自体のレベルを引き上げます。

4.3　今こそ、この考えを受け入れるときです。もし受け入れられないのであれば、あなたは自分が作り上げた牢獄に居続けることになるからです。

4.4　牢獄つまり刑務所は、あなたが誤った知覚で作り上げた制度を示す、よい例でしょう。あらゆる体系と同様、それは内側の状態を反映します。「異なってもいない、同じでもない、それでも一つである」ということがわからない人たちが、どうなるのかということをあなたに見せています。

4.5 今のところ、あなた方の作った刑務所制度に適した人たちがいることについては、無視してください。あなたが言及したい凶悪犯罪に関する議論も、いったん無視してください。刑務所については、収監される人々の一つの生き方だととらえてみてください。あなた方には皆、囚われの身とも言える「個の自分」というものがあります。キリスト意識に参加する一人ひとりに、監房の扉と牢獄の門が開かれており、新しい世界が差し出されています。その機会を受け入れないのなら、いつ起床し、どう一日を過ごし、いつ就寝するかをいちいち告げる社会で囚われたままになります。そして、ともに囚われの身である他者やあなたを意のままに操る人々の力に翻弄され続け、人の法則の支配下に居続けることになります。

4.6 率直に言うと、あなたは、本当の自分として好きなことをして生きるまでは囚われの身です。あなたが作ったその牢獄と同じように、実際の刑務所制度は、あなたが恐れて信じるものに形が与えられてできたものです。その制度が、あなたを守っています。

4.7 受刑者は出所すると、人為的行動制限のない外の生活に適応しなければなりません。同様に、あなたは新しい自由に適応しなければなりません。あなたの人生は、あなたが作り出した牢獄によって人為的に制限されていました。実際の刑務所制度は、あらゆる人が恐れるよう、あなたが作り出した牢獄の制限を大規模に映し出したものに過ぎません。大抵の場合、刑務所制度は抑止力として上手く機能します。受刑者のマインドは、恐れの思考で埋め尽くされます。それでも、刑務所の生活に慣れて、外の生活を望まなくなることがあります。なぜでしょうか。

4.8 あなたは、人工的に作られた人生しか知りません。内側で築かれた人生が、囚われの身の人生に取って代わります。あなたがそのように許可すれば、そうなります。あなた方が作った、この世の刑務所に収監されている人々にも、彼らと比べて自分は自由だと述べる大勢の人々以上に、内側の人生を送る自由があります。

4.9 あなたの牢獄は、分離した思考体系の分離した思いから作られました。あなたも覚えているように、体系とは、内なるパターンを外側に出そうとした結果、生じたものです。パターンとは、学びのパターンであり、設計図のことです。

4.10 わたしたちが存在の本質について同じように見て、同じ言語で話せるよう、パターンと設計図という二つの言葉を別々に見ていきましょう。

4.11 聖なる設計図という考えに、まずは同意することから始めましょう。聖なる設計図は創造とも呼べます。以前、創造について述べたとき、聖なる設計図についても話しました。あなたは、学習者でいた間、聖なる設計図が宇宙と宇宙のあらゆる存在を創造していることを十分に目にして学んで受け入れたと、わたしは自信を持って言えます。あなたが、ハートの叡智を自分の知として十分に信頼していることを確信しています。いずれにしても、聖なる設計図があることや、自分がその一部であることを受け入れずに、聖なる設計図を信じているという人もいるでしょう。わたしたちのゴールは、古いものを否定して新しいものを受け入れることだと思い出してください。この場合のあなたが否定すべき古いものとは、目的のない人生、神の秩序のない宇宙、運命に翻弄される人生です。あなたに受け入れるよう求められている新しい考えとは、人生には目的があり、宇宙は神の秩序のもとに存在し、聖なる設計図の一部として人生があるという考えです。

4.12 神のパターンには、形あるあなたの存在を可能にさせるものと、真のアイデンティティへの回帰を可能にさせるものがあります。つまり、内側でも外側でも機能するパターンです。神が外側に向けて織りなすパターンは、目に見える形であなたの世界を作り出しています。例えば、惑星、空の星々、住処のように感じられる身体、周りの動植物など、さまざまなものがあります。繊細で複雑なレースのような雪の結晶から、植物の茎、人間の脳の働きに至るまで、神のパターンは明白で、それはあなたの信念を超越しているものではありません。

あなた方の見るもの、思うもの、感じるものが違っても、神の唯一の外的パターンが目に見えるこの世界を創造し、神の唯一の内的パターンがあなたの内側の世界を創造しました。そのパターンとは、学びのパターンのことです。

4.13 内側と外側の二つのパターンは補い合えるよう、ともに創造されました。それらが今、新たに創造し直されています。ここでさらに、わたしたちがこれから過ごす創造的な時間についても話していきましょう。わたしたちはこれまで、学びのパターンを置き換えるために、受容のパターンを創造しているだけでした。

4.14 思考体系は、神にインスピレーションを受けて分離した自己が作り出したものです。与えることと受け取ることは同じという考えは、神にインスピレーションを受けた思考体系だと考えることができます。そのように考えることで、人は外側の思考体系を使って内側の思考体系を強化し、あらゆる人たちの協力と融合を目にすることで、与えることと受け取ることが同一である思考体系を理解し、その体系に従って生きるようになります。だからこそ、思考体系は、あなたの生き方の土台と言えます。真実とは、思考体系のことです。それは、完全性の中に存在し、いつでも手に入るものでした。

4.15 あなたは、分離した自己から生まれた思考体系を真実として受け入れてきました。そのうちのいくつかは、神のパターンの一部でもあります。対比もまた、一つの体系と言えます。あなたは、学ぶ者として、対比が学びのためにあることを知り、対比から学んだことを受け入れてきました。その学びは、対比を土台にし、あなたの知覚を発達させた別の思考体系をも土台にしていました。あなたは、対比による目に見える相違に基づき、周りの世界を識別し、分類したのです。

4.16 あなたの知覚を発達させた別の思考体系は、神のパターンとは異なります。その一つが、エゴの体系です。エゴを体系と考えるなどおかしいと思われるかもしれません。これまでエゴとエゴの思考体系の両方について述べてきましたが、エゴは当然、それ自体で体系ととらえることができます。エゴは、外側に向けられた思考です。それは、「あなた」というアイデンティティを与えられ、あなたは、誤って「それが自分だ」と思い込むようになりました。あなたの誤った考えのほとんどは、その外側に向けられた一つの思考パターンから生じています。そんな誤った考えが妨げとなり、神にインスピレーションを受けた思考体系によってさえも、あなたのために作られた学びをもたらすことが困難となりました。これは、対比を通して学ぶ体系にも言えることです。エゴが誤った考えと判断を持ち込んだとき、対比は、もたらすべきレッスンを必ずしももたらさなかったからです。その上、エゴを信じることで、自己は外側へ向けて配置され、真の自己と真の学習者としてのあなたは、学びのループから外れました。そのようなパターンで築かれた体系は、明らかに古く、今それらのパターンが創造し直されています。

4.17 外側に向けられたパターンや体系は、あなたの土台でもあった思考体系から生まれました。つまり、あなたが現実と思っていたものを構成する、基本的な要素から生じていたのです。そのため、それらのパターンや体系もまた、明らかに古いのです。

4.18 言うまでもなく、わたしたちに残されているのは、聖なる設計図しかありません。それは、聖なる宇宙、聖なる存在という、わたしたちに与えられたものです。それらが今、学びのときに役立っていたパターンを創造し直しています。真の自己を知る瞬間に学んだこと、それが学びの目的でした。これまでかかった長い時間や学びの間に生じた苦しみについて、くよくよ考えたりしないようにしましょう。もし考えてしまうなら、それは、解放されたにも関わらず囚われの身の日々に苦悩するようなものです。受容という新しいパターンを取り囲む、新たな仕組みを創造していきましょう。その仕組みが、地上に我が家をもたらします。あなたは、長い間それを求め、誤った体系を使ってそれを復元しようとしてきました。

4.19 わたしは、その仕組みをモノとして語ることはしません。住処にするための建物や、新しいものを構築するための従うべき規則や指示としては話しません。新しい自由を経験していくための枠組みをもたらすものとして話します。わたしがこの話をすることになったのは、あなたが疑問や懸念を抱え、これを必要としているからです。あなたに与えられた無限の自由は、心地よく感じるにはあまりにも広大です。ですから、その自由を制限することなく、あなたが自由を経験していく新たな創造を始める場所や方法について話しましょう。

4.20 その場所や方法は、牢獄の扉から始まります。かつていた牢獄をあとにして、振り返らないでください。古い仕組みを求めないでください。古い仕組みの中で時折触れた見せかけの安全を求めないでください。安全のために鉄格子のある窓や扉で守られた新しい仕組みがないか探したりしないでください。本当の自分としてこれから何をすればよいのかについて自分に教えてくれる誰かを求めたり、「あなたは囚われの身ではない」と教えてくれる誰かを探したりしないでください。せっかく手に入れた自由と引き換えに、看守に鍵を渡し、面倒を見てもらおうなどと思わないでください。

4.21 代わりに、まるで本当に牢獄で過ごしていたかのように、あらためて世界を見渡し、その喜びを味わってください。自由な優しい空気を吸い込んでください。頭上の空をいつも意識し、天井に覆われることを望んだりしないでください。

4.22 新たに手に入れた自由と引き換えにもたらされる贈り物に気をつけてください。お腹をすかせた元囚人は、間もなく「牢獄での一日三食が贈り物だった」と思い返す日を迎えるかもしれません。そのような贈り物を求め、今でも「それが必要だ」と感じる人も多いかもしれません。生活のために、喜びのない仕事や本当の自分でいられない仕事をして囚われの身になっているなら、あなたはそこから立ち去るよう呼びかけられています。

ある人との関係が安全をもたらしてくれるから、たとえ相手の前で素の自分でいられなくても、その関係に心惹かれるというなら、あなたは見せかけの安全に魅了されているだけです。本当は、その関係から去りなさいと呼びかけられています。成功したいからといって、本当の自分とは異なる生き方に引き寄せられたり、失敗するかもしれないからやりたいことをするのを恐れたり、自分の道ではなく誰かの道を歩んでいたりするなら、あなたは「一日三食」という、古い生き方のために自ら自分を囚われの身にしています。

4.23　これが、仕組みや枠組みとどのように関係するのでしょう。大いに関係しています。あなたは、古いものを否定できず、いまだに古い牢獄にいます。そんなあなたは尋ねました。あなたが尋ねたので、わたしは次のことをあなたに伝えます。あなたが欲している許可は、あなたのハートから生じなければなりません。新しい契約に従うことを誓うあなた自身の思いから、その許可は生じなければなりません。もう一度、言いましょう。あなたが頼れる権威を有する人はどこにもいません。けれども、わたしが、「外側」の権利ではなく、あなた自身の権威をあなたに授けます。あなたは、その権威を自分のものとして主張しなければなりません。外側で展開されているあなたの人生が、あなたの内側を乗っ取ってしまう前に、あなたはあなたの権威を主張しなければなりません。

4.24　学びではなく、自分の内なる権威を受け入れることが、最初の受け入れる「行為」となるようにしましょう。新しいパターンとして内なる権威に頼りましょう。与えることと受け取ることが同じである思考体系に頼りましょう。新しい権威が、与えられて受け取られるままにしておきましょう。自分の人生の作者になってくださ い。こう生きなさいと呼びかけられていると、感じるままに人生を生きてください。

4.25　古い牢獄の上に新しいものを構築することはできません。何に囚われていたとしても、あなたはそこから抜け出さなければなりません。

4.26 何かに異議を唱えていても、あなたは、ずっと聞きたかったことを耳にすると、その意義の申し立てを取り下げます。自分の牢獄を保ったまま、切望していた新たな人生を始めることはできません。自分を捕えていたものが何であったのかを考えなくてはならないこともあるでしょう。それは状況というよりも、心の態度であったことがわかるかもしれません。牢獄の壁は、とても頑丈であまりにも長い鉄格子で覆われており、心の態度そのものが、牢獄の壁のように自分を捕らえていたと感じられるかもしれません。もしかすると、あなたは本当に囚人で、脱走以外の方法でどのように前へ進めるのだろうかと考えているかもしれません。正直に言いましょう。あなたの解放は、あなたの手に届くところにあります。あなたの解放は、他のどこでもなく、あなた自身の権威から生じます。その解放を可能なものとして受け入れるか否かは、あなた次第です。恐れずに解放を望むか否かも、あなた次第です。解放の実現は、あなた次第なのです。

4.27 このようにあなた自身が始めなければならないということが、わかりませんか。あなたがあなたの自由を主張しないなら、自由はあなたのもとへ訪れないことがわかりませんか。

4.28 あらゆるものと融合するものは、その源泉でもある聖なる設計図から生じています。あなたは、自分を解放させるために、古いパターンや古い体系に頼る必要はありません。あなたが頼れるものは、ここに残されているあるがままの現状以外にありません。そこではもはや、学ぶパターンも体系も存在していません。

4.29 あなたが受け入れるべきことは、与えられたものをいつでも入手できることです。あなたが受け入れるから、あなたはそれを受け取るのです。すると、「新しいものを創造しなさい」という最初の指示は、原初の指示や設計図を復元することであったことに気づきます。あなたは、真の自己を取り戻したので、あなたの人生もまた、聖なる設計図と一致したものへと軌道修正しなければなりません。つまり、有意義で目的のある人生へと回帰しなければなりません。それが、完全性への回帰です。それは、自己中心的なことではなく、崇高なことです。あなたがそのように回帰すると、完全性があなたと聖なる設計図のもとへと戻り、創造は、あるがままの創造に戻ります。

4.30 完全性への回帰が恐ろしいものにはならないことを理解してください。完全性への回帰が失敗することはありません。苦悩がもたらされることもありません。むしろ、回帰すれば苦悩は終わります。回帰する機会が訪れたとき、あなたの役割は、それを迎え入れて受け入れることです。あなたの意志を宣言してください。解放の訪れを受け入れ、牢獄を去る準備をしてください。あなたに喜びをもたらすものを歓迎することで、回帰する機会を迎え入れてください。この新しい世界に、あなた自身を招いてください。けれども、兄弟姉妹を置いてきたりせず、彼らを誘ってきてください。幽閉されている人々も、あなたと一つなのですから。彼らは、彼らの解放を見出すためにも、あなたの解放を必要としているのですから。

4.31 親愛なるキリストの兄弟姉妹たちよ、異議を唱えるあなたの声が聞こえます。わたしが呼びかけている受容を、あなたが妨げなければならないと感じている理由が聞こえてきます。一方で、あなたは、自ら受け継いだものに対する自分の権利を完全に受け入れています。新しい契約に従う自分の気持ちと本当の自分でいる権利を受け入れています。それらがすべて同一のものとなるとき、あなたが今抵抗している理由はなくなるでしょう。あなたの挙げるさまざまな理由は、同じ一つのものへとなっていきます。一つのものに、同じも違いもないことがわかり、答えは一つしかないことがわかるでしょう。その答えは、人それぞれでありながら、皆にとって同じ答えだと言えます。その答えとは、真の自己を受け入れること、そして新しい自分を受け入れることです。

第五章　真の象徴

5.1　このコースでは、創造の「模倣」についてたびたび話しています。それは、認知とは関係のない直感的な方法で創造を思い出す力に関する話です。認知と関係のない記憶とその記憶に従った行動の間で、多少の歪曲が生じ、その歪曲によって、あなたが創造の本質から大きく外れたという話です。

5.2　こうした歪曲は、あなたが自分の能力を信じ、物事に意味や「真実」を与えたことから生まれました。あなたは、周りの世界が何を象徴すべきかを自ら決めました。それは、エゴがあなたを象徴するようになった方法とほぼ同じです。

5.3　今わたしたちが行うことは、世界を真の象徴へと戻すことです。第二部の解説IIIで述べたように、真の象徴と誤った象徴には大きな違いがあります。エゴという誤った象徴が、世界をあなたの見ている世界へと導いたように、それは、真実を変えはしませんでしたが、幻想を作り出しました。したがって、真実はまだそこにあり、あなたに気づいてもらえることを待ちわびています。

5.4　外側の世界は、内側の世界を真に象徴するものとして生まれました。あなたが周りのすべてに象徴される真実に気づくと、内側と外側の世界の境界線は消え、次第になくなります。

5.5　ある例を挙げましょう。例えば、学びのパターンによって作られた何かが、本来の意図から外れているように見えたとしても、それは、あるがままに象徴し、あらゆる意味や真実を保つという一面を備えています。

5.6 二つの身体がつながって喜びが生じると、それは中身を模倣する形、つまり、あるがままに象徴する形になります。その形は、つながることが正しい道であることを示すため、そして、それを教えるために生まれました。「欲求」という言葉とセックスとの関連について考えてみてください。誰かを求めることは、つながりを求めることです。その欲求は、あなたがワンネスとつながった真のアイデンティティを求めていることをあなたに思い出させ、その道筋を指し示すために生まれたものです。それは、ワンネスによる完了を求めてつながることが、一人ではできないことを真に表しています。愛が関係性からしか生じないように、それは、つながることでしか完了しないことを示しています。

5.7 あなたは、セックスこそ、愛を実現する究極の行為だと決めつけ、それを「愛の営み」と呼びました。もしセックスが快楽ではなく苦痛をもたらすものだとしたら、そして、もしあなたが自分を見失わずに完了を経験したのなら、あなたはセックスを求めはしないでしょう。相手への愛着心の有無に関わらず、あなたは、快楽と完了のためにセックスをしていましたが、身体を真に理解し、身体の活動は真実を象徴することだと真に理解すれば、セックスによってワンネスへの欲求が生まれるという望ましい結果が生じるでしょう。あなたは、自分の行動は自分の活力を表していると思っていましたが、それはただ、あなたに本当の自分を思い出させ、本当の自分へと回帰させるために与えられたものを象徴していたに過ぎません。

5.8 エゴは、誤った自己の象徴と言われてきたように、誤って表現することは当然あり得ます。しかし、あなたが参加した新しい世界が、誤った象徴で埋め尽くされる必要はありません。あなたが原因であり、結果だからです。本当のことを象徴することで、誤りは、無として晒されます。嘘は、嘘に過ぎません。誤りも、誤りに過ぎません。それが「何か」になることはありません。もし何かになるのなら、それは、真実という性質を持たなくてはならなくなるからです。もう一度、エゴを例にしてみましょう。エゴは一時、「あなた」という存在のように見えていました。あなたはもう本当の自分を知っているので、エゴはエゴ自体の人生を持つ別の存在であり続ける必要はありません。それは不可能です。エゴはなくなりました。エゴは偽りだったので、真実に晒されて消え去りました。

5.9 これが、世界のあらゆるところで起こるべきことです。至るところで見ていた、誤った象徴の偽りが真実に晒され、再び真実が象徴されるようになります。すでに述べたように、真実を見ることが、最初の一歩です。その一歩が、聖なる設計図を復元するには不可欠だからです。そのように真に見ることで、あるがままの状態に楽に戻れるようになり、わたしたちは、そこから前へと進んでいけるようになります。

5.10 あなたは目に見えるものを判断しないことをすでに学びましたが、もう一度それを強調しなければなりません。あなたは、かつては重要でないと思っていたかもしれないことを、今度は、真実という光の中で見るよう呼びかけられているからです。与えられたものはすべて、真実を象徴しています。

5.11 あなたは、再解釈を呼びかけられているのでなく、明らかになったものを受け入れるよう呼びかけられていることを覚えておいてください。あらゆるものの意味を考えても、真実にはたどり着きません。それは、誤った解釈と誤った象徴に導く古いやり方です。「与えられているものを受け入れる」とは、文字通り、「与えられたものを受け入れる」ということです。学びの間に真の自分を思い出すために与えられたすべてが、今、通り過ぎていきます。すべては、あるがままであろうとする「試み」のためではなく、あるがままに「象徴」するために与えられていました。真実に参加した今、目の前の新しい時代にあなたが象徴することは、あなた自身があるがままの存在であることです。簡単に言えば、あなたの形があなたのすべてではないということです。あなたの形は、意図された通りに戻り、あなたの真実を象徴するようになります。そのように真実を真に象徴することで、あなたは真実の現実へと戻ります。そして、そこではワンネスの内側で生きることができます。

5.12 学びの間に与えられた愛と、その愛に満ちたパターンが、あなたの目にするあらゆるものに内在しています。では、学びに必要なくなったそれらのパターンはどうなるのでしょう。あなたの周りのそれらは、どのように終わるのでしょうか。学びの間にあるがままに象徴し、あるがままに戻るべく作られたものは、再びあるがままの姿へと戻ります。肉眼で見えるものだけが、そこにあるすべてではありませんが、それは、真に存在するすべてを象徴するようになります。

5.13 エゴのために作られたものから発生したものは、エゴと同様に、消えてなくなります。作られたものと創造されたものの違いをまとめて定義づけると、莫大な情報になります。今、それは必要ありません。そうしたくなる思いは、再び、あらゆるものに意味を与えて思考したいという思いであり、そのための道具を持ちたがっているという思いです。そのような思いがあるうちは、まだ学んでいる身であり、学ぶための助けが必要ということになります。あなたはもはや学ぶ存在ではなく、学びの助けは必要ありません。

5.14 キリストの時代では、学びの「道具」を創造し直すよう呼びかけられてはいませんが、真の自己と神へと戻る道を示すべく創造されたあらゆるものを、真にあるがままにさせておくよう呼びかけられています。それが、愛から愛への回帰です。それが、真の自己を受け入れるということです。

5.15 では、これまで述べてきた創造する使命とは何でしょうか。それは、「新しい自分」を受け入れることです。つまり、神が創造した真の自己をただ認識して受け入れた先にある、形ある真の自己に従って生きることを受け入れることです。そのように受け入れることは、神の創造した真の自己が永遠であること、かつ、海や星のように古い形であったとしても、崇高な形ある真の自己は新しいものを認めるということです。それは、その新しい自己が、新しい世界の創造を認識するということです。

5.16 それが、「次は何？」という疑問の答えです。学習課題を終え、すべてをやり遂げて学ぶことがなくなったら、次は何をするのでしょう。あなたは、コミュニティの中、対話の中、深い関わりと一体感の中で創造し、新しい契約に従って生きるということをしていきます。

5.17 それらがあなたを待ち受けていますが、わたしはただ、あなたがまだ抱える疑問と、この対話を進める中であなたに生じる疑問に答えているだけです。わたしは今、あるがままの状態について、あなたの抱える混乱に対して答えようとしています。これは、あるがままの状態を受け入れ、そうでない状態を否定する学びと同様、極めて大事なことです。そうでない状態に関する疑問には十分に答えてきませんでしたが、あるがままの状態に関するあなたの疑問とわたしの答えが、あなたを混乱させています。あるがままの状態は、答えることができるほど一定したものではないからです。わたしが、その答えが明らかになるのを待つよう告げる間も、その答えを求めるあなたの様子は人間の苛立ちを証明しています。答えを切望するあなたの思いは長い間、満たされないままでした。しかし、今、あなたは答えに近づき、あと一日も、あと一時間も待てないほど牢獄から解放されたがっています。だから今、解放されるべきです。

5.18 けれども、わたしは、「あなたが自ら自分を牢獄に封じ込めている」と思われる事柄についても、ここで述べています。死による解放は、もはや答えではありません。生による解放が、答えです。復活による解放が、答えです。あなたは古いものに執着しなくなりました。しかし、身体、地上、今いる環境、マインド、混乱を生む思考、過去、未来、新しい自分といったものに見合うほど、すぐには変わらない現状とも言える牢獄から、死を通して解放される方がある意味、簡単に感じられるでしょう。

5.19 今日は、それについて話します。あなたが象徴する存在について、かつ、形が高められることについて話します。これまでは、形をあるがままに受け入れることについて話してきました。それが、あなたの求めていた新しい現実であり、形ある存在として本当の自分を生きるということです。死による解放を待たずに、形ある存在として生きている間に解放を手に入れます。したがって、わたしたちはあなたという形に真に宿るものとともに歩み始めます。そして、あなたという形を自然な状態へと戻します。そうすることでしか、新しい創造へと向かうことはできません。キリスト意識はあるがままの意識なので、わたしたちは、あるがままの現在から始めます。あなたの知覚する創造物ではなく、創造されたままの創造物とともに歩み始めます。わたしたちは、この出発点から、ともに創造する未来へと進むことができます。

5.20 ここでわたしが示しているのは、かつて牢獄だったものが、牢獄ではなくなるかもしれないということです！　自分の身体、環境、マインド、時間を牢獄だと思い続けるなら、どうしてそれらが宇宙と完璧な調和をなしていられるでしょうか。あなたも理解しているように、あなたは今、思考の逆転に取り組もうとしているところです。その逆転があなたを最後の解放へと導くので、混乱が続くことを恐れないでください。

5.21 あなたは間もなく、形を持ったまま、どのように新しい真の自己として生きられるのだろうかと考えるようになるでしょう。あなたという存在と相反するように見える形を使い、どうしたら真の自己として生きられるのでしょう。果たして、形の中にいながら、真の自己として生きられるのでしょうか。あなたという存在と相反しているように見える世界で、どのように真の自己として生きられるのでしょう。あなたは、学び終えたあと、時間のない新しい時代を受け入れていく上で、学びのパターンがどのように変わっていくのだろうかと考えるでしょう。そして、自分は時間に縛られない存在として、どのように時間の中で生きていくのだろうかと頭をかしげるでしょう。率直に言いましょう。あるがままの状態を受け入れたそのときから、わたしたちは、そのような疑問を持ちながら、ともにその答えを見つけていくのです。

5.22 受容を求める最後のもっとも強烈な呼びかけとして、この対話を役立たせましょう。すべては、これから起こります。受け入れることの重要さをわかってください。これ以上、ためらわないでください。あなたの意志が、あなたの恐怖を上回るようにしてください。言われたことを受け入れる前に、別の指示を待ったりしないでください。あなたのハートですでに鳴り響いているこの呼びかけを受け入れる前に、より壮大な使命を待ち望んだりしないでください。今日という日をあなたが最後に明け渡す日とし、新たな日を迎え入れる一日にしましょう。

第六章　形ある存在の高次への上昇と身体

6.1 あなたはこのコースの中で、自分に関する思いを変えたり強めたりする考えに数多く触れてきました。『愛のコース』は教材です。その教えの目的は何度も記されていますが、それは、あなたが今学んでいることの目的を忘れないようにするためです。最終的に、このコースの目的は達成され、あなたの学びは終点にたどり着きました。あなたは、以前にもそう告げられたことがあります。思い出してもらうためにもう一度言いますが、学ぶときと同様に、教えるときにも必要な場所とメソッドというものがあったのです。

6.2 あなたの教師が、教材であるこのコースで用いたメソッドの一つが、比較です。比較は、学ぶ時期が終わると使われなくなるメソッドです。先ほど話した思考の逆転のためにも、この話をします。あなたが学ぶ間、わたしは、比較のメソッドを使いました。知覚の狂気と真実の完璧な正気を指摘するため、わたしは、実在するものとしないものを比べ、誤りと真実を比べ、恐れと愛を比べました。あなた方の中には、誤りを繰り返すことが学びを助けると思っている人もいるでしょう。彼らは、誤った象徴に対する考えに固執し、真の象徴を受け入れるべく、その誤った考えを手放すということをしません。あなたは、学ぶ間、誤った信念の狂気について何度も聞かされなければならないほど、間違ったことを信じてきました。しかし、形ある存在が、高次へと上昇する新しい時代を迎え、そうした考えは拒否しなければなりません。あなた方の多くは、そのような考えを、形に対する知覚ではなく、形そのものと結びつけてきました。

6.3 わたしがすでに述べたことをもう一度述べるのは、あなたが自ら自分を牢獄に閉じ込めているものとして信じているものを訂正するためです。

6.4 身体による誤った象徴は、エゴによる誤った象徴とほぼ同様、あなたの学びを損ねます。しかし、あなたが、形ある存在として本当の自分に戻ることを選べば、当然エゴはなくなり、身体だけが存続することになります。すると、エゴは存在していないという、あなたの信念は完全なものとなり、自由と解放がもたらされ、あなたはそれを喜ぶことになります。そして、あなたの真の自己は、あなたにますます気づいてもらえるよう、その姿を現し始めます。あなたがより親密に真の自己と自分を重ね合わせれば、形ある自己はますますあなたにとって異質なものとなり、快適なものではなくなっていくでしょう。だからこそ、身体とその役割について、あらためて考える必要があります。

6.5 学ぶ間に創造されたあらゆるものと同様に、身体は、完璧な学びの道具です。わたしたちは、そのように身体をとらえることで、学ぶときを終わらせました。今度はあなたの形、つまり、あなたの身体を新しい見方でとらえなければなりません。身体について新しい考えを持つことで、最後の思考の逆転が起こり始めます。それによってあなたは、形ある存在として、本当の自分を生きるようになります。

6.6 身体は実際、この世のあらゆるものと同様に生きており、活動する形として存在しています。したがって、わたしたちは、生物の形と無生物の形を区別することから始めます。それは、簡単に思えるかもしれません。確かにそうですが、おそらく、以前ほど簡単ではないでしょう。形あるものはすべて、同じ源から生じているからです。たとえ自分が作ったものであっても、あなたは、それを無から作り出したわけではありません。あなたが作ったもので、原初の創造物からの変種でないものは、何一つありません。何度も繰り返すべきことですが、創造物はあるがままの状態から始まるからです。あなたの作ったものが原初の創造物と異なるのは、それが何で、どのように使うものかという、あなたの知覚においてのみです。それが、形あるものの真実であり、真に実在するものの種子と呼べるものであり、創造のエネルギーでもあります。

6.7 周りの無生物に対するあなたの知覚によって、それらの頑なな性質や特定の意味が生まれています。それらは、肉眼には実在していないように見えても、実は実在しています。

6.8 実在していないものとは、実在するものを象徴するべく、あなたが作り出したものなのです。あなたは、何を象徴するためにそれを作っていたのかわかっていなかったので、そのようなものを作り出してきました。わたしたちがこれまで述べてきたことは、司法制度、統治制度、協調体制、経済体制や科学といった、自分たちを統治していると思われるものについてでした。

6.9 聖書には、奇跡に関するたくさんの物語があります。わたしが地上にいた前後の時代の物語も数多くあります。そうした奇跡が可能か否か科学者に尋ねると、彼らは、奇跡の発生とは相反する科学の「法則」を語り出すでしょう。例えば、もし太陽が静止していたら銀河系が大惨事になっていた話や、ノアの洪水が記述通りには起こり得ない理由や、万が一、記述通りに起きていたなら、地上には生物が住むことはできなかったことなどです。

6.10 科学の法則は、神の法則を考慮していません。科学は真実を以前より見ようとし始めていますが、それでもまだ、「もしAならBだ」という世界の中で、現在を司る自然の法則を探しています。

6.11 それと同じような態度が、あなたの世界の制度や身体に対する考えを支配しています。「もしAならBだ」という世界で生きていないというのなら、当然、同じ法則を用いることはできません。あなた方が「もしAならBだ」という世界を発展させたのは、それが一番簡単に学べる方法だったからです。それが一番簡単だったのは、その方法が証拠を提供してくれるように見えたからです。もし科学が何かを伝えるとしたら、それは、一度証明されたことが覆される可能性です。現にそういうことは、たびたび起きています。毎日太陽が昇ることを感謝するアメリカ先住民たちの祈りは、太陽が昇らない可能性を考慮しています。それは、世界の滅亡を考える態度ではなく、科学や自然の法則とスピリットの法則が同じではないことを受け入れている態度と言えます。

6.12 スピリットの法則と人の法則の共存を示す出来事を証言して祝福している物語が、さまざまな文化で数多く存在します。確かに「自然」の法則はありますが、それは、あなたがこうあるべきだと定義づけた一連の事実を示すものではありません。それはむしろ、調和と協力のもとに存在する終わりなき関係性、かつ、その驚異的な数の関係性を表しています。その調和と協力がいつの日か太陽まで広がり、太陽は昇る必要も沈む必要もないことや、それでも地球が安全に軌道を回ることを証明してくれるかもしれません。

6.13 もしそうなったら、科学者は直ちにそれが起こり得ることを示す自然の法則を探し出すでしょう。すると、「科学的事実」として知られるさまざまな事実の修正が必要になりますが、それが、新しい「科学的事実」の発見を妨げることはありません。わたしは科学者たちを侮辱するつもりはありません。不確かな世界に確実なものをもたらしてきた彼らにあなたが感謝すべきであるように、わたしも、「真実」を発見したいという彼らの思いに感謝します。たとえそれは誤った確実性だったとしても、学びの時期において、大きな目的を果たしてきました。発見は、真実を探求しようとする人間の魂を大きく支えるものでした。それは、あなたを真の自己を知ろうとする探求へと導いたものとしても一役買っています。

6.14 わたしは、こうしたすべてをあなたのマインドへもたらし、信念の停止に関して話そうとしています。身体について古い考えを持ったまま新しいものへと進むと、古い身体があなたと一緒に新しいところへ持ち込まれます。ですから、身体について知っていると思っている、その思い込みをなくすところから始めていきましょう。身体に関する科学の見解や身体を通して経験したことについても、まずは思い込みをなくすところから始めましょう。太陽は昇って沈むように見えても、そうではないかもしれないことをアメリカ先住民は知っていました。そんな彼らと同じ魂に持ち込まれた思い込みを、まずはやめるところから始めてみましょう。わたしは、スピリットについて話しています。スピリットは、新しいもの、信じ難いもの、科学的に不可能なものを発見することや、新しいものを創造することを進んで受け入れます。自己を高めようとしている今、発見するものは神の新しいパターンだからです。神のパターンが、これまで述べてきた思考体系を置き換えます。発見とは、今まで知らなかったことを知ることに過ぎません。

6.15 新しい創造は、かつて知らなかったものを知ることから生じます。もし知っているつもりの真実にしがみつくのなら、それは起こりません。現状を疑いもせず新しい何かの出現を認めないのなら、それは起こりません。現状に関するあなたの確信は、誤った確信です。それは、学ばれた確信であり、恐れに基づいています。その恐れが原因で、あなた方は一連の事実や規則に従って世界を整えました。

6.16 目の前に広がる新しいものを発見していくこれからに対し、おじけづくのではなく、大喜びしてください。知っていることを疑問視することは、不確かなものに戻るのではなく、本当に確実なものを迎え入れて欲しいという呼びかけです。

6.17 「もしAならBだ」という世界が古く、与えることと受け取ることが同じである世界が新しいのだと考えるなら、あなたは、これから思考の逆転の威力を目にしていくでしょう。今、あなたの受容が始まろうとしています。先ほど述べたように、わたしたちは、身体に対する新しい態度とともに進んでいきます。

6.18 あなたは、特定の方法で身体を大事にしていれば、健康になり、エネルギーの消費が増えれば、食料や睡眠で身体を補給する必要があると教わってきました。そんな例は挙げれば切りがないので、それらで十分でしょう。こうした身体に関する行動様式は、教えるために、また、象徴するために与えられたものです。あなた方は、それらを自然の法則という名の無情な規則に変えて、もしその法則に当てはまらないことを目にすれば、それらを偶然や奇跡と見なします。

6.19 あなたは、健康的に生活していた人が病気になると、不公平だと思います。不健康な生活をしていた人が病気になると、声に出して言わないまでも「自業自得」と思ったり、「不健康な習慣を慎めば防止できたはずなのに」と思ったりします。そんな二つの態度を愚かだと思うかもしれませんが、あなたはそれでもまだ、そのような態度に固執しています。健康的な習慣を持つ人はそうでない人よりも発病しない可能性がずっと高い、と信じているからです。こうした考えの例は、無数に挙げられます。しかし、それらは、その二つの態度が確実なものではないことと、運命に反する可能性が増すという考えに支配されていることを示す以外、重要なものではありません。

6.20 運命という概念は、人生を危険に晒す態度と、人生を外的な力に支配させる態度をもたらす可能性があります。そのような力は、あなたの想像を除けば実在しません。では、運命と呼ばれるものは何でしょうか。運命は、あなたが信じたあらゆる体系と同様に、一つの体系であり、内側にあった考えです。それは、名前をつけられて外側へと放出され、あなたが理解できないこと、理にかなわないこと、不公平に見えること、一見あなたの支配が及ばないことなどの原因として、非難されるようになりました。

6.21 非難が過去のものであることを思い出すと、運命に対する信念は、特定の習慣が原因で病気になるという信念と同様、体系化されたものであり、忘れなければならないことがわかるでしょう。この種の非難は、自分の気持ちを傷つけた友人を責めたり、現在について過去を責めたりするといった類の非難ほど、簡単なものではないと思うかもしれません。それでも、あなたのマインドから何かを責める考えを取り除くことで、あなたが去ろうとしている「もしAならBだ」という思考体系からは一歩離れることになります。あなたは今、学び終えた者としてその類の学びの道具が不要であることを受け入れ、それらが役には立たないことに気づくよう呼びかけられています。

6.22 最初に戻り、前提として与えられた身体とともに始めていきましょう。肉体は確かに与えられたものであり、あなたの真実を象徴するために役立つものです。そのことが、身体の「法則」をどのように変えるのでしょうか。身体によって象徴されるものを知らずに学んでいた間、自ら身体に与えていたその法則は、どのように変わるのでしょうか。これから、身体は何を表していくのでしょうか。

6.23 先ほど紹介した身体に関する例えは、身体は、性交によるつながりのために完璧な作りをしているというものでした。そのように与えられた作りが、ワンネスと完了を求める道へと導きます。

6.24 わたしたちは、学びのパターンを受容のパターンで置き換えることについて話しました。身体は、何を受け入れるよう求められているのでしょうか。その答えは簡単です。あなたはもうすでに、内なるキリストの存在を受け入れるよう自分の身体へ呼びかけているからです。あなたは、学んでいた個の自分を真の自己で置き換え、真のアイデンティティを受け入れました。それなら、どうして身体がかつてと同じでいられるでしょうか。

6.25 あなたが学ぶ間、身体は、学ぶ存在を示す象徴でした。しかし、エゴは、学ぶために身体があるという考えを、生存するという限定的な考えへとすり替えました。したがって、あなたは、生きるのではなく生き残ることを学びました。人間の寿命は延びましたが、真に生きて真に学ぶ能力は伸びていません。寿命が延びたことで恐れる口実が増え、あなたが信念を置くようになった身体はますます、生きる供給源が必要となりました。

6.26 身体は今や、真の自己を具現化したものです。愛と神性を具現化したものです。身体という存在は、常にそうであったように与えられたものですが、その存在の本質は変わりました。わたしが「変わった」と言うのは、変化は時間の中で起こることをあなたが覚えているかもしれないからです。時間と形の外側で、真の自己は常に完璧な調和をなして存在していました。その調和の中で、真の自己は創造されたのです。あなたの真の自己は、崇高な形ある真の自己とつながったので、あなたは、時間の内側と外側の両方で存在します。けれども、崇高な形ある真の自己が、あなたのすべてではないことを覚えておいてください。ただ、これは、あなたが形ある存在として新しい経験をしていく中で、真の自己には欠陥があると言っているのではありません。崇高な形ある真の自己が、分かち合われた意識である融合の中で、真の自己とつながることができることを述べています。あなたは、再び完全になります。あなたの形は、時間という領域で、あなたの完全さの一面を象徴していくのです。

6.27 形ある自己は、形なき自然な状態のすべてを真に経験できるわけではありません。しかし、真の自己が、自然な状態やキリスト意識の状態を経験しなくなることはありません。真の自己が、融合における分かち合いや聖なるすべてを経験しないことはありません。形の状態と融合した状態、この二つの状態が、今ここにあります。融合した状態では、真の自己は崇高な形ある真の自己に十分気づいています。そして、崇高な形ある真の自己の感情や経験に全面的に参加しています。けれども、時間の中で生きている崇高な形ある真の自己は、時間という枠の中で真の自己の持つ意識に気づかなければなりません。これは、たとえ変化が融合の内側で完了していたとしても、崇高な形ある真の自己は、変化が「時間」の中でのみ起こることを知るために、「時間」が必要であることを意味します。奇跡について話し、奇跡によって起こり得る時間の崩壊について述べたのは、このためでした。わたしたちは、奇跡を思考術として、かつキリスト意識の融合を保つ絶え間ない祈りとして再定義しました。

6.28　形と時間は、両立します。けれども、あなたは、時間は学びを計るものだと言われてきました。あなたが今や、学ぶ存在でないのなら、時間は何のために必要なのでしょう。時間は今、学んでいた形ある自己が、融合という分かち合われた意識を受け入れ、それが意味することを発見し、変容を遂げるためだけに必要なのです。

第七章　時間と変容

7.1　分かち合われた融合意識の中で生きていたあなたは、形による経験がどんなものか、その経験に足を踏み入れないと知ることができませんでした。同様に今、融合という経験がどんなものか、あなたはその経験に足を踏み入れなければ知ることができません。あなたは、形ある自己というものを知っているので、形による経験に「足を踏み入れる」ことは頭で想像できます。そのための言語も持ち合わせています。ですが、融合の経験に「足を踏み入れる」ことは想像し難く、そのための言語もわずかしか持ち合わせていません。

7.2　このコースで、あなたは、融合の内側で「学ぶ」ことは分かち合われると教わりました。「学ぶ」という言葉が使われたのは、あなたがまだ学んでいる存在だったからです。これからは、新しいものを象徴するために、少し言葉を変え、「融合の内側で『発見』することは分かち合われる」と言いましょう。融合の内側では、学びは起こりませんが、発見は創造の一部として、そして、あなたが真に宿る融合した状態の一部として続いていきます。

7.3　このコースで、あなたは、次のようにも言われました。分離して学んでいるうちは、習得したことを別のレベルで分かち合う前に、個々に融合を経験しなければならないと。その場合のレベルとは、時間の機能を指します。時間を崩壊させるさまざまなレベルが、一つになることについても述べました。つまり、形が融合に溶け込むということです。キリスト意識が保たれると、時間は崩壊します。太陽は昇る必要も、明日を迎えるために沈む必要も、なくなる可能性があります。歩みと休息が、存在という一つの連続体の一部になるのです。

7.4 形による経験は、時間の中で起こります。経験もまた、学びのために作られたものだからです。時間の中で必要とした経験が、学びを完全に受け入れる手助けをします。新しい経験をするために、あなたは呼びかけに応えなくてはなりません。その呼びかけは、経験から得ることが、学びではなく、発見を通して明らかになることであるようにと呼びかけています。

7.5 創造された存在は、創造されていない存在にはなれません。よって、変容が必要です。奇跡は、抱擁と融合意識に十分に気づかせ、あなたを時間の外側へ置いてくれます。その状態では、二元性は存在せず、行動と存在が一つになります。

7.6 行動は、形あるものと形なきものをつなぐ架け橋です。行動は、形を使った自己表現だからです。正しい行動は、行動と存在が一つの状態である融合から生まれます。つまり、その状態では、あなたという存在と、あなたの行動の間には、区別がありません。正しい行動は、完全な状態から生まれます。その状態では、あなたは、あなたという存在のすべてとなります。その状態こそ、崇高な形ある真の自己が象徴するものです。

7.7 あなたは、特定の自己、つまり歴史上のある時代の男性もしくは女性として、時間に縛られて生きている存在だと告げられてきました。あなたは、時間による束縛という、特殊な性質で定義されずに生きる方法を見つけるよう呼びかけられています。

7.8 形ある存在として生きることは、特殊な性質で定義されることを必要とはしません。あなたは、身体を時空という特殊な性質で縛られたものだととらえなければ、存在の顕現である身体をあるがままに受け入れることができます。身体は特定の時空の中で存在しますが、それはただ、あなたという存在の一面に過ぎません。形という性質は、物質として存在し、空間を占領します。それは五感で感じられます。これまでマインドやハートやスピリットから分離している形の一面を見てきましたが、もう一度繰り返します。生けとし生けるものは、同じ源から生じています。マインドとハートが一つになった完全な心の魂ほど、生きているものはありません。

7.9 内容は、中身を表すもう一つの言葉に過ぎないので、それを悪く言う必要はありません。あらゆる生物の中身は、完全な心の魂のエネルギーです。あなたはそんな完全さの一面だけを見て、中身や内容を見てきませんでした。あなたは、自分という存在のすべてに気づいていたわけではなかったからこそ、今、そのすべてを発見して認識するよう呼びかけられています。今まで身体は学びを助けるものでしたが、これからはあなたの発見を手助けしていきます。

7.10 これは、あなた自身のすべてを愛するための呼びかけであることに気づいてください。以前は、スピリットとマインドのどちらか、マインドと身体のどちらかといった二元的な性質によって、あなたは、どちらか一方しか愛することができませんでした。けれども、今は、真の自己のすべて、神のすべて、創造物のすべてを愛することができ、愛をもって愛に応えることができます。

7.11 それでも、わたしたちはもう一度、身体からスタートし、愛を身体へと返します。それが、現実です。身体に値するものは、愛だけです。真の自己のすべてを愛して欲しいというこの呼びかけは、無条件の愛、かつ中立な愛への呼びかけです。中立な状態への呼びかけだけではなく、中立な愛への呼びかけです。中立な愛とは、あらゆる未知の発見が訪れる状態です。

7.12 発見は、思い出す行為とは異なります。創造されたままの真の自己という、本当のアイデンティティに戻るには、思い出す必要がありますが、思い出すとは、知らなかったことを思い出すのではなく、知っていたのに忘れてしまったことを思い出すという意味です。記憶は、あなたを真の自己へと回帰させます。崇高な形ある真の自己としての生き方を知らないと気づくからこそ、発見によって、新しいあなたが生まれるのです。

7.13 こうした発見は、愛という現実の中で起こります。

7.14 愛する状態とは、今のあなたのように、あらゆる愛を中立に、かつ無条件に受け入れる状態を言います。それが、特定のものから普遍的なものへの愛の移行です。身体を含め自分のすべてを愛するとき、それは、特定の愛ではなく普遍的な愛です。愛か憎しみの関係性としか身体を結びつけてこなかった古い生き方は、あなたを運んでいるだけの容れ物との関係性とも言える、特定の関係性そのものでした。つまり、それは、分離した自己との関係性でした。今のあなたは、完全性との関わりを持っているので、あらゆるものを愛することで、愛を特定のものから普遍的なものへと変容させることができます。わたしたちは一体であり、一つのキリストです。

7.15 明らかになったことを受け入れるために行ってきた観察する行為、思い描く行為、願う行為は、発見という新しいパターンと連携します。しかし、発見は、それほど時間に縛られません。説明していきましょう。

7.16 観察は時間の中で生じます。あなたは、あるがままに見るよう呼びかけられてきましたが、形を使ってあなたが見ているものは、時間という枠の中におけるあるがままの象徴です。あなたの思い描くこともまた、時間に縛られています。だからこそ、あなた方の多くは、思い描く行為とは未来を想像することだと思っています。想像は、肉眼で見るものではないので、観察ほど時間に縛られてはいませんが、あなたのヴィジョンが古いパターンから解放され、あなたが真に導かれるまでは、あなたの目にするものと深いつながりを持っています。

7.17 願う行為とは、「一人ひとりの真の自己のユニークさを認め、手段と結果が同じであることを示すこと」です。そうすることよって、自らの進む道に集中し、他者の歩む道について判断をせずに中立でいられます。けれども、それは、観察やヴィジョンと同じように、形ある自己とまだ結びついています。願う行為は、本当の自分を認識して完全に受け入れるための一歩です。そして、崇高な形ある真の自己となって、その一歩が真に意味することへと歩み出すことです。

7.18 そのような歩みの中で明らかになっていくものは、神に属しています。観察する行為とヴィジョンと願望が、分離した個の自己の目に映るものの先にある、あるがままに知ることへとあなたを導きます。そうした段階は、継続的に創造を構成するものではありません。そのような段階は、まだ時間の中にあるため、特定の形と結びついているからです。時間は、永遠性や融合を構成するものではありません。形の中に存在する自己は、キリスト意識の状態で融合して生きる真の自己から、時間によって分離させられました。あなたは、一つのキリストと一体になることで、時間の外側で不特定の存在でいることを受け入れました。つまり、新しい自己として、崇高な形ある真の自己として存在することを受け入れたのです。ただ、あなたは、それがどういう意味かわかっていません。

7.19 発見は、時間に縛られません。発見は、継続的に創造を構成するものだからです。第二部の解説IVでも述べたように、未来はまだ創造されていません。これは、時間に縛られた発言のようですが、そうではありません。これは、創造が停止するものではなく継続するものであることを伝えているに過ぎません。創造物は創造されたまま存在しますが、創造する行為は、永遠に広がり、新たな方法で表現されるために生まれました。

7.20 あなたは、形の創造という時間に縛られた領域ではなく、創造の全領域において融合意識を保ち、あなた自身の新しい自覚とつながりました。あなたの自覚が増すとき、あなたは拡張し始め、新たな方法で表現し始めます。そうした方法は、形による形の創造に限定されず、そこには身体も含まれるため、身体は、時間に縛られない方法で創造に参加します。

7.21 進化論は、時間という枠の中で、身体が創造に参加したものです。あなたが進化論へと誘われているわけではないと言われたのは、このためです。時間に縛られた進化は、生物の生き方であり、環境という刺激に対する生物としての自然な応答です。それは、時間の中での経験に関する知覚に応じた自然な反応であり、まさに適応と言えます。進化は、生存に不可欠だと知覚されたものへの反応の中で生じます。

7.22 時間という枠の中での進化は、今も確実に続いています。惑星が混み合い、発展が行き詰まり、環境への懸念が高まるとき、生き残るために必要と知覚されるものによって、生き残る意義に対する新しい答えへと導かれます。

7.23 キリストの時代では、古いやり方が終わりを迎え、新しいものが訪れることを皆が知っているので、彼らは適応するのではなく、先々を見据える方向へと向かいます。進化は彼らとともに続きますが、時間の中で起こる進化は、古いものの一部なので、忘れ去られる必要があります。学ぶ時期という準備があったからこそ、それぞれのペースで学ぶことができ、その学びを通り過ぎることができます。

7.24 皆、それが人類の運命を改善させるものでないことは知っています。そして、進化が、変わりゆく世界と同じペースで進まないことを密かに恐れています。人類の環境支配が、苦痛に満ちた突然の終わりをもたらすのではないかと密かに恐れています。進化の妨げを恐れる人々もいます。文明が脅かされることは、野蛮な時代に戻ることだと考える人もいます。

7.25 恐れから生じたこのような筋書きこそ、わたしたちが捨てるべきものです。わたしたちは、時間という枠での進化論という考えを捨て、どうすれば崇高な形ある真の自己が進化論の法則を、時間の外側にある変容の法則へと置き換えられるかということに意識を向けるとき、そのような筋書きをあとにすることができます。

7.26 あなたの理解を深めるために、次の通りに想像してみてください。円の中心にある点をあなたの身体とします。その円は、あなたという存在のすべてを象徴しています。あなたの身体である中心の点だけが、時間に縛られています。時間の外側で起こる変容があなたに求めることは、身体を見るとき、「あなた」という存在のわずかな一面としてだけ見ることです。あなたは、自他を観察する際、身体については、時間という領域に存在するものとして見ることを学びました。その見方は、身体や時間や特殊な性質といった、境界線を越えて存在するあなた自身のより多くの面を想像する際に役立ちます。

7.27 あなたの身体を取り囲む円は、時空に書かれたものではありません。その円は、「あなた」という存在を定義するためにあなたを輪で囲み、あなたがいる中心から、例えば、一マイルくらいまでが「あなた」という存在を表していると言うためのものではありません。それは違います。あなたを囲むその円は、分かち合われた意識の輪であり、融合の輪です。その円がすべてであり、宇宙であり神です。けれども、「地球があなたの家だ」という考え方もあります。しかし、あなたは、自分が地球という大きな家にいるとはめったに認識しません。同様にあなたは、「真の自己を表すその円がすべてだ」とは認識しないでしょう。けれども、そのように考えることは、小さな規模で想像し始める上で役立ちます。

7.28 次のように想像することからも始められるでしょう。まずは、あなたの住む家、近所、地域、都市、州、国という順に想像してみましょう。あなたは、家の中にいる自分、近所や地域に属す自分というふうに自身をとらえ、その都市、その州、その国の市民だと自覚しています。あなたには住所があり、庭や農園を持つ人もいるかもしれません。好きな公園、湖、ビーチなど、自分の場所と思える公共の場があるかもしれません。職場への通勤路やよく行く場所への通り道などがあるでしょう。そこでは、馴染み深い目印や建物、人々の顔などが見られます。友人や親戚の家を訪れたり、教会へ行ったり、学校や図書館へ通ったりもするでしょう。特定のレストラン、市民の義務を果たす場所、社会と関わる場所へも行くでしょう。そんな小さな領域を出張やバケーションによって広げている人は、家のようにくつろげる場所がいくつもあったりするでしょう。住んでいる家から遠くへは行かないという人たちもいるでしょう。わたしがあなたにしてもらいたいことは、それらの領域をあなた自身の身体の領域としてとらえることです。そこは、あなたの領域であると同時に分かち合われた領域であり、地球という惑星にある領域であることを覚えておいてください。

7.29
あらゆる意識から始めるのではなく、分かち合われた意識領域や枠組みから始めましょう。わたしたちは、その領域を、自覚ある意識領域と呼びます。あなたの身体の領域が、近隣に住む人々やそこで働く人々と分かち合われているように、自覚している意識領域は、融合という大きな意識と分かち合われています。そして、身体の領域が、地球という惑星の大きな領域に存在するように、自覚ある意識領域もまた、融合という大きな意識の中で存在しています。わたしたちは、あなた自身が自覚している意識領域から始めます。発見を通して知ることで、その領域が広がることはわかっています。わたしたちは、この宇宙という領域がたとえどんなに小さくても、それは、折に触れてあらゆる意識に道を譲ることを知っています。

第八章　自覚ある意識領域

8.1　引き続き、円の中心点を身体ととらえてみましょう。その点から一歩外に踏み出し、大きな円の領域まで行けると想像してみてください。その大きな円には、時空や特殊な性質はなく、無限の自由があります。しかし、わたしたちは、できるだけあなたが想像できる枠組みを用いていきます。その枠組みの中では、想像し得るすべてが新しい現実となる可能性があるからです。

8.2　まず、そこでは、学びが不要であると考えてみてください。あなたは、それは何度も聞いたと思うかもしれませんが、この考えは、最初に言及されたときからあなたの興味を引いてきました。けれども、学びが不要だと言われても、そんなことは不可能に感じられます。それが本当であるなど、あまりにもでき過ぎた話です。あなたは、制約に縛られない自由を真に経験するために学んでいるという考えに慣れ親しんできました。人生のあらゆる面において、学びによって獲得できない能力は一つもないと思えるくらいです。一方で、あなた方のほとんどは、いとも簡単に自分のもとへ巡られてきた「何か」を見つけ、自分にはその「何か」を行う能力や生まれ持った才能があると言われたり、自らそう述べたりしてきました。そして、そんな才能や能力を上手く活かし、その「何か」を実践したり勉強したりしてきました。そうすることで、生まれ持った特殊な才能を一見持たない人たちよりも、その分野ではより早く学んで達成するという、とどまることを知らない才能を見つけた人たちもいます。しかし、生まれ持った才能や能力があるにも関わらず、周りと比較して「一番」になれないからといって、やる気を失い、一番になるための努力を諦めた人たちも大勢います。一方で、才能が高く評価された人たちは、一度やり遂げてしまった途端、せっかく得たその評価に虚しさを覚えるものです。

8.3 わたしたちは、そうした考えを去り、学ぶ前から誰もが何らかの才能や能力を生まれ持っているという単純な考えに注目します。特殊な能力という見方をせず、一人ひとりに才能があるという非常にシンプルな「考え」に意識を向けます。学ぶ前にすでにあった「何か」を経験し、その「何か」は以前から素晴らしいものであったという自覚が、あなたの内側で増すときが来るでしょう。そのときわたしたちは、自覚ある意識領域の最初の枠組みとして、「一人ひとりに才能がある」という考えに焦点を当てます。

8.4 その能力は、学ぶ前にすでにあったものに思えるかもしれません。あなたという存在の大きな円から中身が飛び出し、身体という点に入り込んだとも考えられるでしょう。あるいはその逆で、身体の方が点から飛び出し、真の自己が属す大きな円に入り込んだと考えられるかもしれません。自分は身体以上の存在だと気づくとき、その気づきへと導いた主なるものが、あなたの生まれ持った才能や能力です。なぜそれらが主な要因になったかというと、あなたは自分にその能力があることをいつもどこかで知っていたからです。与えられて受け取った才能があったことを知っていたからです。そんな才能や能力の出どころについて発言せずにはいられない科学をよそに、あなたは、それらが身体に属すものではないことをすでに知っています。

8.5 そう受け入れることは、もともと存在していた真の自己に自分が近づいたことを受け入れるということです。つまり、手に入れるために獲得したり努力したりする必要のないものに近づいたことを受け入れることです。これを一つの考えとして想像することは、これまで述べてきた、身体という境界線の外側に存在する真の自己を想像するということです。

8.6　この考えは、発見について理解する際にも役立つでしょう。あなたの生まれ持った才能や能力は「発見」されたものだからです。そして、その発見によって、以前は気づいていなかった才能や能力が自分に見つけてもらいたがっていたことを知るからです。そんな才能や能力の表現を、自分を待ち構えていた新しい発見ととらえ、驚きと喜びで歓迎する人もいるでしょう。第二部の解説IVで記したように、そのような驚きは、今までもそうであったように、これからもあなたに笑いと喜びをもたらします。それらを解明する必要はありません。驚きを解き明かすことなどできないからです！　驚きは、常に明かされる喜ばしい贈り物となるべきものです。贈り物は、学ばれるのではなく、受け取られて応えてもらえることだけを必要としています。

8.7　あなたはこれから、自分の生まれ持った才能や能力と思えるものに勝る何かを数多く発見していくでしょう。しかしその生まれ持った才能や能力が源となり、あなたは自分に与えられているものを知り、これから自分を待ち受けるもの、つまりこれからあなたが発見して認識していくものに気づけるようになります。したがって、身体を超越した融合の源について、自分の住む家のようにすでに自覚しているという考えを持つことで、あなたの安心は増し、自覚ある意識領域の最初の枠組みが確立されていくでしょう。

8.8　これは、もはや新しい「情報」ではなく、第二部の解説IIでも多く述べていることです。あなたが学ぶべきことは、すべて第一部と第二部で述べているので、ここでは完全な心の領域から教わることを話します。あなたが学んだことは、学ばれることしかできないものでした。それは、あなたが完全な心であることを選んだからです。あなたがマインドとハートにつながることを選んだので、そうなったのですが、あなたは古いパターンを自分の内側から取り除く方法をまだ知りません。あなたのマインドは、古いパターンに執着していたくはありませんが、いまだに古いパターンと絶えず直面しているため、あなたのハートは今なお、マインドの持つ支配権に闘いを挑んでいるかのようです。

8.9 だからこそ、この対話を通し、ハートの叡智に対してマインドをオープンにしてもらおうとしています。そのようにして新しいものを受け入れるようになると、あなたは、思考術を使って考えるようになります。これまで学んだことは、マインドとハートの両方とつながって考えるための力となります。その力は、単なる力を超越し、完全な心こそがあなたという存在そのものとなり、あなたの唯一の表現手段となります。

8.10 完全な心とあなた自身から生じていない自己表現は、真の自己を表すものではありません。それは、真の自己表現ではなく、分離から生じている自己表現に他なりません。分離から生じた自己表現は、真の自分とそれを表現することを切望している合図として役立たせることができます。したがって、あなたが、過去に自己表現したいと思っていたその思いは、あなたが習得する必要のなかった生まれ持った才能と能力に通じている可能性が高いのです。あなたが、与えられて入手できるものは、分離した自己の手に届くところからほんの一歩先にあるのです。

8.11 手を伸ばす範囲を広げましょう！ 分離した自己の点から一歩外に出て、融合の輪へ加わりましょう。そこではあなたの望んだすべてが、分裂できない真の自己の満ち足りた完全性によって、すでに実現されています。

8.12 分裂した自己とは、分離した小さき自己のことです。それは、分裂したものとの融合を絶えず望んでいます。区別を持たない分かち合われた意識と完全性がある場所へと足を踏み入れてください。真の自己の生まれ持った能力を認識すると、その能力が入り口となります。その入り口から、足を踏み入れてください。分離した意識が学んだ現実から、つまり、すでに知っている自覚ある意識の現実から一歩踏み出し、分かち合われた意識の領域へと入っていきましょう。

8.13 しかし、一筋の光が降りてこなくても驚かないでください。足を踏み出したというのに「何も変わらない」と感じても驚かないでください。あなたが足を踏み出す選択をしたとき、あなたはすでに一歩踏み出したのです。入り口の向こう側で何かに気づくためには、あとは、新しい見方と新しい意識が必要なだけです。

第九章　思考から生じていない意識

9.1　あなたに向けて開かれた扉は、あるがままに認識する状態へと向かう扉です。その扉は、あなたの思考がヒンジ〔訳註・蝶番〕となって開け閉めされている扉です。思考は、身体の点よりも威力ある境界線であり、幽閉する手段としては鉄格子や壁よりも威力があります。そんな思考のせいで、あなたはあるがままに見ず、確かな答えが得られることを望み続けています。

9.2　最後の思考の逆転については受容に関する箇所で述べましたが、ここでも述べておきましょう。あなたは、自分を囚われの身にしている正体に気づけるようになりなさいと言われました。のちにこうも言われました。自分を幽閉しているように思えるものが、本当にあなたを幽閉しているわけではないかもしれないと。あなたの思考こそが、あなたを囚われの身にしているのです。

9.3　あなたは、本当の自分を知りたいという欲求が自分にあるからこそ、自ら自分について考えていると思っています。そのように考えることで、あなたは自分の定義、自分の真実、自分に対する確信を作り出しています。あなたは、自分にそんな欲求がいつもあったことに気づくよう導かれました。あなたは、その欲求を知り、その思いに基づいて行動すれば、自分は満たされ本当の自分になることができると思っていました。そして、そうなれば、それまでの混乱は消え、新しいものを迎えるための安らぎを得られるとも思ってきました。

9.4 でもあなたは、求めていた充足感を得られる場所へとたどり着かぬまま、本当の自分を知りたいとずっと願っていたのです。必要なことをすべて学んだ今でさえ、完全な心のパターンは、単なる一つの思考であり続けています。ここで述べようとしている新しいパターンの受容と発見は、そんなパターンを置き換えようとしています。

9.5 思考は、分離した自己、つまり、学んでいる自己の活動でありパターンでもあります。このコースでは、あなたという存在は神の考えであると述べました。また、考えについて、思考と同義語のように述べてきました。学んでいるあなたにとっては、それは真実を表すための正確かつ真摯な方法でした。

9.6 けれども、あなたの現実が変わりました。その変化とともに新しいパターンを適用していきます。しかし、これは、真実が変わったわけではなく、単に、あなたが変わったことを示しているだけです。真実は真実であり続けますが、あなたは変化しました。したがって、『愛のコース』を始めた頃のあなたではなく、今のあなたに語りかけることで真実を示すことができます。

9.7 この先、矛盾したことを述べていると感じることがあるかもしれません。例えば、自分を囚われの身にしている正体について考えるよう言われたかと思えば、今度はそれについて考え直すよう呼びかけられるという具合です。しかし、それらの呼びかけは同じです。ただ、あなたがその呼びかけについて考える際の手段が変わりました。したがって、たびたび矛盾しているように思えるかもしれませんが、矛盾はしていません。

9.8 それでもまだ、第二部の解説Ⅰと矛盾しているように思うかもしれません。もし思考があなたを囚われの身にしているというのなら、なぜあなたは「思考術」を教わったのでしょう。あなたは、自分が変わったこと、そしてわたしたちの目指す目標が変わったことを、常に心にとどめておかなければなりません。わたしたちがまだ学んでいたときに受け入れた目標は、あなたに真のアイデンティティを知ってもらうことを意図していました。第二部の解説Iは、これからわたしたちがともに受け入れようとしていることの前触れであり、そのための手段と結果でもありました。

9.9 同じことが、第二部の解説IIで記された信念にも言えるでしょう。あなたの「認識」を支えるために教えられたその教えは、その認識がもたらされたあとに明らかになることとは明確に異なるでしょう。

9.10 思考術がエゴのマインドによる思考を超えた能力へとあなたを導いたように、第二部の融合に関する解説IIで述べた信念は、信念を必要としないところへあなたを導き、解説IIIは個の自分を超えたところへあなたを導こうとしていました。したがって、第二部の解説は、わたしたちの今の目標とは矛盾しています。学びには、学びの向こう側へ学習者を導くという目的があります。第二部の解説IVでは、学びの向こう側にあるものをはっきりさせました。ともに新しいものを受け入れる今、新しいものは学ぶことのできないものであることを今一度知り、今後もそれを心にとどめておかなければなりません。言い換えれば、思考を含む古い手段では、新しいものを知ることや創造することはできないことを知っておかなければならないということです。

9.11 発見へと戻りましょう。そして、自覚できる意識領域を広げていきましょう。そうするために、まずは、思考と対照的なアイディアについて話していきます。

9.12 あなたは、持って生まれた能力が、学ぶ前にすでに自分の内側にあったことを知りました。アイディアはあなたが発見するもので、それは学びとは離れたところに存在しています。アイディアは、あなたのもとへやってきます。それは、与えられて受け取られます。アイディアは本来、驚きと喜びをもたらします。あなたは、アイディアは学んだ結果、もしくは悪戦苦闘してよく考えた結果、生まれるものだと思っているかもしれません。かつての学びや思考はすべて、最終的には新しいアイディアを生むものに思えるかもしれませんが、それは違います。才能は遺伝だと言われることがありますが、それならば、あなたの内側にすでにあるもので遺伝したものとは何でしょう。アイディアにも同じことが言えます。アイディアは、すでにあなたの内側にありました。そしてそれはただ、あなたを通して誕生することを待っています。

9.13 あなたという形を、次のように見る必要があります。すでに内側にある完成されたものは、あなたという形を通して表現されると同時に、あなたが関わるあらゆる人たちとの交流を通して表現されます。

9.14 身体を大きな円の中心点ととらえるイメージに戻り、生まれ持った才能、能力、新しいアイディアを発見することは、身体の点の外側にすでにあったものを発見することなのだと受け入れてみましょう。すでにあったそれらのアイディアを、形を使った表現を得るためにあなたを通り抜けていくものとして受け入れてみましょう。すると、大きな規模で見れば新たな道となる行為を、小さな規模で見始めていくことができるでしょう。

第十章　崇高な形ある真の自己のゴールと成果

10.1 個の自分の境界線の外側にある、融合というより大きな円の中で発見されるものは、すべて永遠です。生まれ持った才能、能力、アイディア、想像力、インスピレーション、直感、ヴィジョン、使命といった形であなたのもとへやってくるものは、あなたが知るための方法です。それは、学びのパターンの外側にあり、あなたのもとにあなたを通してやってきます。

10.2 学びの目的は、学びを通して得る知識を伝達することとです。才能、アイディア、想像力、インスピレーション、直感、ヴィジョン、使命といったものを引き出すために、それらを教えたり学んだりすることはできないことに気づいてください。あなたは、教えることや学ぶことでそうした能力と連携し、その力を使えるようになると思っているかもしれません。けれどもあなたは、教える手段と学ぶ手段には限界があることも知っています。そしてそれらの手段が、与えられた能力を創造的に表現する際に、助力にも妨害にもなり得ることを知っています。

10.3 あなたは、それらの能力に自ら用途を与えていると思っています。つまり、それらの能力を使って行ったことや表現したことは、あなた自身の個人的な成果になると思っています。確かにそうです。しかし、それらを、自分自身の重労働、勤勉さ、努力、奮闘によるものだと思うとき、あなたは、誤った考え方をして自らその表現を制限します。教える努力や学ぶ努力が、与えられた能力を制限することと同様です。能力が与えられているという、そのすでなされた状態を喜んで受け入れることで、その能力による表現を真に果たし、真の自己を表現できるようになります。喜びに満ちた表現は、分離した自己ではなく、融合した真の自己を表現するからです。それは個の自分ではなく、崇高な形である真の自己を表現するからです。

10.4 ここで、あなたは次のように考えるかもしれません。与えられた能力の表現は時空にあり、分離した現実において、それはあなたという形の努力や時間を伴うと。したがって、能力は融合の領域から生じるとはいっても、その能力を表現することは、融合ではなく個人に属するものなのではないかと。そして、もしそうでないのなら、個人の成果や誇れるものは何もなく、自分のものと呼べるものは何一つないのではないかと。あなたは、融合の内側にすでにある完成されたものを引き出すことが、新たな課題なのだと気づかなければなりません。それが、融合した真の自己のやることであり、それはあなたを真の達成の喜びで満たします。それが、あなたの真にやるべきことであり、融合した状態で取り組むべきことだからです。

10.5 融合して行う取り組みとは、関係性と向き合うことです。あなたは、融合から与えられたものとの関係性に気づくよう呼びかけられています。融合から与えられたものと、それが表現されるまでの間には関係性があり、その関係性によって、崇高な形ある真の自己は新しいものを創造します。融合から与えられたものは、形を通して分かち合えるものになることで、新しいものへと変わります。つまり、関係性が継続し、新しい関係性に生まれ変わることで、それは新しいものへとなり続けていきます。そのように関係性を通して分かち合うことが、崇高な形ある真の自己のゴールであり、なすべきことです。このような手段を通し、融合した自己は、分離した領域で知られる存在となり、他者を分離から融合へと導きます。

10.6 崇高な形ある真の自己のゴールと関係性は永遠です。崇高な形ある真の自己は、融合の領域から生まれ、融合の領域へと戻るからです。聖書の教義に「生めよ、増やせよ」という表現がありますが、それは増やすことについて述べています。与えられたものについて個人的な理解や表現で満足しても、与えることと受け取ることは同じであるというサイクルは完了しません。与えられたものは、受け取られなければなりません。受け取られたものは、与えられなければなりません。それが増やす方法であり、増大させる方法であり、創造する方法です。

10.7 キリストの時代において発見できること、それは、真に知る方法を受け入れることです。つまり、学ぶ前からずっと存在していた方法を受け入れることです。それが実践されて、学びのパターンが置き換わると、与えられたものをあるがままに絶えず知り、それを拡張し続けていくことが、さらなる発見への道となります。つまり、新しいものを絶えず創造していくということです。

第十一章　融合への回帰とあなたが知る思考の終焉

11.1 ここでは、思考術ではなく思考の使用法について話します。あなたは、問題解決や知的な謎解きのために思考を使い、決断するときには集中して考えます。そして、思い出したことを忘れないよう、それらをリストに書き出したり、効果的な意思伝達を心がけたり、自他の思いをノートに綴ったりします。

11.2 あなたは、この対話もわたしの思いを綴ったノートだと思うかもしれません。その一例だけでも、誤って受け継いでいることがわかりませんか。親愛なる兄弟姉妹たちよ、この対話をそのようにとらえることは、狂気です。神の思いと考えをそのようにとらえることは、狂気です。あなたは、神の思いと考えによって創造されました。神の思いや考えは、わたしが述べた思考と同類のものです。あなたはこれ以上、わたしのことを講演者や偉大なる師として見ていたいですか。わたしは、誰かがノートを取れる情報をただ与える人なのでしょうか。あなたは、自分の思考こそ、自分自身を他者から区別しているものだと思っています。わたしとあなたについても、同じことが言えると思いますか。あなたは、わたしたちの同一の思いではなく、あなた自身の思考が、あなたをわたしから区別していると思っています。思いに込められた意味が区別しているのではありません。

11.3 あなたの考え方とわたしの考え方は異なり、その二つは比べられないものだとあなたは思うかもしれません。けれども、思考は、わたしの行いや融合の内側で起こっていることを正確に言い表してはいません。わたしは存在し、わたしという存在を延長しています。この対話もわたしの延長です。あなたに関する神の考えが延長され、創造物であるあなたとなり、わたしとなり、あらゆる兄弟姉妹となったのです。

11.4 この対話の最初のページで、「あなたは、スピリットの泉から受け取って与えます」と言いました。真に与えて受け取ることは、融合に属します。分離した自己の持つ分離した思考体系には、真に与えて受け取るという考えはありません。あなたは、第二部の解説Ⅰの概念を受け入れましたが、それは、古い思考を完全に拒絶することの始まりに過ぎません。あなたも理解しているように、新しいものを創造し始めるには、古いものに対する完全な拒絶が起こらなくてはならないからです。あなたは、融合の中で融合を源とし、新しいものを創造するのです。

11.5 分離した自己にとって、あなたの思考は、最後の砦であり肥沃な土壌です。あなたの思考は、あなたという個性に属し、あなたが自立しているというあなたの信念を証明します。それは、あなたがまだ、個性の領域にいたがっている証明でもあります。あなたは、自分が世界に貢献していると思っています。自分の知る世界を新しくするために貢献したいというあなたの思いが、世界を強化し大きくしてきました。あなたの学びが力となって、そうなったのです。あなたは、自分が呼びかけられ、貢献するよう求められたことを知っています。したがって、あなたの強大な思考は、その「問題」に焦点を向け、解決されるべきあらゆる問題を攻撃したように、その問題を攻撃しました。あなたの思考は、貢献するという考えに注目するようになりました。使命に応えて約束を果たしたいという思いが、あなたのハートに火をつけ、マインドにはさまざまな考えが押し寄せました。繰り返しですが、これは、この対話の初めに述べたことではないでしょうか。準備したいという欲求について、何と述べたでしょうか。

11.6 あなたに質問です。望んでいたことをやり遂げたとき、まだそれを行うことへの欲求があると思いますか。

欲求が役立たないことを、学びが役立たないことと同様に考えられないでしょうか。本当の自分を完全に受け入れた状態に達し、自分が貢献していることを完全に受け入れたとき、まだそれを行うことを望んでいるでしょうか。

11.7 すでに完成されていることを受け入れることによって、その状態に到達できます。しかし、あなた方の多くは、そう受け入れ始めた途端、思考の向きを逆転させ、使命を果たすべく貢献するためにやるべきことがあるという考えに戻ってしまいます。それは、マインドのやり方であり、マインドの考え方です。

11.8 では、これらの言葉がどのようにあなたに届いているのか、あなたの考えていることについて、もう一度見てみましょう。これらの言葉が、与えられ受け取られてきた「方法」を完全に受け入れられるなら、あなたは、自ら融合のあり方を完全に受け入れられることを知るからです。

11.9 あなたは、スピリットの泉から受け取り、与えると言われました。これは何を意味するのでしょうか。こうした言葉が与えられて受け取られてきたことと、どのように関連するのでしょうか。形ある自己の高次への上昇と身体について話し合ってきたことと、どのように関連しているのでしょう。貢献して使命に応えたいという思いや、自分は何をすべきか知りたいという思いとは、どのように関連しているのでしょうか。

11.10 これらの答えは、あらゆる答えと同様にあなたの内側にあります。真の自己の中心であるハートにあります。わたしを教師にしておきたいというあなたの思いは、あなた自身の考えを答えに仕立てて、方向性を示してもらおうとする思いと同じです。以前述べたように、あなたは今の時点では、答えを求めて自分のハートを頼ったりはしないでしょう。それでも、あなたのハートこそが、スピリットの泉であり、真の答えは、そこからやってきます。あなたのハートは満ちた泉であり、いつでもそこから水をくみ上げることができます。空っぽのバケツを引き上げる危険性はありません。そう受け入れることができると、再び喉を乾かす必要も、答えを求めて探しに出る必要もなくなります。答えが内側にあることを知り、あなたはそれを完全に受け入れられるからです。

11.11 自分がすでに完成された存在だと信じながら、その信念を源にして生きないのならば、それは狂気です。それが狂気である理由は、幾度となく述べられてきました。その信念があなたの力となることを防ぎ、その力を源にして本当の自分になることを妨げているもの、それがあなたの思考です。思考は、何事においても説明を必要とします。そうした説明は、あなたの知る世界の観点においてのみ意味をなします。

11.12 これらの言葉を与えて受け取ることは、あなたの知る世界の観点では、決して理にかなわないことでしょう。真実に限界を設ける人々にとっては、どんな説明でも不十分です。しかし、新しい見方に対してマインドとハートをオープンにする人々や、不信感を取り除いた人々は、これらの言葉を与えて受け取ることで、思考では理解も回答も不可能だった疑問の答えを得られるでしょう。

11.13 これらの言葉は、わたしの存在を物語っています。わたしが、本当のあなたを知っているという事実を如実に記しているからです。これらの言葉は同様に、あなたの兄弟姉妹に対し、わたしが本当の彼らを知っていると証言するものです。こうした考えを内側に宿らせ、ハートに永住させるなら、あなた自身の本質とは何かがわかるでしょう。わたしたちは、神聖なハートです。この対話を始めた際に述べたように、わたしたちは、ともにスピリットの泉であり、融合意識を分かち合う存在です。そして、融合の内側で、神の子という同一性を保っています。その融合のヴィジョンとともに進むとき、あなたは、地上にいたわたしのようになります。そして、終生、自分の考えからではなく、スピリットの泉から知を引き出すことになるでしょう。つまり、与えられて受け取られるこれらの言葉の源である、分かち合われた意識から、知を引き出すようになります。

11.14 言い換えると、崇高な形ある真の自己は、身体という点にとどまらず、融合という大きな輪から栄養をくみ取ります。

11.15 それでは、それぞれが持つ、崇高な形ある真の自己特有の貢献とは何でしょうか。それは、スピリットの泉からなされることです。分かち合われた融合意識からなされること、それが貢献です。分かち合われた融合意識では、崇高な形ある真の自己を通し、融合意識特有の表現が見出されます。そのように貢献できるのに、個人的な貢献をしたいという欲求を持ち続けるのは、なぜでしょう。完全性を表すあなたのユニークな表現で、十分ではないですか。その方が、分離した個人がする貢献よりも、はるかに大きいのではないですか。あなた方の世界史は、個人的な貢献が驚異的な範囲で繰り広げられたものなのではないですか。

11.16 あなたはいまだに、イエスという人物がしたことは、彼の個人的な貢献だと思っているでしょうか。わたしが正直に教えましょう。真に続く貢献とは、スピリットの泉から生じるものだけです。個の自分の重要性を求めることは、歴史上に存在したイエスという人物を重要視することと似ています。イエスを大勢いる重要人物の一人として見ている人たちもいるでしょう。そんな彼らは、自分たちの人生と同様にイエスの人生の重要な点を見失っています。そして、彼ら自身もまた、重要人物としての個人的な貢献を試み、皆のハートにあるもの、融合の内側で分かち合われているもの、わたしたちの真実といったものを表現しようとはしません。代わりに、個人の真実を表現しようとします。

11.17 分離した個人に受け継がれる真実は、存在しません。分離した個人に受け継がれるものは、幻想だけです。幻想については、さまざまな描写で言い表すことができます。そうした描写が数ある探求の道へと導きますが、幻想が探求を終わらせ、真実を見出す場をもたらすことはありません。

11.18 自分の考えではなく、融合して一つになったマインドとハートを頼ってください。**融合です！** 融合した状態で、ハートとマインドはつながります。融合した場から、崇高な形ある真の自己の表現が生まれ、正しい考えによる行動が生じます。融合は、これらの言葉の源です。融合とはそういうものであり、かつ真実なのです。

十二章　身体と思考

12.1 以前のような、身体を軸にして宇宙や自分自身について考える考え方では、思考がマインドに入り込める仕組みはありません。思考はマインドにあり、脳の産物であり、身体の中にあるものだとあなたは思っていますが、あなたがそう受け止めている理由は、脳機能の停止が思考の終わりを意味すると信じているからであり、思考が脳から発していることをそれが証明しているととらえているからです。

12.2 あなたは、これらの言葉を最初に受け取った人物は、思考を通して受け取ったのか、耳で「聞く」ように受け取ったのか、そのどちらかだろうと想像するかもしれません。実際こうした言葉を受け取る人は、考えと同様に、こうした言葉を「聞く」わけですが、それらの言葉は、聞き手本人の考えではないと同時に、聞き手本人から分離しているものではありません。どうしてそんなことが可能なのでしょうか。

12.3 こうした言葉は、分離した思考体系の分離した考えとは異なります。

12.4 この取り組みは「対話」と呼ばれています。対話はほとんどの場合、二人以上の間で行われるものと考えられ、話し言葉と関連づけられます。あなたは他者との対話に参加するとき、耳を傾けて応じます。それが、今まさにここで起こっていることです。あなたはこの対話に「参加」したのです。あなたは、これらの言葉が、書物という形と、肉眼と脳の解読機能によって、自分のもとへ届いていると思っていますが、それは違います。

あなたがこのコースで教わり、今、再び思い出すよう告げられていることは、こうした言葉が、あなたのハートを通じてあなたの中へ入り込んでいるということです。マインドとハートが一つになり、同じ言語を聞けるようになったとき、あなたは、身体という点から一歩外に出て、融合した円の領域へと入り始めたのです。

12.5 あなたは、自分がそんなことをしたとは思っていないかもしれません。他の本と同様に、これらの言葉をただ読んでいるだけなのにと意義を唱える人もいるでしょう。今は何かが違うと気づいていても、身体が融合の領域に足を踏み入れたとは感じない人もいるかもしれません。そして、一歩足を踏み入れてもそれに気づけないのなら、いったいそれに何の価値があるのかと疑問に思う人もいるかもしれません。

12.6 だからこそ今、その変化した状態を受け入れて認識できるよう取り組んでいます。その認識がなければ、わたしたちがここでやっていることの価値は最小限にとどまることになります。わたしは、それを認めることはできません。以前、あなたの融合への回帰が緊急で求められていることについて話しました。もう一度、それがいかに緊急であるかを思い出してください。

12.7 読書とは異なる方法でこれらの言葉を受け取っていることが、あなたへの合図となるようにしましょう。これらの言葉を最初に受け取った人は、どのようにそれを自分の考えとして「聞く」ことができたのだろうと思うとき、このことを心にとどめておいてください。受け取り手は自ら考えたものではない考えを受け取ったことを覚えておきましょう。

12.8 対話に「参加」することについて話しましたが、あなたは他者との対話に参加するとき、その人が何を伝えたいのかということに耳を傾けます。「話し言葉」という形態を通し、その人の考えを聞きます。その人の考えは、あなたのものになるわけではありませんが、あなたの中に入ります。その人の言葉は、あなたが応じる際の源を提供するために、あなたの中に入る必要があります。それは、コミュニケーションというやり取りの手段となるために、あなたの中に入らなければなりません。これらの言葉が象徴する思考にも、同じことが言えます。したがって、自分のものではない「考え」が自分の中に入り込むことは、当然あり得ることだという気づきを通し、わたしたちは、あなたの自覚できる意識領域を広げていきます。

12.9 わたしたちは、融合から生じる思いは、分離した自己の思考体系から生じるものとは異なることをはっきりさせました。では、より単純に思考による「考え」と胸に抱く「思い」を区別して話しましょう。この区別は辞書の定義とは一致しませんが、役立つものです。思考は、あなたが「行う」ことだとされているからです。辞書の定義では、「思慮深い」ことをマインドフルな状態としてとらえていますが、マインドフルな状態は、完全な心やここで述べている融合の内側で分かち合う状態ととても近いです。あなたは、この対話での分かち合いを誰かの「考え」ではなく、「思い」ととらえていることに気づいてください。この章ではこの区別で十分でしょう。

12.10 「思考」は能動的で、大抵は頭の後ろの方で鳴っている歓迎されないお喋りだととらえましょう。あなたの「思い」は、より瞑想的な「思考」によるもので、大抵は考えた末に生まれる結論だととらえましょう。例えば、一日の終わりにその日を振り返って思い出す些細な思いなどがそうです。ここでもう一度、そんなときにあなたの意識に上る「思い」を見ていきます。それは、葛藤して苦しむマインドの「考え」ではなく、穏やかなマインドの「思い」です。

12.11 「考え」はエゴのマインドをより説明し、「思い」は真のマインドをより説明します。わたしはここで、いまだにあなたが以前と同じ考え方をしているので、あなたのエゴが稼働中だと言っているのではありません。ここでの要点を二つ述べましょう。一つは、「思考」はエゴの有無に関わらず分離した自己のパターンであり、あなたの役には立たないということです。あなたの思考は、エゴが支配して以来、非常に改善されたように思えるかもしれません。あるいは、わずかな改善しかなされていないように思えるかもしれません。いずれにしても、それは、あなたが今でも持っているパターンであり、エゴではありません。二つ目の要点は、思考による「考え」があなたの役に立たなくても、あなたには融合した真の自己から生じる本当の「思い」が常にあるということです。これらの言葉を最初に受け取った人が、自ら考えたものではない考えを受け取ったように、その「思い」は、あなたが考えたものではありません。

12.12 もう一度、理解してもらいたいことがあります。融合は、閃光が上から降り注いでなされるのではなく、無防備な自己の中心に静かに入り込むものだということです。わたしは、あなたが次のことに気づいて安心できるよう手助けしようとしています。それは、古いパターンが解放されると、あなたは、キリスト意識を持ったまま、崇高な形ある真の自己として世界で生きるようになるまで、より頻繁に融合とつながるということです。

12.13 ある考えが、思考パターンを去るための助けとなるでしょう。その考えとは、わたしたちが述べている思いは実は思いではなく、融合した真の自己を知る方法であること、そしてその思いは、マインドとハートがつながったあなたの中心であり、身体とは無関係の完全な心を通してあなたに入り込むということです。耳を傾けて応じることは、身体に属すときとそうでないときがあります。マインドとハートには、永遠という概念があります。つまり、融合から生まれるものには、肉眼や耳などの五感を使ってアクセスする必要がないという考えです。これは、それほどおかしいことでもなければ、並外れたことでもありません。この考えに気づくとともに、融合から生まれるものがあなたへアクセスするとき、その入り口はあなたの内側にすでにあることにも気づかなければなりません。融合した状態に触れるそのわずかな瞬間、すでに恩恵を受けていたことに気づかないというのなら、それに気づくこともまた、不可欠です。

12.14 ようやく、あなたは、融合から生まれる「思い」がどういうものかよくわかってきたところでしょう。そして自分の中にその「思い」があったことに、一切の疑念を持たずに気づけるでしょう。その思いは、あなたがまだ慣れ親しんでいない権威とともに、あなたのもとへやってきました。あなたが疑うことなく知っているその思いは、真実であり正確なものです。その思いは、あなたの関わる状況や他者の状況に関して単純とは言えないものかもしれません。またそれは、真の自己や世界の本質に対する深い洞察力から生まれているものかもしれません。

12.15 その思いを分かち合えない無力さや、真実という権威をもって伝えられない無力さに、苛立ちを覚えたことがあるでしょう。それは、あなたがその思いが真実であることを知っていたからです。そして、真実がマインドへ訪れた途端、そんなふうに何かに確信を抱くことが、それまでいかに少なかったかということに気づいたからです。そのような新しい権威に驚いたことが、今までにもあったでしょう。そのとき、あなたは真に何かを知り、それは、話題のためのありふれた意見や考えなどではなく「真実」に関することであることを、皆に知ってもらいたいと思ったかもしれません！

12.16 多くの人は、時間とともに真実に対する確信が薄れていく経験をしたことがあるでしょう。それは、あなたが真実を伝えられなかったからかもしれませんし、真実に対する他者の反応のせいかもしれません。あるいは、単に疑いが生じたという場合もあるでしょう。しかし、確信が薄れた否かに関わらず、あなたの内側には気づきの瞬間がまだ刻まれています。その瞬間、あなたは疑いや不安を持たずに真実を知りました。したがって、あらゆる疑いは自分自身に対する疑いだとこのコースで述べていることが、真実だったと気づけるようになるかもしれません。それでも、誰かに挑戦されたり、あなた自身の思いが立ちはだかったりすると、あっという間に疑念が生じるでしょう。それは単に、あなた自身が、自分が何かに対して確信を抱けるとは思っていないからです。その状況で求められる正しい行動や、これから起こることに適した行動を、自ら取れるとは確信していないからです。もしその確信を一度でも持ったなら、真実を知ることはできないなどと思うことはないでしょう。真実を知ることについて、「一切の疑念を持たずに」という言葉を添える必要はありません。それが過剰であることに、あなたは気づくからです。

12.17 知るとは、単純に知ることです。そして確信を持つことです。これについて、正気でないと思ったり、不可能に思えたりするかもしれません。その思いに気づけば、あなたの思考は狂気であるとわたしが述べてきたことが、かつてないほど本当であると思えるでしょう。あなたは、「一切の疑念を持たずに」何かを知り、確信とともに知を得ることなく生きることが、正気であると思っています。その逆が本当であるというのに、あなたはそう思っているのです。真実を知ることが正気であり、真実を知らないことは狂気です。

12.18 あなた方の中には、この真実を解明した個の自分自身を称える人もいるでしょう。そんなあなたの権威の声を聞き分け、その声から、あなたの語る真実が、通常のあなた自身やあなたの思いから生じているのではなく、あなたのもとへ届いたものであることに、気づく人々もいるでしょう。真実を知ることが、個の自分から生じていなかったとしても、どういうわけか、あなたは真実を知ることに自ら関わっていることを知っています。

12.19 したがって、融合から届く思いは、あなた自身の思いと、融合から生じた思いの両方に感じられます。わたしがあなたと異なる存在ではないように、融合もあなたと異なるものではありません。融合には、あらゆるものや完全性やワンネスが含まれるように、あなた自身も含まれます。わたしたちは、融合した一体の存在であり、キリスト意識の内側に存在する一つのキリストです。わたしたちは、完全な心の内側にある一つのハートであり、一つのマインドなのです。

第十三章　知の表現手段の改善と分かち合い

13.1 この時点で、真実を知って今までの自分が間違っていたことを知っても、何の危険もありません。あなたは、確信している状態とそうでない状態の違いを知っています。特に初めは、確固たる態度で知を公にするのではなく、知を軽視するという間違いを犯す可能性が非常に高いです。それでも知を公に知らせたいという思いが、あなたの中で大きく育っていくでしょう。「知」についてあなたが間違えることはありませんが、あなたは自ら発見したものを正確に伝える難しさを感じるかもしれません。「知」は、マインド、身体、形、時間の領域を超えて育まれるからです。

13.2 新たな発見から生まれる知は、融合した状態からあなたへ届くものです。それは、あらゆるものと分かち合う、キリスト意識のレベルからやってきます。けれどもあなたの知る本当の兄弟姉妹と真の自分を分かち合う場合を除き、分離した状態に居続ける人々と知を分かち合えないことがあります。このステートメントには、二つの重要な点が含まれています。それを一つずつ、見ていきましょう。

13.3 一つ目は、あなたが発見する知は、融合して分かち合われた状態からやってくるという点です。あなたが知ることになるその知は、あなたがすでに知っていたことではありますが、長い間忘れられていた「真の自己」というアイデンティティと、ともに生きるあらゆる存在のアイデンティティを発見するという形で訪れます。

そしてそれは、驚きと喜びに満ちたものになります。けれども、驚くのは少しの間だけです。それは、あなたの人生の狂気の部分を、あなたが知っていた通りのもとの姿へ戻すからです。その逆転こそが、最初に明らかになるものの一つです。その逆転があなたの意識へ上るとき、それはシンプルで喜ばしいものに感じられますが、知とともに生きることを始めたばかりのあなたには、かなり複雑に思えることもあるでしょう。

13.4 内なる融合から届く新たな手段によって瞬時に得た知は、折に触れ、日常生活に馴染んでいく必要があります。大抵、そのような知は瞬時に訪れるものです。それはある意味、神の「一筋の光」が降り注ぎ、悟りを得る様子をユーモアたっぷりに例えたものとも言えます。聖書にあるそのような物語を見直してみてください。内なる融合から発する「一筋の光」から得た知をもって、どう生きてよいのかわからなかった人々の物語が、数多く残されています。

13.5 融合から生じるものは、一つに調和した完全体です。したがって、あなたに届く知は、完全な状態です。あなた方はすでに、部分的で細かなありとあらゆるものを個別に学びましたが、それらを完全な一つのものとして、完璧に知ることができます。その方法は、あなたにとって本来自然なものですが、異質に感じることもあるでしょう。知の光で目がくらんだような感じがすることもあるかもしれません。あなたは、形を通して知り得なかった知を、今は知っていることに気づけるでしょう。それは、非常に大事なことです。しかし、分離した世界では、その知を「見る」ことも想像することも、分離した自己の言語へと翻訳することもできません。

13.6 あなたは、その知が分かち合わなければならないものであることを知るでしょう。しかし、最初は、大事な知とそうでないものを見分ける手段としての分かち合いが、あまり必要ないものであることには気づかないでしょう。それでも、理解できるようになります。関係性を通して得られる知こそ、融合から生まれるものです。一度、キリスト意識を保った状態を経験すると、難なく、再びその状態を経験できるようになります。融合した関係を認識できる状態に常にとどまれるようになるからです。しかし、その状態に達するまでは、融合した関係を認識できる状態とできない状態を行き来します。

13.7 それについては、あまり心配しなくてよいでしょう。行き来することが、以前ほどあなたに影響を及ぼさなくなるからです。あなたは、仲介を必要としないキリストの時代に生きているからです。ですから、あなたは、分離した自己の知識と融合した真の自己に宿る叡智をつなげる仲介役になるよう、呼びかけられているわけではないのです。あなたに求められていることは、意識を広げる人たちと融合の内側で分かち合うことです。

13.8 あなたが一人でないことは何度も言われてきましたが、多くの人々にとって、それを受け入れることは、もっとも高いハードルの一つだったでしょう。あなた方は、一人の状態しか知らなかったからです。その状態は、個の自分、個別性、分離した思考と同義語であり、誰もあなたを真に知ることはできないことを意味しています。けれども、キリストの時代の広がりゆく意識を経験している人々とつながってください。すると、物事が変化している証拠を目撃できるようになるでしょう。融合を通して知にたどり着いた人々とつながってください。それまでとは反対の証拠に圧倒されるでしょう。自分が一人でもなければ分離もしていないことを、真に理解し始めるようになります。融合した状態を知ることは、ともに知ることであり、関係性の中で知るということです。

13.9 あなたは、今、一人では学べないと言われたときと同様に、融合による知は一人でたどり着けるものではないということを、知を有する者から告げられています。では、なぜあなたは、自ら知り得たことを関係性の中で分かち合わずに表現できたのでしょうか。それは、部分的な表現だったからです。部分的な表現には、あなたの「見方」が含まれます。部分的な真実は決して完全な真実にならず、完全な真実が唯一の真実であるのは、そのためです。

13.10 関係性の中で分かち合うことが、融合の目的です。分かち合いとは、そういうものです。

13.11 二つ目の重要な点を見ていきましょう。「分離した状態に居続ける人々とは、あなたのたどり着いた知を分かち合えないことがある」というステートメントを再び見てみましょう。これは、あなたの知る本当の兄弟姉妹と真のあなたを分かち合う場合を除きます。あなたは、融合から得たすべてを表現して分かち合うことなどできないと思うかもしれません。自分の知り得る真実や権威を表現して分かち合うことは不可能に思えるかもしれません。けれども、先ほどのステートメントは、あなたの知った真実に従って生きることで、あなたが、真実の分かち合いを促す融合との関係性を築けることを意味しています。言い換えると、関係性の中でのみ与えられて受け取れられるものを分かち合う前に、必ず、関係性もしくは融合が存在するということです。

13.12 あなたが、特に福音を説いたり、説得を試みたりしないよう言われてきたのはこのためです。そうした行為は、分離した自己が仲介の役目を果たそうとする試みだからです。関係性や融合は、そのような仲介的な機能の必要性を打ち消します。あなたはただ、本当の自分を生きて、他者をあるがままに見ることで、分かち合いを引き起こす関係性を築きます。関係性がなければ、意志も融合もありません。関係性がなければ、あなたは分離した自己として行動し、分離した状態から融合とつながろうとするだけです。それでは上手くいきません。キリストの兄弟姉妹たちとつながりましょう。すると、分かち合いは、努力を要さない喜ばしいものに変わり、有効なものになります。原因と結果、手段と結果が同じになります。

第十四章　身体、マインド、形、時間を超えた新しい領域

14.1 発見は、あなたがなし遂げたことや、融合という真の状態へ足を踏み入れることを受け入れる以上のものです。ほとんどの人が、人生を通してそれを知っています。言い換えれば、それは世界で発見する行為や冒険と同じです。

14.2 「内側と同じように外側でも」という考えを覚えておくとよいでしょう。わたしたちは、探求するために真の自己から去りはしません。真の自己は、探求の源と原因であり、発見の源と原因だからです。けれども、真の自己はあなたが過去に経験した、いかなることをも超越した存在です。

14.3 真の自己は、何からも分離していません。物質界や、融合したいかなるものからも分離していません。新しい創造を始める前に知るべき秘密を知る鍵として、身体に属さないものをどのように知るのかを掘り下げてきたのはこのためです。新しい創造をする仲間に加わる前に、探求と発見が歓迎され、経験されなければならない理由も同じです。

14.4 あなたに思い出してもらうために、もう一度言わせてください。あなたには、決して傷つくことはできないという性質が備わっています。このコースでは、その性質を試すことについて注意を促してきました。ある意味、今ではそうした注意は弱まっていますが、それでも、その性質を運命に逆らう試験のようにとらえるべき

ではありません。とはいっても、真に探求する者であるために、多少はその性質を心にとどめておかなければなりません。身体、マインド、形、時間を超えた発見に、全面的に参加するためにも覚えておくべきです。以前述べた信念の停止を実践していかなければなりません。つまり、未知を発見するために、すでに知っていることを脇に置く必要があります。

14.5 日常で生じるシンプルな疑問を見ていきましょう。例えば、次のようなものです。「過去の似たような経験で知っているすべてのことを忘れ、この状況を新しい見方で見たら、どんなふうに見えるだろうか」「この状況を本当に心配する必要があるのだろうか。それとも心配せずに、なるようにさせておくことで、この状況に何らかの影響を及ぼせるだろうか」「これが真実だ、あれが真実だと事実は告げるが、それを無視して別の何かに変わる可能性に心を開いていれば、どうなるのだろうか」。あなたはこうした疑問を、収支のバランスを考える日常の一場面や、医師から診断を受けるなどといった重要な場面で問うことでしょう。決断を求められたときや、計画を立てる必要があるときにも、このような疑問を抱くことがあるでしょう。

14.6 それらを自問する主な利点の一つに、通常ならその状況で用いているはずの思考を回避できるという点があります。そう自問することによって、さまざまな状況を問題や危機と見なすことを避け、新しい何かが明らかになる可能性を残します。

14.7 何かが明らかになるとき、それは神から生じているとたびたび述べてきましたが、神だけが源であることを覚えておいてください。分離しているときは、神が自分から離れた存在に感じますが、その神は、融合を経験しているあなた自身の中で見て、感じ、聞くことができる存在であることを心にとどめておいてください。

14.8 あなたが心を開けば、何かが明らかになる可能性だけでなく、協力し合う可能性も生じてきます。協力は関係性に属し、調和するあらゆるものから生まれます。この調和と関係性が認識されず、そして受け入れられていないとき、あなたは受け取ることよりも、計画を立てることが必要だと思い込んでいます。もたらされるものに心を開いておくことよりも、ストレスを感じたり努力をしたりすることの方に、正当な理由があると思っているのです。

14.9 調和と協力に対するあなたの認識は、融合から生じ、自然と増していきます。融合している状態では、あらゆるものがあなたと共存しています。あなたの認識は、あなたが先ほど重く受け止めた、「受け入れる」という考えによって増したのです。あなたはこれから、途切れることなく知り、知に従う存在として、発見するための道を開いていきます。

14.10 知にたどり着くことは、知に従う存在となっていく前兆です。それは、顕現する前兆であり、新しいものを創造する前兆です。学ぶ間の一歩一歩の学びと同様に、知にたどり着くことで、次から次へと道が開かれます。「同様に」と述べたのは、あなたに理解する方法を伝えるためです。学びは徐々に起こりますが、発見はそうではないからです。学びは、完全性へと通じる努力によって徐々に起こりましたが、発見は、一度に完全な状態で現れます。したがって、こうした歩みは、一部分やレベルに関するものではなく、あるがままの現状の認識を広げることが目的です。

14.11 広げるとは、真の自己へと道を譲り、真の自己を拡張し増大させ、本当の自分になることです。つまり、内側にあるものを外側へもたらすことです。内なる真の自己を自覚すると、世界に対する認識を広げることができます。「内側と同じように外側でも」というわけです。新大陸を最初に発見しようとした探検家は、何かを発見できる可能性に「内側」で気づいたからこそ、「内側」で認識したことを「外側」でも認識しました。

14.12 本当の自分になることは、形における移行であり顕現です。あなたはすでに、形で現れています。人類で脈々と受け継がれている、何かに「なる」という考えは、今の自分は未完全で、まだ完全には生まれていないという認識を知らせているに違いありません。あなたの形は、物理的な生命維持という意味では完全です。あなたという形が生まれ、その誕生以来、あなたは何度も誕生日を祝ってきました。子供から思春期を経て成長し、本当の自分にはならぬまま、新しい側面を生み出す日々を過ごしてきました。

14.13 こうした考えは、第二部の解説IIで述べている次の考えに通じます。「まだ宝物だと認識されていないものが、宝物だと認識されるようになります。一度そう認識されると、それは能力と見なされ、やがて経験を経てあなたのアイデンティティになります」。「宝物」は、第二部の解説Iで述べた新しい思考のことです。その思いは奇跡であり、奇跡への準備ができていることを示すものでした。融合から生じるそうした思いは拡張し、あなたという形を通して表現され、形ある自己を高めます。それが、形を超越したものに関する気づき、受容、発見です。そのあと、形を超越したものが、形を通して表現されるという変容が起こり始めます。要するに形は、気づき、受容、発見によって、ずっとなりたがっていたものに「なる」ということです。

14.14 したがって、発見されるものは、融合した状態で発見されます。あなたが融合にアクセスする「自覚」を持つことで、それは発見されます。そして、あなたがそこで見つけるものによって発見されます。それは、あなたが表現することを通してのみ現れます。それは関係性の中で知られて分かち合えるものであり、思考、感情、芸術、美、心温まる交流、かつ奇跡を表現することで実現されるものと言えるでしょう。融合した状態で存在するものが、実在しています。あなたの本当の自分になろうとする努力の正当な理由でもあった融合の記憶は、とても淡いものであったにも関わらず、あなたはその現実を知っていました。あなたは、これから新しい創造が意味することの壮大さを目撃し始めます。新しい創造は、新しい現実を創造することです。

14.15 新しい現実は、身体、マインド、形、時間を超越したものを認識することから始まります。その現実が、能力として受け入れられ、そして取り入れられた認識へと発展し、あなたの新しいアイデンティティとなっていきます。これまで述べてきた、崇高な形ある真の自己への変容へと発展していきます。よって、あなたは真の自分という、新たな自分へと変容するときを迎えています。まずは新しい世界を創造する前に、新しいあなたが生まれなくてはなりません。先ほどから述べているように、内側で生まれたものが外側でも同様に生まれるからです。

14.16 完全な状態とは、今を生きている状態であり、全面的に自分という存在を生きている状態のことです。つまり、全身全霊で今を生きることです。そうなれば、あなたはあらゆるものと一つになり、父なる神と一体になります。

14.17 その完全な存在は、身体、マインド、形、時間を超えたところにあります。崇高な形ある真の自己に「なる」とは、「完全になる」ということです。その方法によって、身体、マインド、形、時間の「変容」が始まります。

第十五章　創造の原理と真の自己になること

15.1 新しい創造を始める前に、あるがままに創造する方法を知らなくてはなりません。その方法は、いつも同じではありませんでした。それは今も違うように、この先もさまざまです。けれども、創造を統治する、確固たる原理というものがあります。それらの原理は、あなたが学んでいたときに作られたパターンのようなものです。これからやってくる新しい時代の新たなパターンを創造するために、その原理を再び用います。

15.2 創造の最初の原理は、動きです。死後硬直は、動きの欠如に他なりません。血液が静脈を流れなくなり、筋肉が硬直します。死海は動きがないので、「死」の海と言います。これらは創造の原理である生命の動きを示す例であり、動きがないことは、生命がないことを示すよい例です。

15.3 神が語り、神の言葉が現れると、存在は形へと移行し、生命が生まれます。動きは、融合と時間の中の両方においてエネルギーであり、創造の原動力であり、存在の生命力です。あなたは生きているだけで動き、生命を表現しています。

15.4 創造の二つ目の原理は、存在がそこにあることです。それはあるがままの状態で、あるがままに表現します。

15.5 生命は、表現力による動きと言えます。したがって、創造の三つ目の原理は表現です。

15.6 しかし、互いに関連のない原理というものはなく、動き、存在、表現が一体となった完全性の原理があるだけです。それらは一つなので、どれかが先に生じたのではありません。ただ存在の移行と存在の表現があったのです。しかし、「存在が生まれる前に動くべく存在していたもの」とは何でしょうか。それは、マインドが原理をとらえる見方です。「何かのあとに何かが生まれ、互いが互いの上に成り立っていく」という見方です。それは、創造のあり方ではありません。新しい創造が始まる前に、融合の原理を、分裂していない完全なものとしてとらえなければならないのはこのためです。

15.7 一つの例として、わたしに関する言い伝えでもある創造物語を紹介します。神が何かを語る前、荒れた地と海の上を強風が吹きました。死後硬直が動きのなさを示すときと同様、風は動きを示す素晴らしいものです。この創造物語では、風が最初の要素として登場します。動きは、あらゆる創造物語で最初に登場します。動きのない物語はないからです。動きがなければ、語るべき物語はありません。何も起こりません。ですから動きは出来事の始まり、物語の始まり、創造の始まりに通じています。

15.8 神という存在は語りました。そこには、存在の紹介と継続する動きがありました。語りは、語り手だけでなくその存在と音の動きを示します。そして、わたしたちは言葉の中身を告げられました。それは「光あれ」と述べていました。動きは継続しますが、動きと存在と表現が一緒に生じるときだけ、光が存在しました。この例えでは、光が最初の創造行為のように思えるかもしれません。

15.9 わたしは、この物語を事実として繰り返したり、創造原理に向けられた疑念を鎮めるために繰り返したりはしませんが、原理の機能の仕方を示すわかりやすい例として、もう一度話します。この物語から省かれたものがあります。風は最初に何もない荒れた地上と水上を吹き渡り、そこに光が初めて降り注ぎました。この話からわたしが省いたものは、多くの人も省いたものであり、興味深い排除と言えます。地上と海が形でないというのなら、何だというのでしょうか。

15.10 それらは不毛な形でした。生命を創造することも、実を実らせることもできない形です。風のような動きが形を吹き抜け、音、光、表現といった魂の意識と注目により生命を吹き込まれる前、形は単に不毛なものでした。そんな不毛な形は、まだ高次に上昇していない形と似ているのではないでしょうか。そんな形を、生命と魂が宿った、活気ある形以前に存在したものとして見るとどうでしょう。そのように見ることは、わたしたちがここでやろうとしている創造を続けることと同じではないのでしょうか。それは、時間の始まりから終わりまで存在する、あらゆる生けとし生けるものに宿る魂と調和しているのではないですか。

15.11 時間は始まり、終わります。生命が形と空間を使って存在するようになったとき、時間が始まりました。それは永遠でなく一時的なものですが、融合したあらゆるものは、時間と同時に永遠に存在します。そのように実在するものは、別の言い方をすれば、真実であるものに他なりません。真実であるものは、一時的なものではなく、永遠の生命を持っています。生命に度合いはありません。一つの形が、他の形よりも生き生きしているということはあり得ません。あらゆる生けとし生けるものには、永遠で完全な魂の息吹が宿っています。

15.12 表現、動き、存在は、永遠のものが一時的なものを通過するためにあります。ですから、このコースの「通過」のレッスンへ戻りましょう。このコースでは、あなたがあなたを通過するあらゆるものと関係を結ぶことを伝えてきました。今こそ、その成果を得るときです。今あなたを通過するものは、あなたと終わりのない関係性を結ぶからです。今あなたを通過するものとは、一時的なものを置き換えるためにやってくる永遠のものです。

15.13 永遠のものを捕まえようとすることは、風を捕まえようとするようなものです。しかし風は、通り抜けることを許可されれば、延々と機械を動かす原動力となるように、魂もまた、通過することを許可されれば、延々と形に力を注いでくれます。

15.14 あなたは、風はやってきては去っていくものと言うかもしれません。風は、吹き抜ける強風になったり、優しくささやくそよ風になったりします。どんな船乗りでも、風が気まぐれであることを知っていますが、彼らは、風が決して止まないことも知っています。

15.15 あなた方は皆、地上にいる船乗りです。魂の息吹によって生き、あるときは追い風に乗って進み、またあるときは静かに座り、行く当てもなくただ浮かんでいるかのようです。より風を捕らえようと、性能のよい帆を立てたり、帆の代わりとなるエンジンを導入したりもしてきました。あなたは、風が絶えず吹き、あなたとの関係を築くために、あなたを通り抜ける許可を必要としていることに気づいていませんでした。魂の息吹が、まさにあなたを生かしているものとは知らず、それがなければ生きられないことにも気づいていませんでした。魂の息吹が遮られることなく、絶えず通過すること、そしてそれに気づくことが、今わたしたちの考えることです。

15.16 あなたは、そのための準備をしてきたのです。融合やキリスト意識へのアクセスを続けるにつれ、思考が不要であることに気づき、その準備をしてきました。では、維持という概念から見ていき、そして継続させるという考えへと進んでいきましょう。

15.17 維持するとは、ほとんどの場合、持っているものを手入れして、常によい状態に保つことだと考えられています。それは、何かを継続させるための手段とはあまり考えられていません。そこが、維持と継続することの一番の違いです。

15.18 何かを維持するとき、あなたはすでに価値のある何かを持ち、それを長く使えるように手入れをしたいと思っていることが前提です。その行為は、大事に気遣う思い、警戒、先を見越すといった特定の態度を暗に示し、手入れをして先を見据えて警戒しなければ、保ちたいものの価値が失われることをあなたが知っていることを示唆しています。ですから、それは努力を要するものであり、望む結果へたどり着くまでの関係性ととらえることができます。この例で示していることは、維持する行為こそ、あなたが今、融合との最大限のつながりを受け取るためにしなければならないということです。あなたは、つながりが途絶えることがたびたびあることを知っていますが、たとえ完璧なつながりにならなくても、それを維持しようとすることが自分自身のためになることを知っています。

15.19 では、融合との関係を維持することから見ていきましょう。融合をすでに経験したあなたは、それがこれからも役立つことを望んでいるでしょう。ですから、そうなる状態を保つよう努めなければなりません。それは、あらゆる維持する行為と同様、一時的な手段ですが、自覚ある意識状態に枠組みを設ける話をしたときと同じく、あなたはそのことについて語りたがっています。

15.20 しかし、わたしたちのゴールは、維持する行為から継続させることへと移行することです。継続するとは、存続するということです。継続を支えるものとして融合をとらえることは、生命を継続させるものとして融合を認識するということです。融合やキリスト意識を持ち続けるには、その状態を保つ必要性が伴います。維持は、継続へと通じています。

15.21 継続という考えを取り入れましょう。あなたは学ぶ状態を去りましたが、それはなぜでしょうか。学びはもう必要ないからです。学ぶ時期は終わりました。同様に、真の自分になる時期が終わると、融合やキリスト意識のすべてを受け入れて発見する時期は、必要なくなります。それは、学ぶ状態を去ったときや、困惑していたばかりの状態から一歩抜けたときのように、大きな一歩です。

15.22 その一歩は、最高峰の山頂へ到着する最後の一歩のようなものでした。こうした対話は、あなたとともに登頂した登山チームと案内人がいたから起きたものだと考えられるでしょう。あなたは山頂で休み、薄い空気、そこからの眺め、今だから見えるものに親しんでいきます。呼吸を整え、もう一度、魂の息吹を胸いっぱいに吸い込みましょう。

15.23 そこは、学んだことを保つために、関係性を通して取り組む場です。あなたは山頂から平地へ戻ると、登山の結果だとも言える自分の変化に気づくからです。大変な取り組みは終わりました。あなたがそこで得るものは、努力と学びを超越したところから生じるものであり、学びを拒否した状態を保つことから得られるものです。要するにあなたは、ゴールにたどり着くために不可欠なあらゆる状態を保っていきます。

15.24 あなたが回帰して得るものは、ゴールそのもの、つまり、継続を支えるものです。あなたが得るものは、決してあなたから去ることなく、永遠にあなたを支えるからです。

第十六章　イメージから存在へ

16.1 不毛な形は、真の自分になる移行が始まる前に存在していた形とも考えられます。あなたは今、その移行の最終段階にいます。あなたはすでに本当の自分を知っているので、その最終段階で本当の自分と関係性を築き始めることができます。その段階では、動き、存在、表現が一つになり、完全性を再現します。崇高な形ある真の自己がそれを表現します。

16.2 本当の自分になる最終段階で、それぞれの創造物語が今、生まれています。その段階は始まりであり、終わりです。その物語はいったん始まると、必然的に融合の内側にある完成されたものと、それらの完全性そのものと一体になるからです。創造は、わたしたち一人ひとりの内側で起こります。それは一度に一回起こるように感じられます。創造とは、わたしたちが真のアイデンティティとなり、形を使って完全性を創造することに向けて、そのアイデンティティを延長して表現を行うことです。

16.3 不毛であるとは、空虚であるということです。空虚とは、満ちた状態の反対です。それは、完全性と相反する欠如した状態と見なされています。それは、生命ある形がそのままの状態にとどまらないことを信じる思いであり、通過の際に関係性が作られなかったことを信じる思いです。けれども容易にわかるように、地上はもはや、形なき不毛な地ではありません。形は魂によって生かされ、真の自分への移行を始めました。あなたも魂によって生かされ、本当の自分になるときへと移行しました。

16.4 あなたは、存在を表現することができるのに、その存在の完全さを表現できずにいます。それはまさに本当の自分へと移行する状態であり、あなたが知覚できるものです。一つであるはずの創造原理が、その状態では別々の段階で生じているように見えるのは、時間という条件があるからです。その別々に見える原理が一つにまとまると、時間はかつて始まったときと同様に終わりを迎えます。

16.5 一つに統一された創造原理が、一人ひとりの内側でも統一されるようになれば、わたしたち全員のもとへ光がもたらされます。その創造原理が、見る力、知る力、存在する力、創造する力をもたらします。思考術によって、それらの力があなたの真の力になります。神と創造は同義語です。あなたが思い出すようここでそう述べているのは、創造を通して、あなたと神は同義語になるからです。手段と結果は同じです。原因と結果も同じです。神が手段であり結果であるように、創造も手段であり結果です。本当の自分に移行する段階から完全な状態へと移行するとき、あなたは創造という体験を経て、創造者になります。あなたはそのとき、新しいものを創造するための準備を終えているでしょう。

16.6 このコースであなたは、存在は愛と同様に存在し、それは創造の原理とも言われてきましたが、愛が創造原理であるとは言われていません。愛は属性でも原理でもありません。愛は、永遠に完全であり続けるからです。愛を学ぶことはできないので、愛は学びから離れたところにありました。しかし、存在を学ぶことはできます。存在は、まだ完全ではないからです。存在とアイデンティティは同義語です。あなたという存在、あなたのアイデンティティ、真の自己、真の自己に対するあなたの自覚、それらが一つになるとき、愛と同様、存在を学ぶことはできなくなります。完全になった存在には、もはや属性がないからです。

16.7 愛は、あらゆる形を生かす魂の息吹です。愛は魂であり、神であり創造です。愛はあらゆるものが一つであることを描写したものです。愛は完全な一体であり、永遠に完成しているものだからです。愛は融合した状態であり、唯一、真の自己と神を知るための関係性であるとも言えます。形が生まれてから、永遠に完成している融合の内側には、愛と神と創造だけが存在しています。

16.8 それでも、動き、存在、表現もまた、あるがままの状態と言えます。それらは、与えられるものだからです。神や創造と同様に、愛がそれらを与えます。生命は、神と愛と創造が表現されて延長され、授かるものです。つまり完全性が延長されると、生命は一見、形ある別々のアイデンティティを与えられます。そのような延長が、創造原理、動き、存在、表現を一つのものにしました。

16.9 存在のあり方とあるがままの状態の違いは、選択にかかっています。あなたは、神や愛や創造から離れていることを選べると思っていますが、それは違います。しかし時空に存在する間、あなたは、動きや存在や表現から離れて生きることを選べます。つまり、魂に突き動かされたり、本当の自分でいたり、自己表現をしたりせずに生きる選択が可能だということです。あなたは、自分は生きているので「存在」し、形ある限りは何らかの存在であると思っているかもしれません。確かにあなたは生きています。形を持っています。考えて感じています。魂がなければ、あなたという「存在」は終わるとも言われてきました。だからこそ、あなたは、少なくとも自分は存在しているに違いないと思っています。いずれにしてもそのような見方において、あなた方は人間と呼ばれています。

16.10 本当の自分になる過程では、あなたはまだ完全な状態ではないので、創造原理に基づいた行動をします。完全な状態になると、自分に起こる出来事ではなく、自分が何をしてどのように生きるかということが、創造原理となります。そして創造の目的、つまり創造の原因と結果が、一つの完全な状態となり、あなたはその状態を表現し続けるようになります。第二部の解説Ⅳでは、「今こそ、本当の自分に『なる』ときから、本当の自分で『ある』ときへと移る」ことについて述べましたが、本当の自分になる過程が完了したとは述べませんでした。

16.11 それでも、与えることと受け取ることは同じです。この真実とあらゆる創造原理は調和するので、これらの真実は融合の内側で、同時に発生します。本当の自分になることは移行です。その動きは与えられ、形ある動作となります。存在も与えられて、それは形ある存在となります。表現もまた、与えられて、それは形ある表現になります。あなたは形ある姿で生まれたため、動き、存在し、表現してきました。こうした創造原理が、あらゆる生けとし生けるものに起こらずにいることは不可能です。あらゆる生けとし生けるものは、絶え間ない創造によって生きているからです。

16.12 本当の自分になるとは、イメージから存在への移行と言えます。それは今、あなたに起きています。それは、習得された状態でも過程でもなければ、落胆の原因と考えられるべきものではありません。おそらくあなたは、本当の自分になる時期を終え、自分はすでにその先へと進んでいると思っているでしょう。けれども同時に、気づきと受容と発見が始まり、まだまだこの先、長い道のりになることもわかっているでしょう。そして、学び終えたとはいっても、本当に終えたようには思えなかったり、まったく学び終えていないと感じたりすることもたびたびあるでしょう。だからこそ今、イメージから存在への移行である、本当の自分になることについて話しています。

16.13 本当の自分になるとき、そこでは創造が起こっています。それは、あなたに約束された創造であり、新しいあなたを創造していきます。あなたはこれまで、新しい世界が創造される前に、新しいあなたが創造されると言われてきました。それが「内側と同じように外側でも」という意味です。新しいあなただけが、新しい世界を創造できるのです。新しいあなたとは、本当の自分になる過程にある、崇高な形ある真の自己のことです。

本当の自分になる時期とは、キリスト意識や融合を自覚しそれらにアクセスする状態から、形を使ってそれらを保つまでの間を指します。動き、存在、表現を一つのものとして直接体験するとき、あなたは本当の自分を生きるようになります。それ以外のとき、あなたは本当の自分になろうとしています。

16.14 動き、存在、表現を一つのものとして直接体験するときに、あなたは一つの完全な状態となり、欠如や不安や疑いを感じず、自分の知に自信を持ちます。もはや自分が学ぶ存在ではないことを十分に自覚し、ハートの内側から生じるものだけが必要で、それ以外の教師やガイダンスが不要であることに気づきます。

16.15 動き、存在、表現を一つのものとして直接体験していないとき、あなたは本当の自分になる過程にあることに気づくでしょう。それは、まだ学んでいる状態と、崇高な形ある真の自己として生きる状態の狭間にいることに気づくということです。つまりまだ、全面的に本当の自分を生きていない時間があるということです。

16.16 全面的に本当の自分を生きていないとき、あなたは、自ら思い描く本当の自分のイメージやその残像を経験しています。そのイメージは、なかなか消えない影のようなもので、そこにはかつてのあなたが抱いていた自己概念や、学んでいたときのあらゆるパターンが含まれます。また、「融合に加わることなどできない」と感じた瞬間や、いまだにかつての自己イメージを認識する瞬間などが含まれます。

16.17 それはただのイメージであり、個の自分、エゴの自分、分離した自己が、あなたを取り戻そうとしているわけではありません。先ほど、「残像」と言ったのはそのためです。それは、あなたの抱く「本来の自分」のイメージの複製写真が残っているようなもので、粘土に残った何かの形跡や鏡の反転のようなものに過ぎません。それは、本当のあなたとはかけ離れたイメージであると同様に、真の姿とは到底かけ離れた、壁にかかる先祖の写真や風景写真のようなものに過ぎません。

16.18 そんなイメージには、あらゆる芸術にあるような目を見張る美があることもあるでしょう。それは、かつてのあなたの理想のイメージかもしれません。また、神の恵みによって最高な状態である、今の自分のイメージかもしれません。それは折に触れ、形やシンボルを通していまだに見る無意識のイメージかもしれません。あなたはそんなイメージのせいで、自分がさも変化したように演じているだけなのではないかと思い、新しい行動をしているときであっても、そこにかつての知識や経験の原型を見出します。

16.19 そんな残像を刺激するものは、消えました。残像は、子供時代の記憶のようにまだ残っている感覚に過ぎません。本来の自分になる時期とは、それらをイメージとしてのみ受け入れ、それらが実在しないことを受け入れるときとも言えます。それらは、あなたが抱いていた未来の幻影と同様に実在していません。それらは、あなたが抱いていた天国のイメージや、地上の天国である楽園のイメージと同様に実在していません。

16.20 本来の自分になる時期とは、そうしたイメージに反応せず、それらのイメージをマインドやハートで保つことをやめ、手放す時期のことです。まず、それらのイメージに影響されないようになってから、そのすべてを手放します。そうしたイメージをすべて手放さなければ、あなたが完全にそこに居合わせるということはないからです。手放さなければ、あなたという存在は全面的に現れておらず、あなたはここに完全に存在していません。そんなあなたは、一つの完全な状態ではなく、本当の自分でいるときもあれば、かつての自己イメージの状態になっているときもあります。

16.21 そんなただのイメージは、関係性に真に参加することはできません。あなたは、真に関わるために完全にそこに居合わせなければなりません。あなたの抱くイメージは、どれも間違っています。そんなイメージを持っているうちは、融合して関係性の中で分かち合うことが、学びや学ぶ時期に取って代わることを認めることができません。けれども、それらを入れ替えることさえできれば、あなたはキリスト意識を持ち続けていくでしょう。

第十七章　継承の秘訣

17.1 「継承」とは、受け継いだものに従うことです。時空で起こることに従うことです。継承するものは、一つではありません。継承は、置き換えることが目的ではありません。それは、一つの形に限らず際限なくやってきます。もし連続して現れずに中断されるとしたら、それは真に継承するものではありません。真の継承とは、止まったり始まったりせずに常に続いていくものだからです。

17.2 続くことによって、進化の最高潮へと達します。それは、進化の飛躍とも言えます。

17.3 継承の秘訣は、単純です。それが完全な心から生じているか否かです。あなたは、真に受け継いだもののために、心からわたしに従いたいと思っているでしょうか。わたしのあとに従い、わたしのようになりたいと思っていますか。あなたは、わたしたちのものである贈り物を受け継ぐ人になりたいと思っていますか。本当にそう望んでいますか。それを求める意志がありますか。時間の中で形ある贈り物を求める意志がありますか。

17.4 時間の中で求める形あるものは、常にあなたのものであったということがわかりますか。

17.5 そのように望んでいなくとも、少しのものは手に入るでしょう。願望は準備よりも応答を求めます。それは、心から求める思いです。山を登り、山頂にいるところを想像してみてください。あなたは両手を大きく広げ、頭上に伸ばし、下界ではなく天国を眺めています。その姿勢こそ、願望と実現の両方を、かつ切望と獲得の両方を表しています。つまり、願って受け取った状態であり、多大な努力で成功を収めたことを表しています。その状態は、帰郷の際の抱擁のあとに訪れ、願望がなくなってそれに代わる畏敬の念が訪れる前にやってきます。それは、願う精神を継承することを認めるものです。目的にたどり着くと、目的を果たしたいという思いは、満たされるというよりも別の何かへと変わります。そして、ずっと待ち望まれていた真の自己が現れ、達成した喜びと勝利を味わいます。

17.6 それでも、願望はこれまで以上に強くなります。その想いは次第に実現し始め、最高潮へと達し、あなたの栄光が実現されました。それなのに、願う思いはこれまで以上に強くなっています。

17.7 あなたは、あなた自身の栄光と達成の中で一人でいるのではありません。一人ではないというのに、あなたの達成感から何も奪われていないことに驚くでしょう。あなたは、それを全世界と分かち合いたいと思っています。山頂から両手を差し出し、願う思いと調和するかのように、両手が頭上に上がります。あなたは、与えることと受け取ることが同一である力を感じます。その力こそ、その姿勢が象徴するものだからです。同じものである与えることと受け取ることが、次から次へと現れます。途絶えることなく、連鎖します。あなたの栄光を捧げ、同時に天国からその栄光を得られるよう求めます。

17.8 それでも、願う気持ちは今までになく強くなっています。

17.9 あなたは、その思いが自分の持っているものにしがみついていたいという、かつての欲求とは違うことを本能的に感じ取ります。そして、その達成と栄光の瞬間こそが、現在の贈り物であることを知ります。ゴールを切ってレースに勝ったチャンピオンのジェスチャーは、その瞬間をとどめるためのものではありません。それは、壁に掛けるトロフィーでもなければ、あなたが望んでいた最高の成果でもありません。それは、ただあるがままに、そこにあるだけです。つまり、願望と実現の両方が満たされ生きている瞬間があるだけです。

17.10 このコースで述べてきたように、希望は始まりの状態を示します。あなたは、その最初の状態から足を踏み出し前進したため、今はすでに希望の段階を通り越しています。あなたはもはや、自分のもとへ訪れる何かに対して希望を寄せたりはしません。希望は期待を伴う願望です。期待とは待ち望むことですが、あなたはもはや待ってはいません。あなたはたどり着きました。始まりという段階を通過し、山頂へ到着しました。

17.11 あなたは今、入り口に立っています。刺激を得て旅に出て、今ここにいます。今こそ、あなたが応えるときです。

17.12 応えるときのあなたの思いは心から沸き起こるものであり、それは、『愛のコース』があなたのもとへ戻ってきた原動力でもあります。あなたはこのコースで、融合とは、それを求めるあなたの思いによってあなたのもとへ戻り、それによって、あなたは真の自己へ回帰すると言われてきました。今こそ、それをやり遂げたことに気づく瞬間です。けれども、あなたの願いはあなたから去ってはいません。あなたの願望は、今まで以上に強いものになっています。

17.13 以前と異なる点は、あなたの完全な心と願いが、思考パターンを超越していることです。

17.14 次の質問は、以前にもあなたに問いかけたものですが、今の方がよりふさわしいので、もう一度、問います。望んでいたことをやり遂げたとき、あなたには、まだそれをしたいという欲求があると思いますか。欲求が役立たないことを、学びが役立たないことと同様に考えられないでしょうか。本当の自分を完全に受け入れた状態へと達し、その状態で自分が貢献していることを完全に受け入れたとき、それをしたいと依然として思うでしょうか。

17.15 あなたのハートは、満ちた泉です。あなたは、思考ではなく自分のハートを頼りにしたので、願いと実現の両方を感じ取っています。しかし、先ほどの問いは、実現した途端に願いがなくなることを示しているようにも感じられますが、あなたにはまだ願いがあります。それは、かつてないほど強くなっています。

17.16 なぜ強くなっているのかと言えば、そうなるべくしてそうなっているからです。何かがまだ求められています。

17.17 願う思いは、応答を求めます。先ほど、欲求は準備を求めますが、願望は応答を求めると言いました。それらの違いは何でしょうか。

17.18 準備は、未来の必要なもののために備えておくことです。それは、欲求に対する適切な応じ方ですが、願いに対する応答としてはふさわしくありません。準備は、必要なものがまだ満たされていないことを前提としますが、あなたはもう満たされています。それが継承の秘訣です。

17.19 願望は応答を求めます。その応答はどこから求められているのでしょうか。あなたは、自分の泉であるハートが満たされていることと、願望と実現の相互関係を理解しなければなりません。その相互関係とは、出発点で生じるものです。その先は願望がなくなり、畏敬の念が願望に取って代わります。敬うとは、畏敬を感じるということで、それは他の何者でもなく神によるものだと述べてきました。願う思いから畏敬の念へと変化することは、神と交流する状態へと移行するということです。つまり、神との完全なワンネスである完全性へと移行することを意味します。

17.20 あなたは今、自分が本当の自分へと移行する状態にとどまっていることを知りました。そう知ったときの最初の落胆が、受容へと置き換わりました。あなたは、わたしたちがこれまで話してきた本当の自分になる兆しを認識したので、受け入れることができたのです。その兆しを認識したのは、それがあなたの感じていたことだからです。けれども、旅の終わりに到着したというのに、なぜまだ行く先があると告げられているのだろうと不思議に思うかもしれません。

17.21 あなたはどこにも行きません。旅は終わりました。あなたは今、入り口に立っています。そこには、あなたの旅の目的地へと通じる門があります。あなたはそこで自らの栄光を知りますが、それでも心は願望で膨らんでいます。

17.22 到着したというのに、まるで新しい問いを投げかけられているかのようです。時代を超えて語られている神話にあるように、あなたはそこで何かを問われ、応えを求められます。

17.23 その応えは、神話の中では特定の問いかけに対するものです。しかしその問いかけを真に見ると、それは、ハートから沸き起こるものでした。ハートは、応答だけを求めていたのです。

17.24 そのとき、願望はこれまでにないほど大きく力強く叫びます。あなたが、望んでいたものに近づいているからです。どんなヒーローでも、旅の最後は家に戻ります。そこが、そのヒーローの生まれたところだからです。物語という形式では、帰郷の旅はさまざまな動きを伴います。何年もの日々を費やし、長距離の道のりを歩み、道中、心痛める出来事を経験するものです。あらゆる経験と学びは、その旅の途中で生じます。

17.25 だからこそ、あなたは、例え話や物語の時間が終わったと告げられたのです。「内側と同じように外側でも」と言われたのも、そのためです。あなたが生家を去ることなく山頂まで導かれたのも、そのためです。あなたは、内側へ向かう道のりを歩んで旅をしました。その旅だけが、実在する唯一の旅です。

17.26 わたしたちは、これから四十日と四十夜をともに過ごします。山頂で欲求を断ち、願望に気づき、それに応えます。それが、真の自己になる過程の最終段階です。継承の秘訣は、そこにあります。

四十日&四十夜

一日目　「わたし」を受け入れる

1.1　わたしを受け入れるということは、真の自己を受け入れ、自分の受け継いだものを受け入れるということです。キリスト教徒にとって、それは新しいことではありませんが、それ以外の人々にとっては、わたしを受け入れることは自身の能力を超えた行為に思えるでしょう。そもそも彼らは、わたしを受け入れられるよう求める正当な理由すらないと感じています。それなのに、なぜイエスを受け入れなければならないのでしょう。どうして真実は受け入れられないのでしょう。信念が真実に対する信念である限り、どうして皆が異なる信念を持てないのでしょうか。

1.2　ここでは、信念ではなく「受容」について話していきます。受容とは、信念や祈りのことではありません。わたしにとって、あなたがどんな真実を信じているかは問題ではありません。あなたがどの神を信じ、どの神に祈りを捧げているかも関係ありません。けれども、真の自己を信じずに自分以外の神に祈りを捧げ続けるなら、あなたが入り口の敷居をまたぐことはないでしょう。

1.3　わたしたちは、この山頂からともに取り組んでいきます。わたしはもはや、あなたの教師ではありません。けれども理由があって、あなたはわたしとともにいます。あなたはわたしの言葉に耳を傾け、これらの言葉によってここまで導かれました。導かれたこの場所とは、物理的な場所ではなく、高次の意識を指しています。

あなたがわたしを受け入れないまま、本当の自分を全面的に受け入れることはありません。あなたにわたしを受け入れる意志がなければ、あなたがここで示される継承の秘訣を受け取ることはないでしょう。それを読むことはできても、わたしを受け入れた人々のもとへ届くものと同じものが、あなたのもとへ届くことはないでしょう。そして、あなたは目を閉じたまま平地へ戻り、再び例え話を聞き、他者の物語から再び学ぶことになるでしょう。

1.4 なぜわたしを受け入れることがそれほど重要なのでしょうか。どうして今のままでよしとすることはできないのでしょうか。もしイエスを受け入れることが多くの人々にとって障害なら、なぜそれが求められるのでしょう。大学教育には必須科目があります。数学が苦手な生徒や外国語が苦手な生徒は、それらの科目を免除できるでしょうか。必要なものとは、あなたにとって大事なさまざまな状況のために、不可欠なもののことです。まずは、それらが不可欠であることを受け入れましょう。一人の人間と結婚するには、他の人たちとの付き合いをやめる選択をしなければなりません。それは必要なことです。しかしそれは、既婚女性が他の男性と友人関係や師弟関係を持たないとか、男性の指導者を持たないとか、そのような意味ではありません。ただ一人の人が連れ合いとして選ばれ、それ以外の人はその候補から外れるということです。

1.5 こうした例における必要なものとは単純で、それは永遠の生命というよりも、日々の生活で必要とされるものです。ここであなたに求められていることは、あなたの信じる永遠の生命のつながりを見出す人たちを除外せず、わたしをありのまま受け入れることです。

1.6 あなたは、エゴの思考体系の先へと前進しました。したがって今は、それを振り返り、エゴに導かれていた間、なぜ真の自己を認識できなかったのか、その理由がわかっています。あなたは、エゴの思考体系と融合の思考体系のどちらかを選ばなければなりませんでした。その選択がなされ、あなたはここへたどり着き、待ち望んでいるだけの最初の状態から去りました。あなたは選んだのです。あなたは今、自分が選んだものを見て、継承の秘訣を通して何を受け継いだのかを理解するよう求められているに過ぎません。

1.7 わたしのあとを継ぐ必要があるのなら、あなたはここまで登頂したことを受け入れ、かつこの対話を受け入れたように、わたしのことも受け入れなければなりません。この山頂が単なる例えだと思うなら、自分自身が高次へ上昇したことや、最初の状態から前進したことには気づかないでしょう。これらを叡智の言葉と信じつつ、その言葉の源を疑問視できると思うなら、あなたが、わたしと真の自己を知ることや受け入れることはないでしょう。

1.8 真の自己を知るために、なぜこれほどまでにわたしを知ることが条件となるのでしょう。わたしが、ここに在るからです。それは「愛ここに在り」と述べることと似ています。わたしが存在しています。わたしが道であり、真実であり、生命です。

1.9 わたしを受け入れないことは、宇宙飛行士になる訓練を受けておきながら、宇宙へ向けて出発しようとするその瞬間、宇宙船に必要なものを拒絶するようなものです。それは、望みを叶えるために与えられた道のりを受け入れないことと同然です。宇宙船は、あなたの願いに対する応えと考えてよいでしょう。わたしも同じです。

1.10 わたしを受け入れないことは、次のような発言をするようなものです。「わたしが宇宙飛行士というのなら、宇宙船がなくても宇宙に行けるはず。訓練は受けたし、宇宙の真実も知っているし、自分の能力を信じている。でも、宇宙船が不可欠であるなんてことは受け入れない」と。あなたがこの例えに心動かされないことを考慮して、先へ進みます。

1.11 多くの人たちが今、癒しの力を発見しています。その力は一つの源から生じていると思う人もいれば、別々の源から生じていると思う人もいます。あなたは、その力が呼び起こされる限り、どのような名で呼ばれるかは関係ないと思うかもしれません。また、癒しを行う人が信仰治療師であろうが医師であろうが、彼らがその力をどのように呼ぼうが、同じ一つの源から生じている力と思うかもしれません。あなたは、癒す必要のある箇所を手当てするために、何か一つを選んだり多くを選んだりするでしょう。それらの選択は重要ではなく、ヒーラーの力だけが大切に思えるときもあるかもしれません。そしてそのように思うからこそ、わたしを受け入れることが不要に思う場合もあるでしょう。その力が子宮の中で生命を育ませるものであっても、弱った手足や折れた手足に新しい生命を吹き込むものであっても、あなたはそれが神の力であることを理解していると主張するかもしれません。そしてその力が、ブッダ、アッラー、ムハンマド、神そのものと呼ばれることが、なぜ問題なのかと不思議に思うかもしれません。

1.12 それは問題ではありません。ここでは神の力の話をしているのではなく、わたしたちの力について話しています。つまり、神と人が融合した「神人」の力について話しています。神の力が形にもたらされたのです。それはもはや神だけの力ではなく、真のわたしたち全員に備わっている力です。

1.13 神は、あなたが神をどのように呼ぼうと気にしません。神は、神ご自身を知っています。人は、自分が誰なのかわかっていません。わたしを通して、自分が何者かを知ります。単純にそうなのです。それは正しいとか間違っているとか、そういうことではありません。一方が持てる者で、もう一方が持たざる者ということでもありません。これは、あらゆる存在の同一性へと向かう道です。もっとも神聖なものからその対極のものに至るまで、あらゆるものが再会を果たす道です。

1.14 もしわたしが地上にいた頃から、この世を歩んだ神聖な人々が、あなたをここまで導いた教えを学び、受け入れ、それに従って生きたなら、世界はまったく違う場所になっていたでしょう。わたしは、あなたをその先へと導きたいと思っています。わたしは、学ぶ状態が存在しない新しい時代へ向かうよう、あなたに呼びかけていませんでしたか。その呼びかけの中で、愛が答えであることを見えなくしていた苦悩や死が追いやられ、拒絶され、新しい愛の世界が受け入れられたのではないですか。

1.15 あなた方は皆、愛そのものであり、たとえその愛がどのように呼ばれていたとしても、あなた方は愛された子供たちであり、平等に愛されています。あなたが宗教的な伝統や別の何かを信仰しているかは重要ではありません。謎めいた人生から新しい人生へとあなたを導くことができるわたしを、あなたが受け入れることが重要です。

1.16 わたしはあなたの教師ではありません。あなたは、盲目的にわたしに従うよう求められているのではありません。ただわたしに従い、わたしのあとを継ぐよう求められています。この方法によってのみ、古い人生があったところに、新しい人生がもたらされます。

1.17 こうした言葉を読むにつれ、わたしを知りたいという思いがあなたの中で育まれ、あなたはより一層、真の自己へと近づいていきます。それは、わたしたちが一つだからです。わたしを知るとは、真の自己を知るということです。

1.18 少しの間、創造物語の話へ戻りましょう。その物語が一人ひとりに起きていることを確認していきます。アダムとイブの話と楽園からの追放について触れ、その物語に対する解釈を広げ、男女の創造について話していきましょう。アダムとイブが象徴しているものは、形あるあなたの誕生です。わたしは、形を超越したものによってあなたの誕生を象徴します。アダムとイブは、あなたの創造物語が始まったときにあなたの内側で起きたことを象徴しています。わたしは、あなたの内側で最近生じているもの、つまりこのコースによって生まれ変わるあなたの物語を象徴しています。

1.19 アダムとイブの物語とイエスの物語は、あなたの内側にあります。「内側と同じように外側でも」だからです。あなた方の一人ひとりが、形で象徴されたアダムとイブであり、形で象徴されたわたしでもあるのです。

1.20 新約聖書は、新しい始まりでした。わたしの人生が象徴したものは、聖書とあらゆる神聖な記述の実現であり、叡智のすべてが学ばれることでした。それらが実現することで終わりが見出され、始まりが創造されます。

1.21 聖書の言葉が今、あなたの内側で実現されています。わたしの内側でそれが起きたとき、あらゆる人々の内側でもそれは起こりました。それは、創造物の内側で続いていく創造物語の一部と化したのです。

1.22 物語は、事実のあとに生まれます。したがってその実現は、常に創造物語の一部でした。どんなときでもそれがわたしの一部であるように、それは常にあなたの一部でもあります。

1.23 次に起こることを伝える物語はありません。完成された物語はありません。あるものは、実現されていない聖書か、受け継ぐ約束か、破滅の脅威だけです。神話もまた、実現する前に、そして楽園へと帰還する前に、すでに終わっています。

1.24 しかし、楽園への帰還、真の自己への回帰、生家へ戻ることは、あなたの内側にすでに記されてあることです。それを実現するには、それに従って生きるのみです。わたしがそれに従って生き、あなたのためにそれを実現させたので、あなたはわたしを受け入れなければなりません。わたしは、あなたの一部であり、わたしがなし遂げた先にある、創造を完成させるところまで、あなたを案内することができます。そして、創造の先にあるまだ書かれていない物語、まだ創造されていない未来へと、あなたを案内することができます。だからこそ、あなたはわたしを受け入れなければなりません。楽園と真の自己と生家を、形を通して実現させることによって、あなたは時間を超え、永遠性へと導かれます。

1.25 キリストの再来という意味で、この話をしてきました。あなたの実現なくしては、わたしの物語は終わらないからです。唯一、継続する創造物語をあなたが実現させることで、わたしの物語は完了します。この物語は、一つの形のみで完了するものではありません。しかし真に受け継がれるものと同様、創造物語の最後にある完全性に向けて、物語のあらゆる部分を一つに融合させることでのみ完了します。物語は刻々と移り変わり、出来事の連鎖が途絶えることはありません。創造の物語も同じです。歴史は、現在において完了されるために余白を残して進みます。創造の物語も同じです。

1.26 あなたは歴史を生きています。明日には歴史の一部となる今日という日を生きています。あなたは創造を体現して生きています。明日には創造物語の一部となる今日という日を生きています。出来事の連鎖とは、原因と結果を別の言い方で表したものに過ぎません。これまでのところ、創造の連鎖には、存在の形への移行と、形を超越したものへの移行が含まれています。継承の秘訣を通して実現されるものとは、形による高次への上昇です。

1.27 自分が本当に求めているものに気づくことでしか、欲求を断つことはできません。わたしは山で四十日と四十夜を過ごしたことで、洗礼と神の子としての認識を継承しました。わたしは、世界で真の自己として生きる時間に先立ち、四十日と四十夜を山で過ごしました。それはあなたにとっても同じです。あなたは、わたしを心から求めていました。わたしたちの物語は同じだからです。あなたは、わたしの物語を生きています。わたしがあなたの物語を生きたからです。わたしたちの物語は、同じ一つの物語なのです。

1.28 別の答えや別の物語が欲しいという思いを脇に置き、わたしたちが分かち合っている物語を受け入れましょう。聖書やあらゆる神聖な記述は、同じ一つの創造物語ととらえることができます。それらは一つの始まりの物語であり、多くを約束しています。受け継ぐものと実現することを約束するそれらには、継承の秘訣も含まれますが、決して完全にその秘訣を明かしてはいません。

1.29 わたしこそが、その手段と人生を継承する秘訣です。物語の終わりの始まりが、実現されなくてはなりません。それによって、完了と完全性があなたとわたしの内側にもたらされます。ですから、わたしたちは、ともにキリストの再来を促し、形ある真の自己を高次へと上昇させます。

二日目　真の自己を受け入れる

2.1　真の自己を受け入れるとは、わたしを受け入れ、かつ受け継いだものを受け入れるということです。今こそ、融合した真の自己と自分という人間を全面的に受け入れ、その二つを崇高な形ある真の自己という一つの存在へと仕上げる最後の段階です。

2.2　あなたはエゴを手放し、人生を振り返り、過去のパターンを取り消しました。そしてこれまでの自己イメージと、今現れている真の自己の違いを見ています。しかし、安らぎを求めて無防備になっている瞬間は、過去を回想し、悲しみや後悔に苛まれることがたびたびあるでしょう。

2.3　そんな瞬間のすべてがあなたをここまで導いてきたわけですが、わたしは、あなたがこれらを完全に受け入れる力をまだ身につけていないことを知っています。あなた方の多くは、自身の過ちや賢明でない選択と思える多くのことに折り合いをつけてきました。あなたは今、まるでそこに優れた経歴が書かれてあるかのように、はっきりとこれまでの人生パターンを見ることができます。それがあまりに鮮明なので、新たな「探求」をしているという人もいるでしょう。今は、人生がより完全なものとして見えてきています。部分部分が上手く噛み合ってきています。あなたは、いかに自分が、目的のない状態から確固たる目的を持つ状態へと移行してきたかがわかるでしょう。

2.4 そんなあなたは、発明家のように何年もの月日とたくさんのお金を無駄にし、実らなかった数々のプロジェクトの苦労に耐えてきました。そして今、いつも思い描いていたものをやっと発明することができました。それが、願望と実現が重なり合った瞬間です。それまでの時間は、「試す価値はあった」ことをのちに気づくための時間でした。

2.5 今こそ、今ここで、真の意味が明らかになるときです。あなたは、無益なものに意味を与えようと躍起になっていましたが、今ここで、本当の意味が明らかになる瞬間を目撃します。

2.6 それでも、あなたはまだいくつかの後悔を引きずっています。それは、以前ほど強くはなく、罪悪感や羞恥心を覚えることは稀ですが、誰かを傷つけたことは、今なおあなたの上に重くのしかかっているかもしれません。それはまるで、山頂で知った軽やかさの中に後悔の種が残っているかのようです。あなたは、これからも拭い去れない思いを抱え続けるでしょう。そんな後悔の種は、あなたをかつてのあなたにつなぎとめます。そしてそれは、あなたがどれほど高次へ上昇したとしても、あなたの足を引っ張り続けるでしょう。

2.7 後悔の念があると、継承の秘訣を受け取ることができません。その感情は、高次に長くとどまり、そこで分かち合われるものから恩恵を受けることなど不可能に思わせる引力のようなものです。

2.8 その感情の一部は、自分は無価値だという誤った思い込みや、自分はまた失敗するという誤った考えがいまだにあることから生じています。そのような衝動は、思い切って山を登った人たちが直面するものですが、それは、たどり着いた場所の高さのせいで生じる、落ちることへ恐怖とは異なります。むしろそれは、身を落としたどん底のときに襲われる恐怖と言えます。

2.9 それは裁く思いであり、主に善悪の判断力から生じる思いです。自分の行動を人の法則や神の法則に照らし合わせ、自分を有罪と見なす、あなた自身から生じています。

2.10 ここで、あなたに質問です。それらの感情は、自分が人を傷つけたという思い込みに付随するものなのでしょうか。それともそれは、悲しみの感情なのでしょうか。あなたは、自分の行動を嘆いているのではないですか。別の行動を取ればよかったと思っていることを、誰かに伝えたことがありませんか。過去を変える方法や、過去の出来事の「埋め合わせ」をする方法がわかるでしょうか。

2.11 今こそ、受け入れるときです。受け入れ難い行動でさえも、今こそ受け入れるときです。それらは確かに起きたことですが、それらは、そういうものだったというだけです。どうか忘れないでください。あなたの家が、不倫や離婚ではなく竜巻や洪水で破壊されたとしたら、起きたことを受け入れて前へ進む有益さがわかるのではないでしょうか。あなた自身の不倫が離婚の原因となって家庭が崩壊したのだとしたら、竜巻や洪水で家が壊れた場合とは違うという反論もあるでしょう。確かに、それらは違います。けれどもその違いによって、それらの行動が、受容という概念を超越したところに置かれるわけではありません。

2.12 逆に、連れ合いの不倫が原因で離婚となり家庭が崩壊し、あなた自身は無実の犠牲者だという場合、それが起きたことを受け入れないでいられるでしょうか。そのような行動の別の結果については、しばらく考慮しないでおきましょう。あなたの判断において、その結果が肯定的なものや否定的なものであったとしても、少し脇に置いておきましょう。わたしたちは、人生で起こる事実を、ただ受け入れるということをしようとしています。

2.13 そんな例をわたしはここで何千と挙げられますが、大事な点は、わたしたちがどれほど誤った行動をしていたかという、度合いを定めようとしているわけではないという点です。誰にでも、もう一度やり直せたらと思うことや、別の決断をしていたらと思う瞬間があります。過去の行動を変えることはできません。だからこそ、シンプルに受け入れる必要があります。

2.14 ゆるしやアトーンメントについては、以前に十分触れたため、ここでは触れません。あなた方は皆、ゆるしを与えて受け取る前に、優しい時間を経験しました。アトーンメントを求めて与え、知覚した人生のレッスンを振り返って取り消す前に、優しい時間を過ごしました。

2.15 それでも宗教的信念などの懸念があるにも関わらず、あなたは今、わたしを受け入れるよう呼びかけられています。そして、あなた自身をも受け入れるよう呼びかけられています。そんな無条件の受容が不可欠です。この話を最大限、明確にするために、最後の例を挙げます。

2.16 これは、わたし自身の人生からの例えです。この例えは、今なお多くの人を悩ませている概念とも言える、磔刑に関するものです。

2.17 磔刑は、あなた方の多くが、わたしを完全に受け入れることをためらう理由の一つです。さまざまな苦悩が続いているというのに、わたしの苦しみが、あなたの苦しみの終わりを象徴していると言われても、信じ難いでしょう。復活の例も述べておきましょう。わたしが地上を去ったあとも、死はあらゆる人々にとって切り離せないものです。ですから、わたしの復活が永遠の生命の到来を告げたと言われても信じ難いのです。わたしに従ったとしても、わたしの足跡をたどるわけではないということも信じ難いのです。おそらく、あなたは永遠の生命を与えられますが、わたしと同じほど苦しまなければ、それは与えられないでしょう。この考えは、ともに取り組んでいく上で喜ばしいものとは言えないでしょう。

2.18 このコースで述べているように、わたしの人生は手本です。わたしがわたしの人生について話す様子から、わたしの人生について、実在したものというよりは象徴的なものとしてとらえる人もいるでしょう。創造の物語が、実在する話というよりも象徴的なものであるように、地上の人生はすべて、実在するというよりは象徴的なものなのです。だからといって、わたしの人生がなかったという意味ではありません。そして今、時空で展開されているあなたの人生のように、わたしの人生が時空で起きていなかったという意味でもありません。ただ、時空で起きていることは象徴に過ぎず、本当はそれ以上のものを表しているということです。

2.19 もう一度、わたしの人生について考えてみましょう。わたしの人生が象徴する、それ以上の何かについて考えてみましょう。

2.20 わたしの人生は、主にあなたの人生と同じ要素から成り立っていました。誕生、幼少期、成人期、成人期の行動、苦しみ、死、復活です。

2.21 わたしが世界に形を伴って現れてからの行動記録がありますが、それは主に、わたしの成人期に起きた出来事の記録であり、幼少期については重点を置かれていません。一般的に、幼少期は無垢な時期とされているからです。わたしの成人期の記録は大概、わたしを認識するところから始まります。それは、本当の自分を認識するまでは、あなたの人生は象徴的な意味において、文字通り、始まっていないという考えを表しています。

2.22 本当のわたしが認識され、わたしの人生は意味あるものになりました。その認識は、わたしの誕生時にすでにあったと言えます。確かにその通りです。あらゆる誕生はわたしのときと同様に、非常に待ち望まれるようになっているからです。しかし、ほとんどの誕生についてはそのように見ることができたとしても、成人期となると、そうはいきません。ですから、成人期について見ていきましょう。

2.23 わたしの成人期は、あなたと同様に、本当の自分を認識するところから始まり、のちに「手本となる人生」が始まりました。それは、山で四十日と四十夜を過ごすところから始まり、兄弟姉妹たちとつながることで続いた人生でした。暗闇に光を、弱者に力を、病人に健康を、死に生命をもたらす人生でした。わたしの人生は、感動を求めるすべての人に感動を与え、変化を望むすべての人に変化をもたらしました。けれども、歩みをためらう人々の想念が色濃く残っていました。当時、意志はまだ、人間が持つものではなかったのです。選択は、幻想にとどまるために集合的になされており、苦しみ続ける選択がなされていたので、わたしはその選択に応えました。象徴的なジェスチャーのような手本となる応えが求められていたのです。しかし、それもまた、一つの選択でした。「苦しみに対する対処とはこういうものだ」と述べるためにも、わたしの周りのあらゆる苦しみを取り除き、なくしてしまうという選択です。わたしたちは、苦しみをきっぱりと取り払います。もうそれを必要としなくて済むよう終わらせる選択をすれば、新しい人生が始まるのだということを示すために、苦しみを時空の十字架に掛けて埋めるのです。

2.24 「わたし」は苦しみませんでした。わたしは本当の自分を知り、苦しまないことを選んだからです。これが、語り継がれている「わたしはあなたたちの罪のために死にました」という概念の意味です。わたしの死は、苦しみが終わり、永遠の生命が始まったことを示すためのものでした。

2.25 今こそ、当時の人たちにできなかった、苦しみを終わらせる選択をすべきときです。わたしがあなた方全員のためにそう選択したので、あなたもまた、あらゆる人々のためにそう選択します。

2.26 今や「意志」は、人間に備わっているものです。わたしの人生で示されたものが、再び示されなくてはなりません。しかし、あなたが苦しみに執着していれば、それは起こりません。あなたは、真の自己と自分のすべてを受け入れなければ、苦しみにしがみついたままでいることになります。

2.27 あなたがまず、わたしを受け入れなければならないのはそのためです。わたしを受け入れることは、苦しみの終わりを受け入れることです。苦しみの終わりを受け入れることは、真の自己を受け入れるということです。

三日目　豊かさを受け入れる

3.1　自分の怒りを受け入れてください。それが、この旅における次の段階です。最後に明け渡すときのように、人が亡くなるときに経験する、いくつかの段階があります。最初の段階が否定で、その次が怒りです。否定については、新しい見方を用いてすでに話したので、今度は怒りについて、新旧両方の見方を用いて話していきましょう。まずは、怒りの真の目的について述べます。怒りの目的は、あなたの学び方に影響を及ぼし、もたらされたものに関するあなたの理解不足を生じさせることです。

3.2　学びを通じて教わったこととは何だったのでしょうか。それは、マインドについてです。マインドは学ぶ訓練を受けたので、あなたはマインドを通して新しい洞察、情報、発見を得たいと思っています。それがあなたの知る方法であり、馴染み深い方法だからです。マインドの領域は、教師、指導者、ガイドなどといった権威あるものをもっとも受け入れます。それらを通してしか、あなたは学んでこなかったからです。あなたは、ようやくその学びが選択によるものではないことや、自分がそういう人生しか知らなかったことに気づき始めています。幼少期の自由な学びこそ、学ぶ目的と思われるかもしれませんが、強制的な学びがより確立されるにつれ、幼少期の純粋な学びの期間はどんどん短くなっていきます。

3.3　身体の領域では、別の形態の学びが生まれました。あなたは、その学びにおいてわずかな選択肢を持つ自分自身を見出しました。身体があなたに何かを教えるとしたら、それに耳を傾ける以外にどんな選択肢があるでしょうか。マインドと身体には、自らを追い込んで学ぶ習性があります。あなたは、ずっと以前にこうした学びのほとんどに抵抗することをやめ、あるがままに受け入れるようになりました。これから、その受容を新しい受容で逆転させていきます。

3.4 あなたのハートは、外側に影響を及ぼす試みをそれほど受け入れなくなっています。種であり個人であるあなたは、何千年もの間、苦しみを伴うことの多いマインドを通じた学びが習慣となっていて、ハートを通じた学びを拒んできました。あなた方の多くは、このコースを始めた頃、少なからず怒りを覚えたことがあるでしょう。愛に対する固定観念がすでにあったため、新たな考えを持つという試練に怒りを感じた人は多いでしょう。あなた方のほとんどは、愛に関する新しい考えを学ぶというよりは、より寛容な姿勢を持つことで、ハートを通じた学びを行ってきました。けれども、その二つが同じであることには気づいていませんでした。

3.5 まず怒りに関する大事な点は、怒りがどこかで生じているように感じられたとしても、それは学ぶ状態から生まれているという点です。これはどんなときもそうでしたが、あなたは今、ようやくそれがわかってきています。それでも、それはわたしの言葉によって明らかになっているのではなく、あなた自身が新たな方法で怒りを経験することによって明らかになってきています。そのような怒りはあまり持っていないと思うかもしれませんが、確かに怒りはあるはずなので、その機能について話していきましょう。

3.6 古い学びや新しい学びを含め、あらゆる学びにおいて、愛に対する怒りや抵抗よりも、はるかに大きな怒りや抵抗を伴う分野があります。それは、「お金」と呼ばれる分野であり、わたしが「豊かさ」と呼ぶものです。これを読んだときの身体の反応を感じてみてください。やっとこの話題になったと気分が高まる人もいるでしょう。ここから自分の感情に意識を向けていてください。これは本当のことですが、お金という分野は、あなたがもっとも怒りを感じ、信念と受容を欠く分野だからです。

3.7 あなたは、霊的な背景によって人生が変わったり、より穏やかな気持ちになったり、非物質的な安らぎが与えられたりすると思っているかもしれません。そうした考えは、あなたが気づいていようがいまいが、すべてマインドと結びついています。新しい考えは、マインドを通してあなたの行動や人生に変化を与え、マインドはより鎮まった状態であなたに安心をもたらします。マインドは、ある種の安らぎを受け入れ、それまで知らなかった新たな安らぎを受け入れようとします。あなたは、霊的な背景が内側の人生に変化をもたらすことを信じていますが、それが外側の人生にも影響を与えるかについては疑わしく思っています。その中でも一番疑わしいのは、お金と豊かさに関するところです。つまり、あなたがもっとも騙されて失敗する分野です。

3.8 あなたは、霊的な背景に助けられているおかげで、より愛されていると感じたり、愛する人を見つけたりできるのではないかと思うかもしれません。こうしたスピリチュアリティについては、傷ついた感情を修正する一助となるものと考える人もいるでしょう。例えば、スピリチュアリティによって、自分を傷つけた人をゆるしたり、自分が傷つけた人へ償いをしたり、罪悪感、恨み、羞恥心や拒絶されたという思いに歯止めをかけたりできるかもしれません。けれども、何よりもお金と強く結びついている自分の欲求を、あなたは霊的な背景によってなくせるとは思っていません。

3.9 「霊的な背景によって生活が豊かに補われる」という考えを聞いただけでも、あなたは「怪しい」「もし本当にそうなれば信じよう」と思うものです。スピリチュアリティとは、よりシンプルな人生を、そして受け入れがちな限界ある人生を、手助けするものと考えられるかもしれません。しかし、そんな考えを少し見直してみてください。一般的かつ具体的に、人生で足りないものや自分以上に欠如を味わっている人々について考えてみると、動揺を覚えるものです。「持てる者」と「持たざる者」という観点で見れば、平等など存在していないように見えます。そして一見、「持てる者」と「持たざる者」で成り立つこの世界は、格差の大きな要因とも言える狂ったやり方で機能しているかのようです。

3.10 それならば、明らかに狂気や怒りの要因と思われる問題をここで強調しない方が、理にかなっているのでしょうか。

3.11 お金や豊かさの問題に関して学んだ、根本的な考えを振り返ってみましょう。マインドがあなたに告げることと言えば、「与えてもらえるものなどない」「すべて習得するか獲得するしかない」という考えです。それは大抵の場合、この世で何らかの形で出世するために、あなたがさまざまなことを習得し、また獲得してきたからです。お金や豊かさはわずかな人にしか与えられないものと考えられているため、それらについて考えるとき、あなたは才能や斬新な発想を授かった人に対する思いと同様の思いを抱きます。しかし、あらゆる人に才能が与えられていることに気づいていないため、お金や豊かさについても、すでに与えられ、当然自分に備わっているものとは考えません。

3.12 その理由は、一つです。他者よりも豊かな才能に恵まれ、その才能やひらめきによって富をもたらす人々がいるからです。これは、以前に話した物々交換の考えであり、これから話す取引の考えでもあります。あらゆる欠如の根底には、この考えが潜んでいます。あなた方は、学びの時期にその考えを手放すよう徹底的に学びましたが、今なお心配と怒りを伴いながら、その考えに悩まされています。つまり、この世の「もしAならBだ」という考えです。このコースでは、世界に関する考えや信念を述べてきましたが、人々はこのコースの見方で世界をとらえたり、それに従って生きたりはしていません。

3.13 学びの時期を支えていた考えには、次のようなものがあります。基本的にすべて、誤った考えです。「もしAならBだ」「豊かさとは獲得するもの」「あなた自身やあなたの才能でさえ、無料のものなどなく、あらゆるものは代償を伴う」「才能ある人でさえ、その才能を売り込むことでしか富を得られない」「富を持って生まれた人でさえ、他者を搾取することでしかその富を保つことができない」「持たざる者がいなければ、持てる者は存在しない」といった考えです。

3.14 このような考え方や、これらの考えに霊的価値があるという見方は、あなたには狂気に思えるでしょう。救済策はないように思えるため、そんな考えを手放せば物事がいかに変わるかということを、あなたは理解しようとしません。程度の差はあっても、ほとんどの人がまだこのように考えています。あなたは、これらが間違っていることを知っていますし、これを読んで、そんなふうには考えまいと自分に言い聞かせたりもするでしょう。しかしそのような考えは、あなたの習得したパターンの中に依然と存在し続け、あなた自身もそれに気づいています。そうした考えが、このコースの考えを信じる妨げになっていますが、このコースの考えを実践すれば、変化を起こすことができます。特に、金銭的な豊かさにおいて変化を起こせます。これは、あなたが自らが知っていることを使って何をすべきかわかっている状況であると同時に、わかっていない状況の一つとも言えます。実践する際、誤ったものを真実で置き換えることができなければ、誤ったパターンは残り続けます。

3.15 では、そんな考えを持ちながら、どうやってあなたは自分を受け入れられるのでしょう。そんな考えを持っているというのに、受け継ぐという概念をどのように受け入れるのでしょうか。わたしを「神聖」な貧しい人生の象徴として見るとき、どうしてわたしを受け入れられるでしょうか。世俗的な物質を捨てるよう仲間へ呼びかける象徴的人物としてわたしを見るとき、どうしてわたしを受け入れられるでしょうか。

3.16 あなたの怒りや不満や受け入れ難さの源が、新たな光を通して明かされなければなりません。

3.17 再び、お金を、「与えられるもの」として見てみましょう。そのお金は、裕福な家庭に生まれた人が相続するときのように、ある状況に限って与えられるように見えます。ここでは、受け継ぐことについて話すので、話し始めとしてはよい例となるでしょう。最初にはっきりさせておきますが、これから話すことは、稼ぎたくて一生懸命働いて得たお金や、何らかの出来事で得たお金に関することではありません。ここでは具体的に、相続して得るお金について話します。つまり、幸運な人が生まれ持って得たお金の話です。

3.18 彼らは、あなた方の世界でもっとも快く思われていないと同時に、うらやましがられている人々です。そのような不快と羨望の感情が、あなたを怒りでいっぱいにします。今、怒りを感じているのなら、その怒りから受ける影響に注意を向け、それを感じてみてください。おそらく、胃や背中や首に緊張を感じるでしょう。

3.19 この問題であなたが感じる不快感は、自分の方が兄弟姉妹たちよりもひどい状況にあるという、あなたの想像からくるものに過ぎません。自分はそんなふうには考えないという人も、わずかながらにいるでしょう。もしあなたがその一人であるのなら、ここを飛ばさず、対話に参加してください。そうすれば、この対話への参加を意図された人々と同様に、理解し、兄弟姉妹の人生において、怒りの放つ力や怒りの機能について理解できるでしょう。

3.20 お金があなたに与える影響力は否定され、その影響力が認められたり語られたりすることは稀になりました。しかし、傷ついた心や誤った行動から生じる羞恥心の方が、お金に苦しみ豊かさを感じられない人たちの羞恥心よりも大きいとは思わないでください。いまだに豊かさとは神の行為であり、豊かさを経験していない人は誤った行いをしているという一般的な信念がありますが、それについてはあとで触れるので、まずはお金の効果を否定して、先へと進みましょう。

3.21 金銭的な失敗から生じる羞恥心よりも、心の痛みや過ちから生じる羞恥心の方が、より頻繁に、より楽に話せるでしょう。確かに、文句は尽きず、経済的な心配はあるでしょう。けれどもそれは、あなたが文句を言った相手の状況とそれほど変わらない程度のものです。あなたは、自分よりお金を持っているかもしれない人に対してお金の問題を話すことは、恥ずかしい行為だと思っています。そんなことをしたら、彼らから何らかの施しを受けようとしていると誤解されることを恐れ、恥ずかしさに苛まれるでしょう。一方で、あまりお金を持っていない人にお金の話をすれば、与えるべきでないお金を無心される可能性を生みます。他者や銀行に借金の依頼をしなければならない状況は、悲惨な状況と考えられています。そのような依頼をすることは、おそらく何らかの結果から生じた辛い体験とも言えます。人から「取ってばかりいる人」と思われている人や、無料の配布物をもらったり昼食をごちそうされたりすることを恐れずにできる人でさえも、怒りや恨みや羞恥心を溜め込んで、同じような感情を体験するでしょう。

3.22 「お金」という分野には、最大の失敗や恐れ、取らなくてはならないリスク、取らなくてもよいリスク、成功を求める思い、といったものが潜んでいます。あなたの願いが叶うかは、それを追いかける「手段」があるかにかかっています。あなた方の中にはわずかですが、「ほとんどの問題はお金では解決できない」と思っている人たちもいます。霊的な道のりを歩む人たちの中にも、お金は、達成可能な範囲や望む人生をもっとも制限するものと考える人たちがいます。あなたは、富への憧れに背を向け、十分な時間、充実した仕事、ささやかな喜びといった考えで、お金に関する考えを置き換えてきたかもしれません。それでもまだ、新しい自分には、十分な時間、充実した仕事、ささやかな喜びが無関係に思えます。あなたにとってこれから手にするかもしれないよりよい人生とは、真の原因から生じた結果ではなく、副産物なのです。

3.23 ここに「古い現実」があり、それはもっとも頑なで揺るぎのないものです。十分に持っていない状況が、あなたの人生の「現実」になっています。それが、学んだ人生の現実だからです。あなたが人から幸運と思われる人だったとしても、あるいは「常にちょうどよく」持っている人だったとしても、人々はあなたの恐れが彼ら自身の恐れと同じであるとは知る由もありません。あなたは十分に持っていることを認めつつも、将来のためにはまだ不十分だと本当に思っています。その証拠が必要なら、すぐに出せます。例えば、少しでも成功した途端、必要なものが生じます。屋根の雨漏り、車の故障など、必要なものは絶えず出てきます。そんな「証拠」こそ、まさにあなたが探し求めてきたものです。

3.24 恐れは、そのように働きます。エゴのパターン、習得したパターン、外側の出来事を通じて幾度にも強化されたパターンによって機能し、恐れのパターンそのものを忘れられなくさせます。そして、欲求する態度を取り消せないと思わせるほど、その欲求を強くします。こうしたパターンは、生き残るためのものですが、それはあなたではなく、エゴが生き残るためのものです。けれども、エゴがなくなったあとも、あなたが学んだことや学んだ方法は依然としてあなたの中に残るので、そのパターンもまた、あなたの中で残り続けます。

3.25 思い出してください。あなたは、「何も与えられていない」ということを学んできました。それが本当だとしたら、何のために学ぶのでしょうか。この対話では、あなたが学んだことは真実ではなかったことを示すために、あなたが学ばなかった例を用いて話してきました。あなたが学んだことは、狂気です。しかし、真実に気づくには、学んでしまったそれらを完全に拒否しなければなりません。例えば、「自分は十分に持っていない」「獲得して学べたことしか得られない」「努力なしでは何も得られない」「努力して得たものによって別のレッスンに導かれる」など、このように教えられた考えを全面的に拒否しなければなりません。言い換えれば、そのとき、あなたはこのコースの教えを受け入れざるを得なくなるのです。

3.26 「そんなことすらまだ学んでいなかったのか」とがっかりしないでください。あなたは、『愛のコース』で学べる範囲でそれらを学びました。けれども今、わたしたちは学びを通り抜け、それらを拒否するところにいます。つまり、学んだすべてを拒否する領域にいます。

3.27 あなたは何度も言われてきたように、犠牲になるよう呼びかけられているわけではないので、どうか安心してください。わたしはあなたに、願いを諦めなさいと言っているのではありません。ただ、願いに対する応えを待ち、応えが届いたなら、それを受け入れて欲しいと言っています。わたしたちは願いの向こう側へ向かっているのだということを忘れないでください。そして、向こう側へ行くには、まず願いを叶えなければならないことに気づいてください。

3.28 あらゆる学びと同様、何かを欲する状況は、その状況における学びを終えると同時に終わりを迎えました。何かを欲する状況は、学ぶ道具だったのです。それは、聖なる設計図の一部ではなく、エゴの思考体系の一部であり、常に何かを得ようとあなたを躍起にさせるトリックでした。そのトリックは、エゴの生存を約束し、時間に縛られた進化という、小さな報酬を与えます。その小さな報酬によって、あなたは、努力をすれば前進できると思って安心し、努力が足りなければ台無しになると思わされています。

3.29 豊かさはもっとも簡単に示せるものですが、あなたは、それが一番難しいと思っています。あなたは、哲学、数学、外国語など、自分にとって一番難しい学びをしたのちに、お金を稼ぐ方法、つまり豊かになる方法を学べると思い込んでいます。その上、お金よりも愛の方が簡単に見つかると思っています。あまりにも長く愛を感じていない人でさえも、そう思っています。お金や成功を手に入れる秘訣を知ったからという理由でこうした意見を一蹴する人は、本当にそうなのか答えてみてください。十分に持っていないことを何としても証明したくて、欠如への恐れを隠しているだけなのではないのか、もしくはそうではないのかを答えてみてください。

3.30 あなた方の多くは、健康に感謝しつつ、いつかそれを奪うかもしれない病気を恐れています。お金のある人は、健康と同じようにお金についても考えています。あなたは、何週間も何ヶ月も何年も健康の心配をせずに元気でいたとしても、ほんのわずかな痛みで、癌かもしれないと思うかもしれません。同様に、お金のある人もない人も、経済的な健康の方が、身体的な健康よりも確実で安全だと考えることはありません。

3.31 どうしてそんなふうに生きられるでしょうか。そのような生き方で、どうして穏やかでいられるでしょうか。もし相続にそんな思いが伴うなら、相続によって提供される援助とは何なのでしょう。相続で金銭を得た場合、万が一のときに備え、それを貯金しておくのでしょうか。恐れながらお金を使い、銀行口座に目を光らせるのでしょうか。お金を通して喜びを得ることに準備ができているという人は、お金にそうする力があるという思い違いをしています。お金は喜びをもたらすと思っていたのに、お金を手に入れた途端、そうはならなかったという経験がこれまで何回ありましたか。

3.32 では、何が自分に喜びをもたらしただろうかと考えるもしれません。家、庭、楽器、趣味の道具、才能を開花させる設備、広く愛されている本、友人との夕食、新車、新しいペット、子供によい教育を与えられることなど、いろいろと挙げられるでしょう。

3.33 好きなことをして得たお金は、苦しい仕事で得たお金とは質が違うと思うかもしれません。先に挙げたような喜びが長続きするよう費やしたお金こそ、解決の秘訣と考えられるように、好きなことをして得たお金こそ、求めていた答えだと感じられるかもしれません。

3.34 それは、あなたが、自分の知らない秘訣がどこかにあると確信しているからです。確かに秘訣はあります。この忠告で、あなたの疑念や怒りをなくせるなら、わたしはその秘訣をここで分かち合いたいと思っています。わたしは、あなたが華やかな答えを期待し、「豊かさまでの三段階」のような地味な答えは求めていないことを知っています。それでもわたしは、中立な口調で答えを述べようと思います。わたしの語り口は、見下されていると感じさせるものでも、あなたの敵意を煽るものでもありません。それは誠実なだけでなく、あなたに必要な分だけ実践的なものです。

3.35 あなたは、ホーリースピリットの時代の終わりを告げられてきました。つまり、あなたと神の間に仲介の存在が必要だった時代は終わったのです。あなたは神を直接知り、神との関係を育むよう促されてきました。神を知ることによってのみ、豊かさとの関係が明確になり、欲求の連鎖が永遠に断たれます。

3.36 学びはもはや、適切な判断を得るための方法ではありません。学びは、情報と叡智の違いや、「答えを見つけること」と「方法や道のりを見つけること」の違いを実証します。大勢の人々が、聖書、老子、仏陀の言葉を読んできました。教えるということは、知を伝えることであり、方法を伝えるということは、対話や旅へ招くことです。それが、あらゆる偉大な教師たちが教えたことでした。彼らは大抵、質問した人にはその質問と同じことを聞き返しましたが、それは、彼らにわたしを仲介にしないで欲しいと告げるためでした。あなたと神の関係性の中でしか、方法が明確に示されることはないのです。

3.37 「学ぶ」ためにこうした教師たちの素晴らしい知恵を読むことによって、彼らが本来与えようとしていた、神との関係性を育むことが妨げられてきました。

3.38 学びの時期というものが明らかになってから、あなたが学んだものがあります。それは新しい方法であり、神と直接関係を結ぶ方法であり、発見を通して知る方法です。発見を通して知るということは、それまで知らなかったことを知ることなのだと常に覚えておいてください。豊かさを知ることについて考えるとき、そのことを心にとどめておいてください。

3.39 あなたは、融合という現実を感じたとき、欲求のない場所というものがあることを知りました。融合した関係性から得られる反応から、そのような場所があることを感じ取ったのです。おそらくあなたは、自分の知らない過程からやってくる答えを求めていたのでしょう。以前述べた、あなたが考えていない考えのことです。それについては、権威とともに、かつ、あなたに欠けていた確信とともにやってくるものだと話しました。この章の初めでは、馴染み深いマインドを通じた学びが、あなたにとって一番心地よく感じられるものだと述べました。なぜ最初の融合が、マインドに関連した方法でやってきたのかわかるでしょう。

3.40 あなたは、融合を経験したため、自分にも融合を知ることができることを受け入れました。あなたは、その入手可能なものへのアクセスについてはあまり考慮しなかったかもしれません。けれども、多くの人々は、それが思いもしなかった考えとしてやってくるので、アクセスの入り口を連想するとすれば、おそらくマインドだろうと言うでしょう。ある意味、それは本当です。完全な心は、融合してつながったマインドとハートで成り立っているからです。マインドとハートを一つにすることは、侵入経路もしくは新たな入り口を作ることだと考えると、より正確でしょう。ただそれについてはあとにするとして、ここで大事な点は、あなたが「概念」や考えを融合から得るとき、マインドを通してそれが行われていたことです。以前は、学びやマインドを通した叡智へのアクセスを求めていましたが、そこから前進し、他の手段に心開くようになるにつれ、これまでとは異なる手段があなたへと放たれるようになります。例えば、融合から届くものを見聞きしたり、融合から生じたものと関わりを持ったりするかもしれません。

3.41 わたしがここであなたに開放しようとしている考えは、融合と応答し合う関係性です。それは、完全な心の一部であるマインドのみに存在するものではありません。

3.42 あなたは、目に見える外側の世界から必要なものを得たいと思っています。しかし、あなたの願いに対する応えは、融合した世界という真の現実からやってきます。これは、融合した場所が、形ある場所とは交わらないという意味ではなく、あなたを通して形ある世界と交わっていくという意味です。

3.43 つまりあなた自身が入り口であるということが、わかりませんか。あなたが、唯一の経路です。融合の内側で入手できるすべては、その経路のみを自由に行き来します。

3.44 不安ではなく確信が、悲しみではなく喜びが、あなたの自然な状態であるように、豊かさは融合の自然な状態であり、ゆえにあなたの自然な状態でもあります。ここであなたに求められるものは、融合の場に対して、形ある自分を開放し、神からの融合という流れが、崇高な形ある真の自己へ入ることを認めることです。

3.45 融合という神からの流れに対して心開いた状態は、怒りの状態とは真逆です。怒りは、議論や討論に結びつくことがあります。あなたは、議論や討論で一方を選び、正しい側や勝つ側であろうとします。豊かさに関する狂気の議論では、「自分は必要なものを持っていない」「自分は十分に足りていない」という承認を神からさえも得ようとします。そして、そんな欠如の感覚を持つゆえに、獲得して学ぶという従来の世界を歩んでいくには苦労と努力を重ねる以外にないことを、承認して欲しいと思っているのです。

3.46 「そんな怒りは知らない」と言う人や、「神が与えてくれるものを黙って信じて待つ」と主張する人でさえも、いまだに神から与えられるであろうものを待っています。豊かになれるよう神にお願いし、それを受け取ろうと心開いて待つ人や、その応えだと思われる証拠や何らかの改善を見出した人にでさえも、その状況の真実は見えていません。

3.47 あなたは今でも、ある状況における真実とは、身体における現実のことで、そこで自分が何を持ち、何を持っていないかということだと思っています。それは、マインドだけが学びの源であり、知識の源は学び以外にはないと言っているようなものです。どれほどマインドが知識を得たとしても、あなたはマインドが確信の源でないことを見始めています。同様に、お金で得られるものがどれほどあったとしても、確信を持たせてくれる源がお金でないことを理解し始めています。言い換えれば、確信は別のところからやってくるということです。わたしたちはその別のところを「真の現実」「融合の現実」と定義しました。その確実な現実を生きることが、豊かさを得る唯一の鍵です。

3.48 あなたは、こうした言葉をどこかで期待していたかもしれませんが、これらを聞いて、怒りの感情に戻ってしまうという人もいるでしょう。けれども、怒りには機能があることを述べました。怒りの機能とは、怒りの先の段階、つまり行動、考え、取引と言われる段階へとあなたを進ませることです。

3.49 あなた方の多くは、すでにその段階にいます。そこでは、自分の行動が神の応答にどう影響するのかを考えます。あなたは、自分が「もしAならBだ」という世界の考えに沿って行動していることに気づかないまま、その段階にいます。そして、お金の心配などせずに、神が自分にして欲しいことを考えるかもしれません。あるいは、お金や豊かさを呼び込むために、過去の誤った行動とは反対の正しい行動を取ろうとするかもしれません。こうした取引の時期は、受容に移行するための別の段階を象徴しています。その段階はまだ、「人生の豊かさや豊かさの欠如は自分の責任である」という信念に基づいています。「自分の現実を変えられるのは自分であり、信念と行動を変えることで、それは可能である」という信念です。

3.50 その時期は、大抵、希望に満ちた価値のある時期とも言えます。よい考えやインスピレーションを受けた考えが、たくさん湧いてくるかもしれません。自分が上手く軌道に乗っているように感じ、戦略的に計画して行動し、学んだすべてを実践することで、約束された恩恵を見始めるに違いないと考えたりするでしょう。けれども、その段階におけるあなたの考えや行動の多くは、過去の怒りが反映されています。あなたは、不平等さに憤慨するかもしれません。この学びから得たまだ見ぬ恩恵や、約束されていたはずなのに守られてないように感じられる約束に対し、憤りを覚えるかもしれません。約束されていた苦悩の消滅はどこにあるのかと思うかもしれません。なぜこんなに一生懸命努力し、長い間働いて耐えなければならないのでしょう。なぜ終わりが見えないのでしょうか。

3.51 受容に移行する最終段階では、気分の落ち込み、魂やエネルギーの低下、意欲や活動の低下、行き詰まるような虚しさ、深まる悲しみや絶望を感じることでしょう。

3.52 各段階には、それぞれ別の導きがあるかもしれませんが、お金と豊かさは、どの段階でも直面することです。その経験には、一体化した価値と目的があります。その目的とは、最後に手放して明け渡すことです。最後の受容が起こるためには、最後に明け渡すことが不可欠です。

3.53 あなたは、素晴らしいアイディアや才能について考えているだけでは、それらを実現させることはできないと言われてきました。つまり、すでに与えられて備わっているものとは、意識や思考するマインドのみで取り組まれるものではないということです。豊かさについても、同じことが言えます。豊かさについて唯一できること、それは素晴らしいアイディアや才能に関して唯一できることと同様に、ただ受け入れて、きちんと受け取るということです。

3.54 あなたは、素晴らしいアイディアや才能は重要であると意義を唱えるかもしれません。確かにその通りです。形で表現されて分かち合われていないアイディアや才能は、どんなに素晴らしくても植えられていない種とあまり変わりありません。けれども、アイディアや才能といった贈り物は、形で表現されて分かち合われる前に、まず認識されて受け入れられなければなりません。「才能があったなら、それを受け入れてきちんと受け取り、表現して分かち合うのに」「いいアイディアがあれば、それを受け入れて、受け取って、表現して分かち合うのに」と言うことに、どんなメリットがあるでしょうか。それでもあなたは、「お金や豊かさがあれば、それを受け入れて、受け取って、表現して分かち合うのに」と思い続けています。

3.55 あなたと豊かさの間に何かあるとすれば、あなたのそんな思いだけです。

3.56 しかし、あなたはそうは思っていません。否定、怒り、取引、気分の落ち込みは、あなたに信じてもらい、最終的にあなたに受け入れてもらうためにあります。自分がそう信じていないということをまず認めてから、受け入れなくてはなりません。

3.57 信じることと受け入れることの違いがわかるでしょうか。学びに活性させる機能があるように、受け入れることにも同じ機能があると考えられるでしょうか。受け入れる行為には、活力を生む機能があります。あなたに実践してもらうために、それはあなたに与えられました。あなたは、難しいと思うでしょうが、そう思うのは、簡単にできるようになるまでの間だけです。

3.58 あなたは、受容を単なる言葉、概念、マインドのトリックだと思っていて、学びに代わるものや積極的な態度だとは思っていません。しかし、あなたは積極的に受け入れることで、学びを超越したものと向き合い、それらと関係性を築きます。その状態で、融合という別の現実に入るのです。なぜなら、あなた自身がその現実を受け入れたからです。

3.59 このコースのあらゆる教えと同様に、この点も妥協を許しません。あなたは、ある現実の一部と別の現実の一部を受け入れるということはできません。例えば、欠如が存在する現実を受け入れながら、宇や神、慈悲や愛を受け入れることは、不可能です。努力や苦労をしなくても、融合という現実ではお金以外のすべてが手に入ると受け入れることもまた、不可能です。常に欲求が存在する学びの状態を受け入れながら、学びがもはや必要ないと受け入れることもまた、不可能です。

3.60 積極的に受け入れることで、あなたが知るこれまでの人生が、大きな変容を遂げます。古い人生が死を迎え、新しい人生へと生まれ変わります。古いものにしがみついていれば、古い人生の終わりを妨げ、新しい人生への生まれ変わりを食い止めることになります。つまり、待ち望んでいた生命を吹き込む復活も、形ある自己の高次への上昇も妨げることになります。

3.61 そんな状態である必要はありません。あなたは、この地上での現実において、自分の状況を変えるためにできることを探してきましたが、必要なのは、受け入れることです。それが、あなたに求められていることです。豊かさを積極的に受け入れることが、豊かさを得る方法です。積極的に受け入れることが、融合から生じるすべてと関係性を保つ方法です。あなたはそれを学ぶことはできませんが、実践することはできます。ですから、ここからあなたの実践が始まるのです。

四日目　新しい衝動

4.1 今日の対話では、お金や豊かさの話からさらに広げ、あなたの心配事について触れていきます。受容の段階へ進む際に浮上する、あらゆる心配事に向き合っていきましょう。あなたの怒りが、ここでも役立ちます。お金や豊かさは、学びの時期にもっとも誤った影響を受ける分野であり、その分野に注目を向けさせる原因が、怒りだからです。このコースの最初の部分で、あなたが孤立や分離をしていないことをあなた自身に納得してもらうために行った「議論」を思い出してみてください。わたしの議論は、怒りによってなされたものではありませんでしたが、折に触れ、あなたの応えはほぼ間違いなく、怒りを帯びたものでした。わたしの議論は、怒りによるものではありませんでしたが、ここでなされるあなたのための議論は違います。それは、この段階における適切な議論と言えるでしょう。わたしたちは前へ進む前に、ここで議論できるのです。人としての経験への衝動とも言える議論に、向き合っていきましょう。

4.2 ただ、わたしたちの議論は、討論によってなされるものではありません。討論は、一方が正しく、もう一方が間違っているということを証明する手段です。わたしたちは、互いに味方であることを認識するところから始めなければなりません。わたしたちの議論は、次のことを明確にするために行います。まず、あなたが唯一学んできた、人としての経験に対する衝動があり、それとは別に、真実と新しい衝動があるということです。

その衝動は、人としての経験に対する衝動を手放すよう、あなたを駆り立てます。

4.3 人としての経験に対する衝動だけが、あなたの唯一知る選択であるとき、どうして他の選択肢があると感じられるでしょうか。だからこそ、目の前にある他の選択肢を見極める機会が必要です。

4.4 真の選択とは、最初の新しい衝動のことです。

4.5 昨日の対話でも触れたように、学びは、選択ではありませんでした。学びは、聖なる設計図、かつエゴの思考体系のパターンとして、あなたとともにあり、あなたの内側にありました。今、学んでいたときの聖なる設計図が再び創造されていますが、学びのパターンはなくならずに残っています。

4.6 学びという聖なる設計図は、一定に与えられたものであり、それは呼吸のようにあなたの自然な一部でした。呼吸をするときに、選んでいる余裕はありません。普段の状況では、呼吸について考える必要すらありません。融合の内側に備わっているものは、あなたの考えを必要としませんが、これからあなたは、それらのことを考えていくことになるかもしれません。

4.7 学びは、思考との結びつきを意図されたものではありません。もう一度、子供の頃に学んだことを思い出してみましょう。学びは、言葉を話し出す、そのずっと前から始まります。言葉は、考える対象についてあなたの考えを構成します。これは、進化論の観点からも言えることです。創造の物語が人類の旅を象徴していたにも関わらず、古代の人たちは、あなたと同じ学び方はしていませんでした。彼らには言語がなかったのです。それでも彼らのマインドは、思考で満ちていました。古代の人たちとあなたの幼少期は、ある種の学びの例として関連づけることができます。これは、進化論とは反し、誰も置き去りにすることはありません。あなた方は皆、考える能力を持たずに人生を始めます。マインドの考えや言葉という意味においては、考える能力に関連するものは、ほぼ思考のみとされています。

4.8 子供は、言葉を話し始めたあとも、考えたりせずに学び続けます。これは奇妙に聞こえるでしょうか。あなたには馴染みのないことでしょうか。しかし、学びとはそのように築かれるべくできたものです。学びは、あなたが入手できるすべてにアクセスするための、自然な手段として与えられました。けれども、それは呼吸以上の努力を要しません。学びは、息を吸うように吸収し、外に出すよう作られたものです。息を吸って吐くように、学びは、吸収して表現するものです。

4.9 学びと同様に、学ぶ能力もまた、全員に与えられています。全員に与えられています。しかし、学びが一致したり類似したりするとき、その学びは外側の体系から生じています。全員が同じことを学ぼうとし、教わった通りの世界に対して同様の認識を持って学び終えたと思うことが、この世界の狂気とそれに対するあなたの怒りを引き起こしています。その怒りは、選択がないことから生じています。あなたが世界の現状を教わったとき、選択する余地があったでしょうか。あなた自身で、何かを発見する余地はありましたか。すべてが、誤ったことを教わっていたと知るためにあったとは、何ということでしょう！ これを怒らずにいられるでしょうか。

4.10 あなたは、人生の目的や現状をもう一度学んだり教わったりするために、ここにいるのではありません。人生の目的を発見し、現状をあるがままに伝える方法を発見するために、ここにいます。

4.11 それが、新しい選択であり、最初の新しい衝動です。

4.12 次の新しい衝動は、アクセスすることです。

4.13 あなたは、融合の内側にはあなたの自然な状態でもある、何らかの「場所」が存在していると言われてきました。そこには、欲求、苦しみ、学び、死がありません。もしその場所にアクセスしていないと思うなら、そんな場所があると言われることは、励ましの言葉と同じくらいに心地のよいものではないでしょう。それはまるで、あなたが欲しい宝物はすべて、あなたが鍵を持っていない門の向こうにあると言われているようなものです。

4.14 その結果、アクセスすることが宝物を手にする鍵となります。

4.15 これまで、マインドによるアクセスについて詳細に述べてきました。自分で考えたものではない考えや、学んで得るものではない才能や、努力で得るわけではないアイディアについても話しました。こうした話は、いわゆる学びから得た世界観、つまり、あなたが知覚する世界ではなく、ただそこにある世界をあなたに把握してもらうためのものでした。

4.16 少しの間、わたしの人生が残した実例について、あなたが知っていることをよく考えてみてください。わたしの人生は、確実にその時代の世界観に挑むものだったことがわかるでしょう。あなたの時代の世界観にも、挑んでいることがわかるでしょう。なぜでしょうか。

4.17 あなたがすでに知っていることについて、断言しましょう。わたしの人生で起きたすべてには、目的がありました。新しい選択を呼びかけるというその挑戦は、意図されたものでした。そして、それは今でも続いています。その呼びかけがあなたに求めていることは、徹底的に自分の世界観に挑むことです。

4.18 何世紀もの間、続いた問題があります。それは、ある世界観からさほど代わり映えしない真実と価値しかない、別の世界観へと置き換わる傾向が続いたことです。人々は、わたしの挑戦について、新しい体系を創造し、それを外側で具現化することだと思ってきました。けれども、そうするためのあらゆる試みがなされたにも関わらず、手本となったわたしの人生の中で、そのような体系はいまだ見つかっていません。

4.19 体系の創造を説明するときに、よく用いられる例があります。それは、わたしが追随者を惹きつけたこと、そしてわたしが弟子の存在を明らかにしたことです。弟子という言葉は、継承という考えと関連しています。わたしが弟子たちに頼んだことは、わたしがあなたにお願いしていることと同じです。わたしは彼らに、わたしのあとに続くよう頼みました。それまでの自分たちのままではなく、わたしのようになって欲しいと告げました。そして、教わった世界観や知覚している世界ではなく、新しい世界を生きて、新しい生き方を示して欲しいとお願いしました。

4.20 しかし、あなたが学ぶ間、わたしの人生の実例は、そこから学ぶものとしてとらえられるようになりました。わたしの人生が示したことを、わたしを知らない人に教えるための教え方が考案されました。その教える方法からは規則が生まれ、教えは表出化され、組織化されました。人々は組織に属し、わたしに従い、教えを学ぼうとしました。彼らは、自分たちを従わせようとする規則に従って生きようとしました。そうした組織の中で、彼らは目覚ましい進歩を遂げましたが、同時に、間違った方向へ導かれることも多々ありました。

4.21 間違った方向に導かれたという気持ちは、あなたの怒りを引き起こす主な原因の一つと言えます。あなたが学んだすべては、今ここにある不確かな世界観へとあなたを導いただけではなく、過去、未来、わたし、神に対する誤った世界観へと導いてきました。あなたのマインドだけではなく、あなたの魂とハートまでもが誤って導かれてきたのです。

4.22 怒りに深い癒しをもたらすものとは、何でしょうか。再び誤って導かれたりしていないことを、どうやって確信できるのでしょうか。

4.23 その両方の答えは、『愛のコース』の目的である、アイデンティティの確立にあります。あなたは、探し求めている確信とともに何かを知る前に、自分は融合の内側で生きている存在であるということを知る必要がありました。融合は、あなたから隠されていた宝物だったからです。

4.24 わたしの最初の弟子が亡くなったあとに、多くの人々が忘れたことがあります。それは、彼らもその宝物にアクセスできたことです。彼らは、宝物があることは知っていましたが、それにアクセスする方法を知りませんでした。よって、宝物を「天国の王国」と呼び、死後にアクセスできるものとして、それを切望するようになりました。

4.25 あなたの怒りは、あなた自身に対しても及びます。あなた方は皆、わたしの言葉がどれほど忘れられ、わたしの表現した真実がいかに入手可能なものであったのかを知っています。あなたは、自ら通う宗教団体を通してさえも、いかに多くの真実を得られるのかを知っています。おそらくあなたは、誤りから真実を選り分けるための努力を十分にしてこなかったと思っているでしょう。あるいは、そのことに十分な関心を向けてこなかったという人もいるでしょう。けれども、そのように自分を責めることは、他者を責めることと同様に、役には立ちません。エゴを解体し、分離して孤立した自己を取り除かなければ、いかに注意して一生懸命努力したとしても、真実は学べません。あなたは、自分一人では真実を学べないからです。一人では、幻想しか学べません。あなたが出発しようとしているその地は、幻想だからです。

4.26 融合は宝物であり、宝物を得る鍵です。融合はアクセスする方法であり、あなたがアクセスしたいと思っているものです。あらゆるものは融合の内側にあるため、融合が手段であり結果です。

4.27 分離ではなく融合の内側で生きているという、自分に関する基本的な真実を知ることは、探し求めているものへアクセスするための最初の一歩です。それを知らずに、つまり自分という存在の真実を知らずに、どうして学びを終えられるでしょうか。学びは、それを知るためにあったのです。学びは、あなたが求めているものにアクセスする方法ではありません。あらゆるものはあなたの真実の内側にあるので、あなたの真実が手段であり結果なのです。

4.28 あなたが求めているアクセスの手段は、あなたの内側にあります。天国の王国が、あなたの内側にあるのと同様です。

4.29 あなたが求めているアクセスの手段は、正しい行いや切に願うことで得られる道具ではありません。それは道具ではなく、真のあなたに備わっている機能だからです。それは、あなたがその機能について意識し始めるまでは、あなたにとって呼吸のように自然にあるものです。呼吸に意識を向け始めると、呼吸がどれほど不自然になるかがわかるでしょう。呼吸について考えることで、自然な機能に不自然な制限が課されます。

4.30 学ぶ時期を終えた今、思考とは、あなたがあらゆる自然なものへ自ら課した、制限であったと正しくとらえることができます。思考が学びの副産物となったそのときから、あなたの思考は、学ぶ試みか、もしくは教える試み以外には、何もしていないのです。それは、学びという訓練がもたらす自然な反応です。したがって、融合した状態であなたの内側にあるすべてを発見する大きな鍵は、あなたが知っている思考を終わらせることです。

4.31 実際、あなたは、これを、さまざまなことからの解放だととらえるかもしれません。思考には、さまざまなことが伴います。わたしはあなたに、学びの終わりとともに訪れるはずの豊かさと、あらゆる宝物を得る鍵を授けていますが、あなたは考え、切望し、詳細を把握しようとします。あなたは、いつ、何を、どこで、どのように得られるかを知りたがっています。そんなことに意識を向けているうちは、あなたは、このキリスト意識の時代に不自然な機能を課していることになります。それはまるで、はっきり見たいと言いながら、手で目を覆い隠しているかのようです。あなたは、融合にアクセスする入り口を幻想のフィルムで覆い隠し、それを霧の中で見えない状態にしています。呼吸を思い出してください。呼吸に意識を向けることが、どれほど呼吸に影響を与えるかを思い出してください。十分にスキルを身につけていたとしても、そのように意識を向ければ、何らかの反応が出るものです。運動選手がこれから競技をするというときに、突然、競技の課題について考え始めたりしたら、よい結果は出なくなるものです。なぜでしょうか。不自然なフィルムが、自然なものを覆い隠すからです。

4.32 身体が生きる上では、呼吸が自然であるように、アクセスの機能は、あなたの自然な状態としてあなたの中に備わっています。

4.33 しかし多くの人々が、呼吸について、瞑想という形でこれまでとは異なる見方をしてきました。そうすることで、彼らは自然な機能を役立たせています。呼吸に「参加」して呼吸と一つになる人や、観察者となって身体から完全に離れる人もいます。

4.34 今のあなたに役立ち、瞑想と似ている意識の向け方があります。それは、瞑想と同様に道具ではありません。あなたはもはや、道具を必要としていないからです。それなのに、あなたは自らを平凡な世界から引き離し、今この山頂にいるのは何のためなのでしょうか。なぜわたしたちは、ここに集まっているのでしょうか。人々は、わたしが四十日と四十夜、瞑想と祈りと断食をしていたと語りました。欲求を断つためにここにいると告げられてきたあなたは、古い衝動と新しい衝動の両方を経験するためにここにいることを知っています。それが、わたしたちのここにいる目的であることを知っているのです。あなたはそれを言葉にはしませんでしたが、こうした言葉があなたのマインドに入り、あなたはわたしたちの目的を知りました。では、瞑想でも道具でもない、わたしの話している意識の集中とは何でしょうか。それは、アクセスの行為そのものに向ける集中です。

4.35 山頂は、神に近い場所を象徴しているものだと思われているかもしれません。神は天国に住み、天国は雲の上にあるとされているなら、山頂はその近さを象徴するものになるでしょう。そこは、神に触れられるほど近い場所を表しています。腕を伸ばして神に触れることができたなら、あとはほんの少し手を伸ばせば、天国へたどり着くというわけです。よってあなたは、この山頂にいる時間を、神と天国にアクセスするための時間ととらえるかもしれません。そして、現実という概念をもう少し広げ、心地よい範囲の外側へと意識をほんの少し広げられるなら、時空と融合に属すすべてにアクセスする入り口を見つけられると考えることもあるでしょう。

4.36 それについては、願望と実現の時期のところで話しました。「あなたの願いは、これまで以上に強くなっている」と述べました。今こそ、願いを可能な限り広げ、その実現へと意識を向けるときです。すると、それが内側でのアクセスを通して、すでにあなたの内側で実現されていたことがわかるでしょう。

4.37 つまりそれは、思考や言葉を超えたその先へ行きたいという切なる願いです。「想像でしか行けない場所へ行きたい」「真の発見をしたい」「以前は知らなかった融合にアクセスしたい」という思いなのです。

4.38 今こそ、恐れが完全に愛に置き替わらなければならないことに気づかなくてはなりません。アクセスする入り口からその先へと導かれることを恐れていては、そこへはたどり着けません。ですから、願望は恐れよりも大きくなければなりません。愛による統治が求められています。自分自身への愛、兄弟姉妹たちへの愛、自然な世界への愛、形ある世界への愛、新しい世界という考えに対する愛、それらが一丸となって、恐れの統治に勝利しなくてはなりません。

4.39 兄弟姉妹たちよ、もし愛を選んでいなかったとしたら、何を選びましたか。恐れを拒絶する選択や新しいものを選ぶ選択をしていなかったとしら、何を選んでいたでしょうか。自分の真実を受け入れるところまでなら前進しても構わないとするならば、この山頂にいるわたしたちの目的は実現しないでしょう。

4.40 あなたをここまで惹きつけてきたものとは何でしょうか。下界に広がる町や都市を見下ろすことですか。それとも、融合にアクセスする入り口を見上げることですか。形や問題を振り返って見ることですか。あるいは、形が存在しない場所を見上げることでしょうか。あなたは、形なきものを選び、さらに下界の町や都市、青い芝生、青い海に戻れると本当に信じていますか。その二つの選択肢を示すためだけに、なぜわたしたちはここにいるのでしょう。ここ以外のどこで、形あるものとなきものという選択肢を鮮明に見ることができるのでしょうか。

4.41 では、崇高な形ある真の自己は、そのどちらになるのかと聞きたくなるかもしれません。なぜ突然、どちらか一方を選ぶのかと聞きたくなるでしょう。それが新しい衝撃であり、最初の選択です。つまりそれが、学び終えたあとで最初に行う、キリスト意識による真の選択です。

4.42 この高次の場所であなた自身について考えるとき、どうかわたしとともに微笑んでください。あなたはこの高いところでわたしとともにいながら、形ある自己のままでいます。あなたはそこにとどまろうとして、それを選んでいますか。状況次第で高次に上昇する、形ある自己でいたいですか。高い山の上にとどまる、形ある自己でいたいですか。それとも、山を降りて、この高次への上昇を持ち帰りたいですか。高次という別の状態を体験したことのある、形ある自己に戻りたいですか。地上に戻ってこの天国に近い山頂での経験を物語として語り、その体験談を使って自分を特別にしたいですか。

4.43 あるいは、崇高な形ある真の自己に変容する段階へと戻りたいですか。アクセスできる場所を知り、内側でそれを保っていたいですか。必要になったときにだけアクセスできる機会を得たいですか。ここで断食して祈るのは、再び欲求の鬼となり、祈りたくなるほど欠如を感じたときに戻ってくるためなのでしょうか。もちろん、あなたはそうすることができます。わたしは、誰かの山頂への旅を決して否定しないからです。あなた方は、一度ならず何度でも、この山頂へ登ることができます。ただそれは、わたしがあなたへ呼びかけていることではありません。

4.44 あなたは、高次へ上昇するために、そして未知なる受け継いだものに惹かれるためにここまで導かれました。その未知なるものとは、あなたにとって未知である間、あなたがずっと手に入れたいと願っていたものでした。それは、具体的かつ抽象的に示されてきました。それは、あなたが求めたすべてとして、またそれ以上のものとして、かつあなたの知る悲惨な人生の終わりと新たな人生の始まりとして描かれてきました。本当のことを言いましょう。新しい人生を始めるのか、それとも再び延期にするのか、あなたは今、その岐路に立っています。今こそ、こう述べるときです。「わたしはすべてを欲しい、すべてを望む、すべてを受け入れる」と。あなたは、一部だけを得ることはできないからです。完全なるアクセスが明かされると、すべてがあなたのものになります。すると、あなたは変わるでしょう。

4.45 これは真の選択です。何の変化もないところへ導く選択があるでしょうか。これは、人生という選択の連続の中で、あなたが唯一、選んだものです。その選択に一つだけ必要なものがあるとしたら、それは、全身全霊で求める思いです。それについて第一部で述べたのは、あなたにその思いをここまで持ち続けてもらい、人としての経験への衝動を手放すことを促すためでした。

4.46 その選択について、詳細に述べる必要はないでしょう。あなたはその意味を十分わかっているからです。つまり、あなたはわたしと同様の存在になるということです。あなたは、恐れではなく愛に基づいて生き、それがどういうことかを示していくということです。それは、あなたが今ここで永遠の生命に蘇り、恐れ、怒り、分離、判断に戻らないことを意味します。恐れ、怒り、分離、判断はなくなるので、それらを手放す必要はもはやありません。努力、特別性、個別性がなくなり、融合した自分だけがあり続けるようになります。それは、何の対価も払わずに、平和、確信、安全、喜びが手に入ることを意味します。

4.47 生きるための、古い理由や古い挑戦はなくなります。あなたに唯一残されたやるべきことは、融合から生じる方法でのみ、新しい世界を創造することです。

4.48 あなたの願いとアクセスする行為は、同じ一つのものです。全身全霊で変化を望んで選択するのなら、それはなされるでしょう。そしてあなたは、自ら選んだ変化をさらに知るために、わたしとの対話を続けていくでしょう。あなたがその変化のすべてを知ったとき、わたしたちは新しいものを創造することについて、真に語り合うようになります。あなたはそのとき、ようやく本当の自分になり終えるからです。

4.49 あなたが選択して融合へのアクセスを完全に認識するまで、わたしが新しい衝動について伝えられることは、以上です。もちろん、あなたは全身全霊の選択をせずに生きていくことはできますが、それでは、ただ学ぶためだけにこれを読み、学びがあなたを変容させることはありません。もしその選択を心から望めず、恐れなく生きる条件を満たせないというのなら、あなたは自分のその思いに気がつくでしょう。そして、準備ができるまで、受容の時期を何度も繰り返すことでしょう。あなたは、失敗することはできませんが、遅らせることはできるのです。あなた方の中にはすでに、先送りにしてきた人たちがいます。受容の時期にとどまる彼らにとっては、そうする理由があったのです。

4.50 あなたは、自分の怒りを受け入れるように言われたばかりなので、これは奇妙なタイミングに感じるかもしれません。考えてみてください。わたしと真の自己と豊かさを受け入れることに伴い、怒りについてもそれとなく話しましたが、そのすべては、詳細を論じることを目的にはしていませんでした。豊かさを受け入れることは、怒りを受け入れることとほぼ似ています。あなたは、受け入れて振り返らず、受容に至るまでのどの状態にもとどまらないよう呼びかけられています。また、何か一つを受け入れることに集中し過ぎないよう呼びかけられています。善悪のレッテルを貼るべきではありません。ただ受け入れてください。すべてを受け入れてください。まだ怒っていたり落ち込んでいたりするからといって、ここでためらう必要はありません。ためらうなら、あなたは受け入れておらず、そのためらいを引き起こしているものと一緒にそこに立ちすくんでいます。受け入れるとき、あなたは前進します。

4.51 現状を完全に受け入れる前に、新しい選択をするよう呼びかけられることは、あなたを混乱させるでしょう。

まだ完全に受け入れる段階を経ていないと思うなら、何があなたを引き止めているのかについて答えてみてください。その場にとどまるのか、受け入れるのか、どちらを選びますか。あなたが自分と一緒に持ち越せないものは、恐れだけです。恐れは、学ぶ状態を引き起こすからです。あなたは、分離が原因だと思っていたかもしれませんが、続いている関係性の中で分離が起きたとしても、それが恐れを引き起こしたことは一度もありません。もし関係性を自覚していたのなら、恐れはあなたを真実から引き離せなかったはずですし、あなたは幻想にとどまってもいなかったでしょう。融合した関係性こそ、あなたがここでもう一度知ろうとしているものです。だからこそ、恐れの時期と、恐れとともに学んでいた時期は消え去ります。

4.52 わたしは以前、恐れと学びの時期を直接結びつけてはいませんでしたが、あなたはそのつながりを知る必要があります。それを知らなければ、あなたが唯一置き去りにしなければならないものが、恐れであることを理解できないでしょう。あなたは、これから学ぶことがまだたくさんあると思っています。求められたこととは裏腹に、今でも怒り、落ち込み、否定の状態にあるからです。あるいは、まだ神と取引をしているように感じているからです。それらは、誤った知覚に対する反応と、受け入れるまでの間の歩みに過ぎません。

4.53 完全なるアクセスと融合を認識するまでに必要なのは、愛だけです。受容は、わたしたちの選んだ手段でした。あなたの恐れを見えなくしていた幾層もの幻想から、あなたを移行させ、誤った学びから、あなたの受容だけを必要とする真実へと、あなたを移行させるためです。恐れを持たずに前進できたなら、あなたは真に前へ歩み出し、愛だけを胸に進み、自分に関して受け入れられなかったものが、恐れ以外に何もなかったことがわかるでしょう。

4.54 あなたは、恐れを持たずに愛だけで前に進みたいと、自分が心から願えると思っています。同時に、自分を引き止めるものがまだあると思っています。それこそが、受容の時期が意図してあなたに示そうとしたものです！　恐れ以外に、あなたを引き止められるものはありません！　あなたは完璧である必要はありません。「完璧」とはレッテルに過ぎず、あらゆるレッテルはあらゆる遅延を引き起こします。あなたがしなければならないことは、受け入れることだけです。あなたのすべてを受け入れてください。恐れはあなたの一部ではありません。融合した真の自己を十分に知るための道があなたに開かれるとき、恐れがあなたの中にとどまれないのはそのためです。あなたは今まさに、自分が受け継いだものの真実を知るために、初めて完全性と神とのワンネスを垣間見ようとしています。

4.55　放蕩息子の物語を思い出してみてください。放蕩息子がしなければならなかったことは、故郷への帰還を受け入れることだけでした。父のもとに帰る際、自分は完璧だと彼が思ったと思いますか。もちろん、彼はそう思っていませんでした。あなたにも、生家への帰還を受け入れることだけが求められています。さまよって探し求めた学びの時期をあとにして、真の我が家の安全さと愛の抱擁に抱いていた恐れを手放すために、そう求められています。

4.56　その選択は、あなたが予想していたよりも早く訪れました。理由があって、その選択は、わたしたちがともに過ごす時間の終わりではなく始まりに訪れました。単純に、その選択が始まりだからです。その選択によって、わたしたちは一つになってこの対話を続けることができます。わたしのハートからあなたのハートに語り、恐れのない状態でのみ可能な優しい会話をし、関係性を真に経験するためです。あなたがわたしのように存在できるようになるのは、この始まりからです。

4.57　わたしたちが今ここにいるのは、あなたが本当の自分になるための最終段階にいるからです。あなたが、悟りという理想に到達し、完璧だと思えるものにたどり着いたからです。これが求められているものだと知っていたら、わたしに加わろうと気軽に考えた人は多くいたでしょうか。それでもあなたが受け入れるとき、あなたの完璧さは、判断されることなく実現されます。あなたが本当の自分になるとき、あなたの悟りは、判断されることなく実現されます。それらは、なし遂げたことというよりも、あなたとあらゆる兄弟姉妹の内側に常にあった、完成されていたものが確認されたことを意味します。

4.58 ここが出発点です。ここからわたしたちは、古いものへの執着、悲しみ、怒り、気分の落ち込み、古いあり方を懐かしく思わせるものへの執着など、まだ残存しているものを焼き払っていきます。あなたがそれらを手放す前に、それらがあなたから離れることはありません。ですから、あなたがそれらを手放すのです。

4.59 わたしと一緒にそれを選択しましょう。わたしたちは古いものから去り、新しい創造へと向かって歩み続けます。まだ話し合うべきことがたくさんあります。わたしたちはたった今、ともに歩み始めたばかりです。

4.60 この歩みは、最後まで続けなくてはなりません。この移行を始める、最初の一人が必要でした。追随者たちは自然に最初の人のあとに続きますが、それは慎ましやかに行われ、それを先導する人はいません。最初の人が一連の流れを生み出すので、継承の秘訣があなたのもとへ戻るのです。その結果、わたしたちは、人としての経験への衝動から永遠に解放されます。

五日目　融合へのアクセス

5.1　鍵を開けてそこから中に入ってしまえば、その鍵は要らなくなるように、一度完全に中に入ってしまえば、アクセスするための場所は必要なくなります。しかし、永遠に要らなくなったとしても、融合した状態がまだ定着せず、それを持続しようとしている限り、アクセスするための場所は、極めて大事なものであり続けます。ですから、最初の入り口として、かつ不要になるまでいつでも利用可能な入り口として、アクセスする場所についてこれから話していきましょう。

5.2　アクセスする先は、誰にとっても同じですが、おそらくそこへ入るための行動は、それぞれ大きく異なるでしょう。過去の経験から、その入り口がマインドであると感じる人たちは、その感覚に逆らう必要はありません。ハートの経験を通して、融合の状態が入り口であると感じる人たちも、その感覚に逆らう必要はありません。これから詳しく述べていきましょう。

5.3　多くの人々にとっては、自分で考えたものではない考えを得ることが、最初の融合の経験となるでしょう。何かを思い出そうとして上を見上げたり、指でこめかみを叩いたりするときのように、誰にでも融合を経験するときに意識を向ける「場所」のようなものがあります。これは、自分のものではない考えを得る経験が、マインドという物理的概念を超越した場所や、マインドそのものから生じるという意味ではありません。しかし、本当のあなたは身体ではないので、身体を超越した「内側」から生じるという考えは、今となってはそれほど信じられない考えではないでしょう。

5.4 昨日の対話で瞑想という形態について述べたように、瞑想は、道具ではなく真の自己の自然な機能であり、アクセスすることに焦点を当てるものです。ですから、あなたにとって自然に思えるものを用いて始めます。まずは、形という領域の中で意識を向ける場所に焦点を当てます。

5.5 あなたがアクセスするために使うその場所は、あなたが選んだものでなければなりません。それは、あなたの頭かもしれませんし、頭上、もしくは右脳や左脳かもしれません。心臓だという人もいるでしょう。あるいはその場所は、身体を超越した何らかの中間に位置しているのかもしれません。地面からのつながりを感じ、身体のすぐ下にその場所を感じるという人もいるでしょう。手のひらに感じる人もいます。完全に思考を回避して、直接口から言葉を発する人もいます。そうした感覚に逆らわないようにしましょう。ここで例を挙げなかった方法を用いる人たちに、闘いを挑んだりしないでください。それらの方法は、それぞれに与えられたものと考え、自分が一番自然だと思える場所に意識を向けるようにしましょう。

5.6 わたしたちは、これまで愛を重視してきました。愛は決して変化せず、誰にとっても同じものですが、他者とまったく同じ方法で愛を表現する人は、一人もいません。あなたが融合にアクセスしようとする際、これは覚えておくべき重要な点です。

5.7 この取り組みにおいて、愛と融合は同じものです。

5.8 それらにアクセスする方法も同じです。アクセスする方法は存在します。それは、あなたのためにそこにあります。それは与えられたものです。あなたがそれを否定しない限り、それが否定されることはありません。わたしたちがそれについてこのように話すのは、あなたがこれまでその存在を知らなかったからです。

5.9 わたしたちは、ハートについて、身体のポンプ機能をする部位としてではなく、真の自己の中心として定義づけましたが、愛と結びつけて考えてみてもわかりやすいでしょう。同様に、アクセスに用いる場所は身体だけではないと理解している今のうちに、融合にアクセスするときに用いる、あなたが選んだ場所を定義づけておくとよいでしょう。

5.10 この取り組みの目的は、あなたに愛と真の自己を見極めてもらうことですが、まだあなたの理解には微調整が必要です。融合とは何かを知り、真の自己と愛をより十分に知れば、その微調整は完了します。

5.11 融合と愛の大きな違いが、一つあるように思われます。それは、愛には愛を提供する力があるように感じられることです。

5.12 融合へのアクセスは、できる人とできない人がいるなど、初めは個人でなし遂げることのように感じられます。もしそうであるのなら、自分にあるものを他者へ渡したくても、それは不可能ではないかと思うかもしれません。けれども、融合は愛と同じように、結果を通してその存在を知られます。融合からのあらゆる恩恵は、それを受け取りたいと願う人へもたらされます。

5.13 あなたは、自分には愛にアクセスする「場所」がないと思ったり、それは必要ないと考えたりもするでしょう。愛については、真の自己と密接に関連した個人的なことだと受け止めているかもしれません。けれども、愛が属性でないことや、あらゆる愛が同じ源から生じていることをあなたは知っています。愛を与えることができたのは、自分には差し出せる愛があると思えたときだけだったこともわかっています。ですから、長い間、あなたはハートの内側で、与えることと受け取ることが同じであるという真実を知っていました。アクセスする行為についても、同様に考えられるかもしれません。つまり、他者へ差し出せる融合からの恩恵とは、自分にもそれがあることを気づかせてくれるものなのです。

5.14 融合には、愛と同様に、一つの源とさまざまな表現があります。あなたがあなた独自の方法で融合を表現できるようになると、真の自己は完全性へと達し、あなたは完全なる真の自分となり、愛を全面的に表現していくようになります。

5.15 ここで気づいてください。あなたは、同じゴールを目指す仲間たちの一員です。けれども、あなたがなし遂げた実現やその表現は、毎回決して同じではありません。あなたたち一人ひとりが何より融合に求めるものとは、最高の表現が自分から引き出されることです。

5.16 例えば、アクセスする場所が手にあると感じている「ヒーラー」は、手を当てることによって、融合から得たものを表現するかもしれません。同様にあなたは、ヒーリングはヒーラーの愛の表現法の一つだと言うかもしれません。本当のところ、ヒーリングと愛は同じものです。

5.17 あなたという人間が、誰で、何を望み、どこで才能を認められたかということは、あなたが今実現しようとしているゴールと同様に与えられたものです。もう一度、あなたが忘れないように言いますが、融合に内在する同一性は、まったく同じクローンや特定の理想的な聖人になることを目的とするものではありません。融合とは、完全なる真の自分となり、その自分を表現することです。それが奇跡であり、ゴールであり、愛の統治によってなされることです。それは融合を維持しようとすることであり、最終的には融合を継続させることです。

5.18 ここで気づいてください。あなたは、この融合へのアクセスと言われるものがどのように機能するのかを具体的に知りたいと思っていますが、同時に、細かいことになると苛立ちを覚えます。あなたは、すぐに結果が欲しいだけで、これ以上は実践したくないのです。あなたは、安心を求め、努力が終わることを望んでいます。のちに、それはレッスンではないと告げられることになるレッスンを、あなたは求めていません。努力が不要になるための努力を要するものを、あなたは求めていません。しかし、あなたが不満を抱くその努力も、あなたが選んだものであることに気づいてください。物事をあるがままにさせておく「方法」の実現は、それ自体では、決して努力を要するものではありません。

5.19 移行がなされる方法を理解するために、ここで一休みしようと思うなら、あなたはほぼ確実にもう一度、疑念を抱くことになります。その疑念は、具体的なことに向き合うときよりも顕著ではありません。それなのにあなたは、具体的なことを望んでいます。それは、努力から脱出しようとする、ひたむきなあなたの努力が物語るように、まだ学びのパターンにしがみついているからです。融合は、学べるものではないことを覚えておいてください。もし融合を学べるのなら、学びの時期は終わらずに延々と続くでしょう。

5.20 あなたは、学ぶことにうんざりしていたことを思い出してください。あなたは山頂まで登り切って疲れ果て、今はただ休みたくて、来るべき変容の訪れを待っています。全面的にそう願えるのなら、変容は順調に加速していくでしょう。ですから、どうか自分の疲れに意識を向け、休息を求めているハートに耳を傾けてください。平和への呼びかけに耳を澄まし、足元の温かい大地と頭上から照りつける太陽の日差しを感じ、愛の抱擁に身を任せてください。脱力感に包まれて、ここで読んだ内容について、努力はせず、ただ与えられているものを受け入れるようにしましょう。与えられるものは、すべてあなたの求めていた役立つヒントとなるものです。あなたは、自分が未経験のことをすでに経験した年上の兄弟から、そのヒントを得たいと思っていたのです。

5.21 その気持ちのまま、アクセスについてもう少し具体的に見ていきましょう。アクセスするためにあなたが選んだ場所があります。第一部の第二十二章「交差」で述べた、玉ねぎに針を刺す例を思い出し、実際に針を刺すところを想像してみてください。針を刺したところが、あなたの選んだアクセスする場所とつながっている様子を思い浮かべてみてください。その針を「針」として見るのではなく、あなたの求める「叡智」としてとらえてみてください。叡智は、玉ねぎに例えた幾層もの思考や感情で停止させられるものではありません。わたしたちは、連なる層を「入り口」と「通過点」として見るために、この例を用いています。融合から生じるものは、あなたの中へ入り、あなたを通過して世界へと流れていきます。これが、あなたが形を伴って生きる間に融合と築く関係性であり、通過と交差の関係性です。

5.22 あなたの中に入るものが、幾層もの防御で塞き止められることはもうありません。道を塞ぐ思考や努力、その方法や意味を解明する試みに、遭遇することもありません。そのような努力を引き起こすものは、存在しません。努力は防御の層に他なりません。努力は、あなたが受け取るものと与えるものを隔てます。あなたが与えるものとは、かつてエゴが所有権を主張しようと躍起になっていたものです。エゴにとっての努力とは、すでに与えられているすべてを、懸命に取り組んだのちにやっと得られるものに変えることです。したがって、もしなし遂げたなら、エゴはそれを個人の偉業として主張します。融合は、そんなことをするためのものではありません。エゴがなくなったとしても、努力は依然と続きます。努力をしているうちは、あなたは自分に与えられているものへの完全なアクセスを実現できません。ここで述べていることは、融合のために形を、形のために融合を役立たせることです。そのための努力は要りません。それが、創造するということだからです。繰り返しますが、学ぶ「努力」をやめなくてはならないのはそのためです。

5.23 先ほど述べた、ヒーラーのイメージに戻りましょう。大勢の人たちがヒーリングを行っていますが、ヒーリングの「方法」を教えたり学んだりする試みは、すべて食い止めなくてはなりません。そうしなければ、学ぶパターンが残ってしまうからです。素晴らしいヒーラーやスピリチュアルガイドの人たちが、常に「秘密」があるかのように見えるのは、そのためです。彼らは、自分たちがアクセスできるようになったものは、教えることのできないものであることを知っています。これは、彼らが、どうしても分かち合いたくないと思っているという意味ではありません。ただ、分かち合う手段自体は、教えたり学んだりすることが不可能なものであるということです。

5.24 融合の表現はどれも、あるがままに行われなければなりません。それは、教えられたり学ばれたりするべきではありません。教えられたり学ばれたりせずに融合から得られるものが、学びを置き換えるために与えられた、新しいものだと言えます。

5.25 これらのことを心にとどめ、融合へのアクセスに意識を向けるようにしてください。意識を向けるとは、考えたり学んだりするという意味ではありません。呼吸について考えた途端、呼吸は不自然になるという例を思い出してください。呼吸が不自然になることと、意識を瞑想に集中させた結果、呼吸をさらに自覚できるようになることの違いを思い出してください。融合にアクセスするために意識を向ける場所とは、あなたの意識が一点に集まる場所であり、交差する地点であり、鮮明なイメージが生じるところです。

5.26 この交差とは、通過するときのことを述べています。アクセスするために意識を向ける場所は、入り口であると述べましたが、それは、あなたのものでないものがあなたの中に入るという意味ではありません。出口のない入り口という意味でもありません。呼吸について考えるとき、自分のものでない空気が体内に吸入されると考えられるかもしれませんが、あなたが吸う空気はあなたのものです。吐き出す空気については、より自分のものに思えるかもしれませんが、そこに、入り口と出口の関係以外の何かがあるわけではありません。あなたは、呼吸する空気と絶えず関係を築き、同様に融合とも関係を育んでいます。それが、継続的なやり取りです。それを十分に自覚するとき、完全にアクセスできるようになります。その完全なアクセスを妨げるものから解放されるためにも、引き続き取り組んでいきましょう。

六日目　狭間の時間

6.1　真の自己に「なる」までの間、本当の自分を「生きる」ということがどういうことなのか、これから話していきます。つまり、キリスト意識や融合にアクセスしたその瞬間から、形を用いてそれらを継続できるようになるまでの時間の話です。以前述べたように、真の自己になる状態を認識することは、学びの時期から、崇高な形ある真の自己になるまでの狭間の時間を知ることです。わたしたちがこの聖なる山で過ごす時間の大半は、その狭間の時間で構成されています。わたしたちは、その狭間の時間に位置し、「本当の自分になる」という創造的な活動を完了させるために、無限と有限が交わる地点に立っています。

6.2　その創造という行為の完了が、わたしたちがともに過ごす時間の焦点であることを、あなたは知っています。しかし、あなた方の中には、「普通」の存在として過ごした実社会に別れを告げ、聖なる山で存分に生きていくかのように感じている人もわずかながらにいるでしょう。それは、次善の策ではありません。あなた方は、四十日と四十夜、本当に「普通」の生活から離れるよう求められたりすれば、大きな不安と多くの排除を生み出す可能性があります。だからこそ、このようなやり方をしています。けれども、それだけがこの方法を選んでいる理由ではありません。それが一番の理由でもありません。

6.3　わたしたちの選んだ変化について認識を広げる前に、その変化が引き起こす混乱によってあなたの進歩が遅れないよう、狭間の時間について取り組まなければなりません。

6.4 わたしたちの取り組みと芸術という名の創造の類似点については、これまでよく述べてきましたが、その例を振り返ってみましょう。以前、本当の自分になることについては、次の三つが一体となって起こることだと話しました。その三つとは、真の自己へ移行すること、真の自分を生きること、かつ真の自分を表現することです。融合にアクセスするための場所、つまり、意識が集まり交差して通過するところについても話しました。使われている言葉は違いますが、これらの行為に類似点があることがわかるでしょうか。

6.5 移行と存在と表現、そして、意識の集中と交差と通過があります。

6.6 芸術の創造とこれらはどのようにつながるのでしょう。狭間であるこの時期に取り組むためにわたしが選んだ、次の作曲の例について考えてみましょう。作曲は、絵画や詩と同様に段階を踏みます。

6.7 ある段階では、音楽の創造は、作者のマインドとハートにあるアイディアに過ぎません。曲やシンフォニーの創作は、わずかな音がマインドを駆け抜けるなど、単純なものから始まるのかもしれません。作者があるフレーズにひらめきを感じ、そのフレーズを歌詞に見立てて始まる場合もあるでしょう。アーティストは、マインドとハートで十分に計画を練り、あるときペンを手に取って書き出したり、ギターを手にしたり、歌を録音したりします。始めてはやめ、始めてはやめ、そんな作業を繰り返すこともあるでしょう。アーティストがよく「流れてきた」と言うように、いとも簡単に作品が仕上がることもあるでしょう。その人の性格次第では、作曲過程の各段階、もしくは最後に近い段階で、他者と楽曲を共有することもあるかもしれません。けれども、必ずいつかは分かち合いが行われ、音楽を聴いた人々の反応が、アーティスト本人と楽曲に影響を及ぼします。人々のポジティブな反応は、アーティストの直感を証明すると同時に、より大胆になるようアーティスト自身を勇気づけるものです。ネガティブな反応は、アーティストが自らの才能を疑う要因となるかもしれません。

曲に変化を加えたり、曲を認めてもらえるまで頑張るために決意を新たにしたりするかもしれません。よい作品にするために、他のアーティストとコラボレーションをすることもあるでしょう。楽曲が完成する頃には、最初に考えていたものとかけ離れたものができているかもしれません。あるいは、最初のアイディア通りに仕上がることもあるでしょう。

6.8 完成されるあらゆる芸術作品には、選択が組み込まれています。制作過程のどこかで、アーティストと作品の間では、ある誓いが結ばれます。それは、最後まで終えるという誓いです。制作に時間を注ぎ、その作品が注目に値するよい作品であることがアーティストにはわかっているので、その誓いが生まれるのかもしれません。その誓いは、アーティストが愛と関係を育んでいる証拠であり、「よい作品であろうとなかろうと完成しなければいけない」という思いから生まれている場合もあるでしょう。活動の継続を誓う人もいるでしょう。たとえ作品の価値に不安を覚えても、最後まで終えることを決意し、次の曲こそ、よりよいものになると確信しながら活動し続ける人もいるはずです。

6.9 楽曲自体は、創作過程のあらゆる段階において、作者との関係性の中で存在しています。それはアイディアであったり、部分的に完成したリズムであったり、メロディのない歌詞であったりします。制作が終わっても、完成品というよりは試作品と呼ぶ方がふさわしい場合もあるかもしれません。けれども、作品はそこに存在します。創作過程の全段階で、作品はあるがままに存在します。しかし、完成し、アーティストのアイディアが真に表現されたときだけ、作品とアーティストは一つになります。

6.10 ある意味、あなた自身が、完成した真の表現というワンネスに向かって進む芸術作品と言えます。そのワンネスに到達するために通過する、どの段階にも価値があります。各段階が、各段階の完璧さを備えています。一つひとつの段階に完全性があり、その完全性の中に各段階があります。

6.11 あなたは、「本当の自分になる最終段階にいる」と言われ、その段階を終えることに専念してきました。その段階を終えると、創造主と創造物の間にワンネスが生まれます。あなたは、「融合」という創造的な関係性を育んできました。そして今は、創造主と創造物の区別がない創造過程の真っ只中で、本当の自分を生きています。ワンネスの状態となる最終段階へとあなたを導くことになる、表現を生み出しているのです。

6.12 今のあなたは、最終段階を終えたあなた自身から分離していません！　あなたは、創造物と創造者が一体となる創造の関係性の中で生きています。

6.13 では、この章の主題の一つであり、これから日常生活を送りながら創造過程に取り組むという、シンプルな真実について話を戻しましょう。わたしは、人生とは、向き合って生きなくてはならないものと述べていますが、困難にぶつかる人がいることは認めたいと思います。

6.14 その困難と思われるものから見ていきましょう。それは、さまざまな形を伴いますが、ほぼ間違いなく、主に次の二つの思いが源となっているでしょう。一つは、わたしたちの間で育まれる関係性に意識を向けていたいという思い、そしてそれに伴う二つ目が、日常生活の細かなことから目をそらしていたいという思いです。あなたは、わたしたちの会話でよく話題に上がる安心について、次のように考えているかもしれません。生きていく上でのさまざまな心配事がなく、請求書が頻繁に届くこともなく、ただわたしとの関係性だけがあって、融合にアクセスするための場所に意識を向けて、豊かさを本当に迎え入れる機会さえ得られたら、やっと安心できるだろうと。

6.15 しかし、気づいてください。「そんな心配は手放して、そのようなすべてから逃れなさい」と言われると、あなたはおそらく、抗い、そうしないための理由をあれこれと見つけ出すでしょう。ですから、初めに豊かさが生まれなくてはなりません。心配する理由のない状態が、まず現れなければなりません。日常生活以外のことに意識を向ける能力を身につけなくてはなりません。この対話は、それらを促すものです。

6.16 対話を続けることで、それらを促します。人生をあるがままに受け入れることによって、そう行動します。だからこそ、あなたの知る人生からあなたを引き離すことなく、聖なる山の上でこの対話をしています。結局のところ、わたしたちは、形ある自己が高次へ上昇する話をしています。高次への上昇は、地上で生きている間に起きなくてはなりません。普通の生活からかけ離れた理想郷ではなく、今ある生活の中で起こらなくてはなりません。

6.17 しかしこれは、高次への上昇を延期してよいとか、都合のよいときまで先延ばしにしてよいとか、そういう意味ではありません。まったくその反対です。わたしたちは、あなたが高次への上昇を起こさないようにして生きている間に、聖なる山でこの対話をしています。

6.18 これは、あなた方の多くが日常生活のあり方を変えていないとか、これからも変えないだろうとか、そういうことを言っているのではありません。あなたが求められているように感じる変化を、ここで思いとどまらせようとしているのでもありません。大事な点はただ、日常を排除することは不可能で望ましくないということです。

6.19 学びは、学習者を「普通」の生活から遠ざけ、教える場所を作り出し、そこだけを、高次へ上昇する場所と呼びます。気づき、受容、発見が、「普通」の生活からかけ離れたところで生じることはありません。わたしの言うことを信じてください。今あなたが経験している高次への上昇だけが、あなたが求めている上昇です。「内側と同じように外側でも」は、ここでも使えるフレーズです。その逆はありません。ここで述べている高次への上昇を起こす場所を、あなたが自分の外側で見つけることはありません。高次への上昇を達成させる神聖な学びの場などというものは、存在しません。高次へ上昇させるこの山頂は、地上のどこにもありません。

わたしたちがこの内なる高い場所で育んだ関係性だけが、完全なる実現と顕現をもたらします。あなたが何かをなし遂げなくても、それは起こります。あなたはすでに完成されているからです。

6.20 あなたが、常にそう思えないことはわかっています。わたしが山頂で経験した衝動について少し話しましょう。わたしが経験した衝動は、当時の世界と普段の生活に対するものでした。その衝動は、本来の目的からわたしの気をそらし、わたしの注意が向く方向を変え、わたしを討論に引き込み、たどり着いた高次の場所から、わたしを引きずり下ろそうとするものでした。人としての経験に対する衝動は、現在も当時も同じであり、この天国に近い山頂でも地上でも同じです。そんな衝動から一見、解放されているように見える外側の「場所」は、実はそうした衝動を排除できていません。衝動を排除できるのは、内側に創造された場所だけです。

6.21 わたしたちは、その内側の場所を創造しているところです。そこは、真に高められた場所であり、山頂と同様に実在しています。実際は、何よりも現実的で確かな場所です。科学者たちが探すべきものを知っていれば、彼らは必ずその場所を突き止めるでしょう。わたしたちが話してきたその場所は、身体の内側と身体を超越したところで創造された、アクセスするための入り口です。そこは、融合した状態とつながる場所であり、目的地まで張られたロープのように確かに実在しています。

6.22 ただ、大事な点は、煩わしい日常から逃れようとしないことです！　逃れる必要があったなら、あなたはもうそうしているはずでしょう！　対話を続けるために、わたしが理想的な環境を用意するなどと思わないでください。今いるここが、理想なのです！

6.23 新しい仕事に就くときや、見習いから始めて大きな挑戦へと挑んでいくときのことを思い描いてみてください。新人や見習いは、新しい環境で果たすべき課題を果たすために、必要な技術や活動を見たり教わったりします。けれども大抵、彼らが自信を持ってその仕事をできるようになるのは、教える人が身を引いて、彼らが多くの経験を積んでからです。実際の経験は、いかなる学びをも加速させます。それまでただ学んでいたことを実践することによって、習得が早くなります。

6.24 あなたは、あなたの学びを終えました。あなたの教師は、教師としては一歩退き、あなたの仲間になります。あなたは、課題の遂行を逃れて見習い期間を延長させたいですか。きっとあなたは延長を望むでしょう。でも、初めから述べているように、あなたは早急に課題を終える必要があります。

6.25 わたしたちの関係を、同じ仕事をする同僚や仲間の関係ととらえてください。わたしたちは、話し好きです。わたしたちの関係をそうとらえることは、間違っていません。わたしたちは友人であり、仕事仲間です。同僚であり、仲間なのです。

6.26 わたしたちの対話には、常に目的があります。あなたもそれを知っているはずです。そうでなかったら、あなたはここにはいませんし、わたしやわたしたちの行いに対して献身的な気持ちを抱いてはいないでしょう。それに、あなたは兄弟姉妹に対する熱意を持っています。もしわたしたちのゴールに達する可能性は低いとか、わずかな人しか高次へ上昇できないとか、自分だけが前進するのだとか、そのようなことを思っているのなら、あなたは、今ある献身的な気持ちを抱いてはいないでしょう。あなたは、わたしたちが行うことは神聖で、唯一無二なものだと知っています。自分の関わる物事で、これ以上大事なものはないこともわかっています。今まで、あらゆる分野であなたが献身的に関わった物事は、わたしたちがこれから行うことに比べたら、かすんで見えるでしょう。

6.27 与えられた課題をともにやり遂げる力を信じられるようになると、あなたはほぼ確実に、今ある献身的な気持ちが他者へと広がっていくのを感じるでしょう。特に、あなたとともに同じゴールを目指す人たちへと広がっていくのがわかるでしょう。だからといって、あなたは特別な関係を新たに築くのではありません。ただ、永遠に特別な関係に取って代わる、真の献身的な愛を生み出すのです。

6.28 しかし、わたしたちの行うことが、神聖で唯一無二だと知っていることが、あなた方の多くが今経験している何らかの困難を生じさせています。あなたの情熱は、あるべきところ、つまり今ここにあります。あなたには、わたしたちの取り組みを熱心に受け入れる情熱があります。ですから、今なお深く関わる日常で、情熱がなくなってきている分野があることが、あなたには気がかりです。それでも、それが気がかりである必要があるでしょうか。かつてと同じ人生を望む必要があるでしょうか。

6.29 一見、矛盾して見えることについて話していきましょう。あなたはずっと、安心してできることや、素の自分でできることだけをしなさいと言われてきました。そして今は、日常から逃れようとしてはいけないと言われています。

6.30 安心して何かをするために、それについて情熱を感じる必要があるでしょうか。日常生活を送るために、自分以外の誰かになる必要があるでしょうか。答えは「ノー」です。一見、困難な時期からあなたが実現させることは、その困難を終わらせ、やるべきことを穏やかに行う力を養い、どんな状況でも本当の自分を見出すことです。それを学ぶ間や、少なくとも学んでいると思っている間、ただじっと待って過ごす暇はありません。移行と存在と表現はそこで一つになり、意識が集まり交差し通過する場所が、一つになります。今がそのときです！　あなたの今いるここです。それは今、起きているからです。

6.31 ですから、やる気をなくす必要はありません。あなたには、これは遅延ではなく、厳しい試練に感じられるでしょう。これまでの人生を続けたまま、この対話を受け入れられることにがっかりするのではなく、どうか、励まされてください。わたしたちが目指しているのはそれだけだと気づいてください！　困難は、あなたが許可さえすれば、あなたを通り抜けて去っていきます。今いるところと本当の自分を受け入れるとき、困難は消え去ります。

6.32 この受け入れる取り組みは、決して終わらないように感じられるでしょうか。受容に置き換わるまで学びが終わらないように、畏敬の念に置き換わるまで、それは終わらないように感じられるでしょう。しかし、受け入れるときの状態は、学んでいるときの状態とは違います。ですから、間もなく、学びの時期の困難が過ぎ去るところを目撃できるでしょう。

6.33 あなたを元気づけるためにも、受け入れるときの状態について話していきましょう。

七日目　受容の時期における条件

7.1 今ようやく受け入れようとしている事実が暗に示すことは、今までは受け入れていなかったということに他ならないのではないでしょうか。受け入れていない状態とは、以前のあなたの状態でもある、自己否定の状態を示していることに過ぎないのではないでしょうか。

7.2 自己否定は、学びの時期という、一つの段階を整えるために必要なものでした。あなたが真の自己を否定していなければ、学びの時期は要らなかったのです。自分のことを、分離して孤立している存在ととらえている間は、恐れと孤独に苦しみ、根元にある恐れの感情から生じる病に苦しまざるを得ませんでした。恐れは、あなたを弱らせます。恐れに関するものは、いかなるものでも生きる力を与えません。したがって、あなたは、せっかく人生を与えられたのに、恐れによって生きる力を弱らせることしかできなかったと言えます。

7.3 真の自己を受け入れることは、受容の時期を迎える上で欠かせないものです。あなたはもはや、真の自己や融合を否定していません。あなたは、「恐れ」を「愛」で置き換えました。愛は生きる力を与え、生命を支えます。生命に関して衰退させるものは、今や何もありません。

7.4 生命は支えられています。その支えは、受容の時期になくてはならないものです。

7.5 今は、あなたを弱らせる可能性のある、学びのパターンだけが残っている状態であることに気づかなければなりません。あなたは常に支えられていましたが、あなたが学んでいたときに受け入れた「学び」という概念は、支えなのではなく「努力」を意味するものでした。あなたは今、学びのパターンは恐れの延長であることを受け入れ、それを受容のパターンに置き換える意志を持つことを怠ってはなりません。わたしがこれを述べているのは、あなた方の多くはまだ、日々の生活が支えられているとは思っていないからです。霊的な人生についていては、支えられていると思えるかもしれません。形ある自己の高次への上昇や、完全なる気づきに向かう過程は、支えられていると思えるかもしれません。けれども豊かさの話でも触れたように、形あるものに支えられてはいないと感じる人もいるでしょう。わたしたちのゴールは、形が高次へ上昇することです。ですから、それはおかしいと気づいてください。他に理由がないのなら、支えであるこの形を受け入れてください。これは、論理的で理にかなっています。愛が論理に反していないことに気づき、真の根拠である、マインドとハートへ意識を戻してください。

7.6 愛は、恐れに取って代わります。愛は生命を衰退させるのではなく、生命を生み出します。あなたの身体は、退化するのではなく、再生されます。愛は特質ではないので、もちろん条件ではありません。しかし、恐れの代わりに愛のままに生きることは、この受容の時期、大きな変容の効果をもたらします。受容の時期の条件は、生まれ変わることです。

7.7 非常に役立つ、もう一つの条件があります。それは、時間との新しい関係性です。これは、時間という有限の中で、もしくは時間のない無限の中で、意識が集まり、交差し、通過することを意味します。時間はまだ終わっていませんが、あなたが変容するように、時間もまた、変容します。もう一度、「内側と同じように外側でも」を思い出してください。あなたが自分を縛っている時間を手放すと、時間はあなたを手放します。すると、時間が長くなったように感じるでしょう。けれども、実際は、時間は「無」に向かって縮小していきます。

時間は、あなたの存在に取って代わられます。つまり今ここで、恐れを持たずに受け入れて生きるあなたの力に取って代わられるのです。

7.8 もう一度、思い出してください。あなたは狭間の時間に生きています。よって、わたしが述べた前提条件や、まだ述べていない不可欠な状態も、狭間の状態にあります。その不可欠な状態は、受容と融合の内側で、新しいあなたとともに存在しています。それは、分離して学んでいる状態ではなく、愛の内側にあり、恐れの状態では存在しません。あなたはキリスト意識と同様に、そうした前提となる状態を維持しようとするところから、その状態を継続させるところへと移行します。その状態は、外的状況の変化からではなく、内的な視点の変化から生じます。

7.9 人生に影響を及ぼす状態は、身体に影響を及ぼす状態でもあります。しかしそれは、あなたのマインドが恐れの状態を受け入れたため、学んでいる間に身体が恐れの状態を見せているに過ぎません。したがって、マインドが愛を受け入れれば、身体は、受容の時期に愛の効果を見せるようになります。

7.10 受容の時期に欠かせないもの、それは拡張です。かつてあなたが、これぞ自分と思っていた自分は、真に拡張して分かち合うことができませんでした。あなたは、自分の小さな世界に引きこもり、自分の世界を作っていました。崇高な形ある真の自己は、世界へ拡張し、新しい世界を生み出します。今、拡張という欠かせない状態が、作動し始め、わたしたちが行っている分かち合いを通して表へ現れようとしています。

7.11 創造する状態も、受容の時期には欠かせません。創造する状態には、すでに話した移行と存在と表現、そして、意識の集中と交差と通過も含まれます。

7.12 他にも、小さな前提条件がたくさんあります。小さいとはいえ、それらは極めて大きな変容をもたらします。例えば、以前話したように、聖なる関係に捧げることで、特別な関係を置き換えることです。もう一つは、支配を神の愛で置き換えることです。これらの置き換えが起こるのは、人生や状況に対して行使していた、支配を手放すときです。そして、神の愛の状態で生き、生まれ変わるために与えられているものを受け入れることで、柔軟な心をもって神の愛に出会うときです。

7.13 ここから振り返ると、常に学びに欠かせなかった状態が、ドミノ倒しのように連鎖的に、穏やかでより優しい何かに置き換わっていたことが容易にわかるでしょう。ですから、わたしがここで新しい状態をすべて述べる必要はありません。融合との関係性にますます気づくにつれ、新しい状態やその状態との関係性がより鮮明になるでしょう。

7.14 融合との関係性や融合にアクセスすることは、非常に大事です。すべてはそこから生じるからです。これは「もしAならBだ」の状態に思えるかもしれませんが、そうではありません。呼吸が生命を支えるからといって、呼吸のプロセスが「もしAならBだ」に当てはまると言えるでしょうか。あなたは融合にアクセスすることで、本当の自分として真の人生を生き、崇高な形ある真の自己を、呼吸するように自然と保てるようになります。

7.15 「融合へのアクセス」は一つの段階であり、この狭間の時間にだけ用いられるものです。あなたは常に融合の内側にいました。それに完全に気づくと、呼吸にアクセスする必要がないように、融合にアクセスする必要はなくなります。そして、融合があなたの自然な状態となります。

7.16 その自然な状態へと完全に回帰し、キリスト意識を内側で保てるようになると、受容の時期の条件は、学ぶ時期に必要だった条件と同様に消え去ります。愛には特性がないように、融合した状態には、条件はありません。自然に創造された真の自己があるだけで、そこには畏敬の念が広がっています。

7.17 しかし、受容の時期のあとは、崇高な形ある真の自己が創造されて全面的に現れる、新たな段階が待っています。

7.18 それでも、わたしたちが今考えることは、現在についてです。山頂で与えられたこの時間の間に、受容の時期に欠かせないものは、学ぶ時期と同様に内側から生じるものだと気づかなければなりません。生命は、常に、受容の時期に欠かせないものでした。学ぶ時期の条件は強いられたものでしたが、それはまた、内側から生じたものでもありました。

7.19 したがって、ここで述べている受容の時期に必要な状態は、実は、新しい状態ではありません。それは真の自己と、一つに融合したマインドとハートにとって、自然な状態です。マインドとハートの分離、かつ、本当の自分とエゴの自分の分離によって、学ぶ必要性が生まれ、あなたは学びの時期の条件を自ら課すことになりました。

7.20 受容の時期に欠かせないものは、疑念を確信で置き換えることです。それが、あなたが融合へのアクセスを維持し、継続させているのかをもっともよく表します。確信は、現在において必要なものです。あなたは未来や過去に関して「確信している」と言うかもしれませんが、できていないことに気づいてください。融合へのアクセスを維持して継続させる力は、今を生きる力と密接に関連し、真の確信に対するあなたの認識に付随しています。

7.21 あなた方の中には、今を受け入れることが難しく、誤った確信を見出している人たちがいます。明日の対話では、そのことについて話しましょう。

八日目　今を受け入れる

8.1　この対話では、日常から逃れることについては話していないので、落胆して諦めの心境になった人もいるでしょう。あなたは、少なくとも無意識に、この対話が普通の生活から逃れるためのものだと思い込んでいたかもしれません。受容の時期の条件は、あなたを十分に勇気づけるものではなかったでしょう。ここで気分をあらためて、受容の時期の条件を含めて日常の話に戻りましょう。

8.2　日常から逃れることが不可能なら、それに参加する以外の選択肢があるでしょうか。普段の生活を愛し、自分を愛してください。自分を受け入れられるまで、十分に自分を愛してください。愛が、平凡な人生を類い稀な人生に変えます。本当の自分をそのまま愛し、どの瞬間も今いる場所を愛することが、変容をもたらし、日常から逃れたい思いを終わらせます。あなたが今感じている落胆には、目的があります。その目的とは、あなたにその落胆を乗り越えさせ、受容へと向かわせることです。

8.3　しかしここで、はっきりさせなければならないことがあります。この取り組みは、嫌なものを受け入れることが目的ではありません。あなたは、「普段の生活」を受け入れるよう、本当に呼びかけられていると思いますか。自分が不幸だと思っていた状態を受け入れるよう、求められていると思いますか。違います！　あなたは、新しい状態を受け入れるように呼びかけられているのです！

8.4 不幸がなくなることや別の人生を願う思いが、日常の些細なことから生じている可能性は低いことに気づいてください。たとえそうであったとしても、あなたは、嫌なことを受け入れるよう呼びかけられてはいません。ただ、「嫌なものは嫌だ」ということを受け入れるよう呼びかけられています。自分の感じていることを受け入れたときだけ、あなたは真に応じることができ、善悪の区別をつけずにいられます。そうなって初めて、平和が宿る場所からあらゆることに対処できるようになります。

8.5 何かに対して「嫌だ」と思っていることを受け入れることで、判断が生じるでしょうか。豆が嫌いだからだといって、豆を批判しますか。一方では、あらゆる状況に翻弄されていることを受け入れているのではないですか。嫌な仕事についてはどうですか。仕事は嫌かもしれません。実際に、仕事が嫌だとよく嘆いているかもしれませんが、それと同じくらい、仕事を受け入れていることを語ってもいるでしょう。実際には嫌いな仕事であったとしても、それが必要なときもあるでしょう。けれども、「その仕事が嫌い」という単純な真実を受け入れることで、あなたは、外側の状況ではなく真の自己を受け入れ、自分の今いるところを受け入れてきたのです。この受容の話は、外側ではなく内側の話です。わたしたちは、「自分で変えられないものは受け入れなさい」などという古い格言や祈願の言葉について話しているのではありません。ただ、無条件に、全面的に真の自己を受け入れる話をしています。

8.6 しかし、「自分の仕事が嫌い」という発言は、その仕事をあらかじめ判断し、昨日嫌だった状況が今日も続くことを想定しています。

8.7 あなたは、少なくとも無意識に、真の自己が、「嫌い」という感情を持つはずがないと思ってきたかもしれません。そのように混乱していたため、理想的な自分になるべく嫌なものでも受け入れる努力をして苦しんできたのかもしれませんが、今のあなたは、自分の思い描く理想の自分ではありません。理想の自分だけを受け入れるなどということは不可能です。それはナンセンスだと思いませんか。

8.8 変化をもたらす力はすべて、受容から生まれます。その力は、「物事」を受け入れることではなく、今の本当の自分を受け入れることから生まれます。こうなって欲しいという望みを受け入れるのではなく、今のあなたのあり方を受け入れることから生まれます。人生では、時間をかけて変化する物事も多々ありますが、この革新的な受容で瞬時に変わる物事も数多くあります。今を受け入れる練習をしていくと、実は、嫌なものはとても少なく、自分が今ある関係性の中で、今なお応じていることがわかるでしょう。

8.9 うわさ話がわかりやすい例です。うわさは、さまざまな環境で起こります。あなたがうわさ好きである可能性は非常に低いと思いますが、「うわさ話は好きではない」という発言は、うわさ自体を非難する発言に感じられたことがあるでしょう。また、あるがままに受け入れるということは、うわさ話をしている人々をも受け入れることなのだと思ったことがあるでしょう。こうした受容に関する誤った考えが、あなたの真の感情と真の応答を妨げてきたかもしれません。しかしその都度、うわさ話が嫌いであることをシンプルに受け入れることで、あなたは、うわさ話に参加せず、批判もせず、いられるようになります。そして、受け入れられないものを受け入れている振りをすることもなくなります。

8.10 あらゆる状況が、この例ほどたやすいわけではないでしょう。受け入れるために、具体的な行動は要りません。ただ、本当の自分を受け入れることがまったく苦ではなくなるとき、真の自分と一致した行動へと導かれます。しかし、そのような最終的な結果は、あなたが内側で受け入れなければ起こらないものであることを理解してください。

8.11 受容だけが、真に判断を防ぎます。受容するには、兄弟の看守になるのではなく、あなた自身の看守になることが必要だからです。そして、自分を非難することなく、自分を知る必要があります。

8.12　自分の嫌いなものを知ることで、あなたは我慢ならない状態になるでしょうか。これは大事な質問です。あなたは自分自身に我慢ならない状態だったため、それを他者へ延長するのは容易でした。いったん真の自己を受け入れ始めると、我慢ならない自分とは、恐れている自分のことだとわかるようになります。愛の内側で自分を受け入れることで、他者を受け入れられるようになります。ここで述べている「嫌い」という自分の感情を知ることが、受容の最初の段階であり、初めの一歩です。自分の感情に我慢ならないあなたにとって、その感情を知ることがまず大事です。

8.13　真の自己が耐えられないものは幻想だけであること、そして耐えられないからこそ、幻想と闘うのではなく、真実だけを見るよう言われてきたことを思い出してください。ですから、うわさ話をしている人たちを見たときは、その幻想の向こうにある、本当の彼らの真実だけを見るよう呼びかけられています。うわさ話の内容が「事実」に思えても、その向こうにあるもの、つまり、うわさを大きくさせている恐れの向こうにある愛を見るよう呼びかけられています。愛が、恐れを一掃します。あなたは、彼らの行動を軽蔑し、うんざりしてそこから立ち去るよう呼びかけられているのではありません。現在ある関係性の中で、本当の自分を受け入れるよう呼びかけられています。

8.14　そのような見方でさえも、そう見ることから生まれる感情を受け入れなければ、そうした見方に付随する正義のような感情を、残像物として残すことになるでしょう。あなたがうわさ話を嫌いな理由は、うわさ話に参加した過去やうわさ話の犠牲者になった過去があるから、という場合もあるでしょう。あなたにとって、うわさ話は、いまだに羞恥心や苛立ちを呼び起こすものかもしれません。もしうわさの話題が十分に興味深いものであれば、今でも好奇心をそそられるかもしれません。うわさ話にまつわる感情を受け入れずに、「うわさが嫌い」ということだけを受け入れ、そこから立ち去ろうとすれば、新しい自分のために自ら設定したルールや考えを作り出すことになります。もしそうであれば、あなたは本当の自分として行動する自分を見出すのではなく、あらかじめ設定したルールの基準に固執した自分を見出すことになるでしょう。実際には、批判する行為に戻ることになります。それは、あなたがあらかじめそう決めているからです。「仕事が嫌だ」と言っていたときのように、あなたは引き続き、それを嫌いで居続けると決めているからです。間もなく、あなたはうわさ話ばかりしている人たちを見て、彼らはその都度あるがままの状況を観察して応じるのではなく、「ただうわさ話をしているだけなのだ」と思えるようになるでしょう。

8.15 うわさ話をするという行為を、我慢ならないものという考えやルールを用いて見れば、すぐに耐えられなくなるでしょう。そして、うわさにまつわる自分の感情に向き合うことなく、あらかじめ決めたルールを基準に行動するため、自分が話すときにわずかながらもうわさ話が出たりします。うわさ話とは別の形や、うわさ話よりもさらにひどい形で出ることもあるでしょう。あなたは、誰かが言ったこと、誰かがやったことをため息をつきながら話し、その人はまだまだ「進化」していないと言ったりします。でもそんなあなたの話は、あなたこそ、あなたが思っているほど「進化」していないことを表しているに過ぎません。

8.16 現在において、自分を受け入れ、確信とは何かを理解することが大事です。前もって好きか嫌いかを決められないように、あらかじめ確信するかどうかを決めることではできません。その瞬間の自分の感情を認識することが、確信へ至る唯一の方法です。ですから、「うわさ話が嫌だと確信している」「仕事が嫌だと確信している」「豆が嫌いだと確信している」のような「確信」の使い方は、不適切です。こうした表現は、過去の「確信」の使い方と同じかもしれませんが、言い回しと状態を混同すべきではありません。あなたは、その類の「確信」を取り除けば、前よりも自分が不安になってしまうと感じるかもしれません。確かにあなたは、自分の判断や意見に対しては以前より確信を持てなくなりますが、それは、真の確信を得るためには大変ふさわしく必要なことです。

8.17 感情については、あまり話してきませんでした。それには理由があります。自分の幻想の感情を受け入れてしまうと、エゴの思考体系の恐れやハートの恨みによって生じた感情を受け入れることになります。つまり、過去のレッスンをまだ取り消していない、かつ高次に向けて歩み出していない、個の自分の感情を受け入れることになります。しかし今は、この現在において、あるがままの自分を受け入れることが極めて大事です。そうすることでのみ、本当の自分を全面的に受け入れ、融合した真の自己と形ある自己が一つとなり、その結果、形ある自己が高められるからです。あなたはこの方法でのみ、崇高な形ある真の自己を表現するようになります。現在において欠かせないものとは、アクセスと表現をすることです。

8.18 一見、悟りへ向かうような高次への道のりを選び、自分の感情を否定すると、別の過ちが生じます。あなたは、自分の感情を否定することで、他者の感情をも否定しがちになります。そして、非実在のものを見て、実在するものをわかった気分になったり、幻想を見て、真実を知った気になったり、まるで他者の感情はどうでもよいものかのように否定したりします。こうしたことが起こるのは、唯一、否定することを自分に認め、自分の感情から距離を置くときです。

8.19 幻想の向こうの真実だけを見るよう求められているというのに、他者の感情を受け入れなさいと言われることは混乱を招くでしょうか。そんなことはありません。真に思いやる心が真実だけを見ているとき、それは、真実に従って生きていない人や、幻想を生きている人たちの感情を無視しているという意味にはなりません。そうした無視は、穏やかに暮らす人たちが駆られる衝動であり、以前話した心地よい衝動とは異なります。この場合の衝動の源は、一つだけです。今を生きていないことです。自分の感情から離れ、自分の気持ちを受け入れていない状態は、今を生きていません。そのような状態は、思いやりとは異なる態度を生み出します。だからこそ、ここでは嫌いなものについて具体的に話しています。あなたは、好きなものや自らよいとする感情は受け入れやすいですが、自他の嫌いなところは受け入れない傾向にあります。そして折に触れ、先ほど話したように、自分が受け入れないことに対して誤った確信を持つ傾向にあります。

8.20 誤った確信を持ってしまうとき、あなたは真の自己を見ていません。その瞬間の感情に現れる真の自己の神聖さを見ていません。ただ、より進化しているはずの真の自己の未来を見ています。今の自分が忌み嫌う怒り、心の傷、恨み、罪悪感が、感じられないほど十分に進化した真の自己のいる未来を見ています。あなたは、自分の「基準」を他者にも押しつけます。したがって、受容の時期にふさわしい「基準」とは、受容すること以外にないのです。

8.21 あなたは、もはや自分の感覚を恐れる理由がないことに気づかなければなりません。その瞬間の自分の感情を受け入れ、持って生まれた真に応じる能力を自覚し始めると、過去の誤った導きが源になることはありません。現在において、自分の感情を受け入れたからです。これが、今を生きることであり、自分の感情が真実から生じていることを知るということです。それが「確信」であり、唯一、過去のパターンによって生じる感情という名の「反応」を防いでくれます。

8.22 あなたの中に怒りが湧いたとしても、それは怒りで反応していたかつてと同じく、今もまだ、あなたが反応しているという意味ではありません。あなたがおかしいとか、スピリチュアルでないとか、そういう意味ではありません！　ただ、怒りを生じさせた状況や関係性と関わっているというだけです。感情そのものに本当の自分が現れるのではなく、その感情を表現するときに、本当の自分が現れます。感情は、身体によってもたらされます。身体は、真の表現にたどる手段として、あなたの活動の一端を担います。

8.23 わたしたちは、融合した真の自己と形ある自己を一つにするために取り組んでいるということを常に心にとどめておいてください。形ある自己を否定することはできません。これは引き続き、第二部の解説Ⅳで取り組み始めた、自分に関する考えを逆転させていく取り組みです。

8.24 第二部の解説Ⅳ第二章で、あるがままに観察する力について述べた箇所を繰り返します。「これは、あなたに示された道に兄弟姉妹が従ったらどうなるかという可能性を見るものではなく、あらゆるものをあるがままに見るためのものです。あるがままに見る力によって、あなたは兄弟姉妹と分離するのではなく、彼らと融合します。この融合がなければ、力はないということです。あなたは真の彼らを見ることしかできません。あなたはあなた自身の力を知っています」

8.25 どんな形であっても、受け入れないということは、分離です。

8.26 あなたは覚えているかもしれませんが、可能性という考えはエゴの思考体系から生まれるもので、それは真の自己を隠します。あなたは、満足のいかない過去の自分や、可能性のある自分、夢でしかない未来の自分を隠すことに慣れています。エゴの自分こそ、世界に見せて大丈夫な自分であり、世界に受け入れてもらえると思っていた自分でした。今でもそんな自分でいるのなら、あなたはまだ、受け入れていない状態にあるということです。たとえ今、どれほど穏やかな気持ちであったとしても、それは長く続かないでしょう。あなたの経験した融合へのアクセスもまた、長くは続かないでしょう。あなたが、受容の時期を選択していないからです。

8.27 わたしは、今の時期を融合の時期と受容の時期という二つの呼び名で呼んできました。まだ完全に受け入れる必要があるとき、融合のみに焦点を当てることはできないからです。もしそうするなら、あなたは継続する状態には達しないでしょう。あなたが嫌いな状況や感情は、融合からあなたを呼び戻し、分離へと向かわせます。何かを受け入れない感情によって導かれる先には、嫌なものを受け入れる「方法」や好ましい状況を作り出す「方法」を学ばなければという、必要に駆られた思いがあるはずです。わたしたちが目指す先は、学ぶ時期の役割とも言える、こうした「方法」を回避することです。

8.28 嫌なものを受け入れる方法を解き明かそうとして堂々巡りをせずに済むことが、どれほどの自由であるか気づいてください！　もはや、そんなことはしなくてよいと知ることは、どれほどの解放でしょう！　自分の感情をすべて受け入れ、どれが本当の思いで、どれが誤った思いかを悩まなくていいとは、何という開放感でしょう！　自分にはもはや、誤った感情はないと知るとき、そして自分の感情が間違った方向へ自分を導くことはなく、ただ自分を支えてくれるものだと知るとき、どれほどの開放感を味わえるでしょう！　感情はただ、真の自己を表現するよう呼びかけてくれているだけだと知ったときの開放感は、どれほど大きなものでしょうか！

8.29 自分の感情に従えば間違えるという考えを、すべて取り消しましょう。それは、新しい思考体系ではなく、古い思考体系の考えです。そのような考えは、学ぶ時期が長引いていることから生じています。あなたは学んでいる間、感情、意見、判断という言葉を区別せずに使っていました。その時期は、どう反応すべきかを知ろうとし、感情、意見、判断について考えるのか、または、考えずに反応した結果に苦しむのか、そのどちらかでした。けれども今は、判断を忘れ、意見が要らなくなり、どう反応すべきかを考える必要もなくなりました。「反応」は「応答」に置き換わり、入念に築き上げられた精神構造は、真の表現によって置き換わりました。今そう感じていないなら、それは、あなたが新しい自由を楽しむことを自分に許可していないからです。真の自己で生きる自由を楽しむことを自分に認めていないからです。

8.30 この自由を今、大事に受け止めてください。

九日目　解放

9.1　欲求からの解放、欠如からの解放、抑圧からの解放こそ、わたしたちが今、この山頂のリトリートで満喫することです。わたしたちは、日常から逃れてはいませんが、リトリートという安全な休める場所にすでにたどり着いています。ここでは、それまで感じていた不自由さはありません。わたしは、あなたのためにある、過去からの避難所であり、今という瞬間への入り口でもあります。あなたは、幻想の自由しかなかった異国の地を抜け出し、わたしたちが受け継いだ約束の地へたどり着きました。

9.2　さあ、この到着を堪能しましょう。あなたは真の自己に戻り、本当の生家へと戻ってきました。笑って泣いて叫びましょう。歌って踊りましょう。新しい物語を紡いで、自由の物語を伝えていきましょう。

9.3　つまり、本当の自分を表現してください！

9.4　自分の感覚に自信を持てないあなたへ、自分の応える力を信じられないあなたへ、新しい自由をまだ感じていないあなたへ、自信を持つことを自分に認めてあげてください。自由に統治してもらってください。あなたがそう認め、選択し、許可を与えれば、そうなるからです。あなたを止めることができるのは、あなただけです。あなたに必要だった唯一の許可とは、あなた自身からの許可でした。

9.5　わたしたちはここで、ひどく欠如しているあなたの自信を育んでいきます。わたしたちが話している自信とは何でしょうか。それは、本当の自分になることへの自信です。形ある自己が高次へ上昇しようとしている今、その自信は、真の確信を得る前になくてはならないものです。融合から生じる確信は、形ある自己の自信とは違います。形ある自己が高次へ上昇するためには、その両方が、同時に実現していなくてはなりません。形ある自己が自らの表現力に自信を持てないとき、融合による確信が何の役に立つでしょうか。融合から生じる確信を表現することが、崇高な形ある真の自己の目的です。多くの人が、マインドとハートから生じる確信を得ていますが、それを形で表現していません。

9.6 自由とは、表現の自由に他なりません。あなたのマインドが考える自由と、ハートが感じる自由は、誰にも止められるものではありません。しかし、マインドの考えることやハートが感じることを表現する力を奪えば、自由はなくなります。それでも、自分の自由を守るために恐るべきものは、外側にはありません。そこには、自分に表現する自由を認めていないあなた以外には、誰も何も存在していません。

9.7 たった今聞いた、この真実に気づいてください。あなたは、表現する自由を自分に認めていないことは承知していますが、考える自由と感じる自由については、自分に認めていると思っています。しかし、真実を言うならば、本当はその二つすらも認めていないことをわかっているはずです。あなたは、自分で自分の考えや感情を精査し、受け入れるものと受け入れないものを選別していることを知っています。自分が感情を抑えていること、自分は不十分であると思い込んで生きてきたこと、欲求からの解放を知らずにきてしまったこと、こうしたすべてをわかっているのです。

9.8 わたしは今日こそ、あなたに自由というものを知ってもらいたいと思っています。

9.9 あなたが抱いているかもしれない理想の自分という、不適切な考えについてじっくりと考え、今日という日を始めましょう。

9.10 理想の自分という考えは、どこから生まれたのでしょうか。善悪の考えや宗教的な信念が源になって生まれたのかもしれません。あるいは、憧れの人物や、あの人のようになりたいと思わせるスピリチュアル界のスーパーヒーローから生じているのかもしれません。あなたの理想の自分像は、世界も認める悟りを開いた人物について読んだ話や、その描写から生じているということもあるでしょう。そのイメージは、あなたが思い描く、叡智や思いやりを表現できる状態と通じているのかもしれません。あなたのマインドにある理想の自分像は、どんな形であれ、イメージでしかありません。自由を実現するのなら、そんなイメージは一掃しなくてはなりません。

9.11 先ほど述べたように、あなたが抱くイメージはすべて、誤ったイメージです。理想像と同じく、どんなイメージも誤っているのではないでしょうか。誤った偶像を持たないことが、古代の掟でした。理想のイメージは、まさに偶像です。それは、実在していない象徴に過ぎず、あなたのマインドの中で形を持つだけで、実体はありません。理想のイメージを実現させることを目指したりゴールにしたりすると、誤った神を作り出します。

9.12 理想のイメージは、たとえどのように作り出されていたとしても、学びの時期の産物であることに気づいてください。それは、学ぶ過程を通して、あなたのマインドの中でイメージとして出来上がったものです。おそらく、あなたのハートの内側においてでさえも、それはイメージとなっているでしょう。そんな理想のイメージは、善悪、道徳、宗教的信念を学ぶ中で生まれました。さらに、欠如の知覚、探求、比較からも生まれています。

9.13 そうしたイメージは、別の意味でも、学びの時期と密接に結びついており、まさに学びの縮図と言えるでしょう。あなた自身も、ずっとそれが学びの目的だと思っていました。他の学習目的はなくなったかもしれませんが、この理想のイメージを獲得するというゴールは、努力に値するものに感じられ、数ある幻想のゴールの中でも真のゴールのように見えます。あなたは、一生懸命頑張れば、職業的地位や物質的富を得られると思ってきたように、十分に努力し、神の祝福や幸運に恵まれたなら、いつの日か理想のイメージに達するだろうと思ってきました。

9.14 しかしそんなイメージは、あらゆる世俗的な目標と同様に、幻想の産物に過ぎません。

9.15 学びの時期のほとんどの目標と同様に、そのような理想のイメージは、エゴの身勝手な目標であり、目の前の未来にエゴがぶらさげた、実現という名の餌に過ぎません。それは、エゴのあらゆるメッセージと同じく、あなたは十分ではないと告げます。

9.16 「可能性」という概念は、学びの手段として役立つものであり、それは、ホーリースピリットとエゴの両方の目的に役立ちました。可能に思える自分像を超える能力や「可能性」という概念は、真のアイデンティティを取り戻す学びへあなたを導くためには、必要な手段でした。けれども、そのような手段を使う時期は終わりました。

9.17 自分以外の誰かになろうと努力しているあなたが、どうして真の自己を実現できるでしょうか。探していたものが見つかれば探求が終わるように、やり遂げることで努力は終わります。

9.18 理想のイメージはルールと同様に、あなたの思考や行動を司るものです。それらはすべて、あらかじめ決められたものです。

9.19 「進化した人たち」「悟った人たち」といった考えもまた、あなたの思考や行動を左右するものであり、あらかじめ決められたものです。

9.20 このような言葉の使用を完全にやめることはできません。例えば、「高める」という言葉と同様に、わたしたちは今でもまだ、「進化」や「悟る」といった言葉を使う必要があります。しかしあなたは、こうした言葉の使用が、事前に決める行為を引き起こすものではないことを理解しています。わたしたちは、前もって決めない状態を目指しています。もしあらかじめ決めた理想の状態を目指していると思うなら、ここでの取り組みは上手くいかないからです。そのように思うということは、あなたが真の自己を自分として受け入れていないということだからです。真の自己を自分として受け入れなければ、あなたが、イメージを持つ状態から、その存在として生きることへ移行することはありません。イメージの状態から生きることへ移行しなければ、あなたが自由を実現することはないでしょう。そして、自由を実現しないなら、あなたが自分の力に気づくことはないでしょう。

9.21　イメージを「代表」するということは、そのイメージに「なる」ということです。イメージになるということは、たとえそれが理想像であったとしても、誤った偶像になるということです。これは、一般的な霊的指導者やグルと言われる人たちにも言えることです。真の霊的指導者やグルたちは、霊的指導者やグルとして見られたい、そう見られなくてはならない、という思いを持っていません。彼らのイメージは、大抵、彼らの教えに従おうとしている人々のマインドの中でのみ作られます。イメージを受け入れたいという追随者たちの思いは、それほど蔓延しません。しかし、そんな思いがあること自体が、追随者たちに共通する危険と言えます。

9.22　イメージによってなされること、それが、分離です。イメージを胸に抱く人は、まさにそのイメージをゴールにしているので、自分を分離させたままにします。彼らは、自分が崇拝する人物と自分が同じであることに気づいていません。その人物と自分が違うということだけを知っています。彼らは、同じになりたいと思うだけで、すでに同じであるとは思っていません。そのため、異なる点を祝福せず、贈り物であるはずの同じところや相違点を世界へ示すこともなく、ただ理想に達する日を待ち続けます。

9.23 あなたは、あらゆる悟った先人たちと同じであり、彼らと同様に完成されています。それに気づくまでは、自分がすでになし遂げたことを、自分独自の方法で表現することはありません。

9.24 あなたの解放は、自分のイメージを手放すあなたの力にかかっています。特に、理想の自分像を手放せるかどうかにかかっています。あとは、自分がすでに理想の自分であることを受け入れる力にもよります。あなたが理想の自分像を手放せるか否かは、今ここで不完全に思える自分を理想の自分として、そのままを受け入れられるかという力にかかっています。

9.25 あなたが不完全と思う部分こそ、あなたが他者とは異なる点なのではないでしょうか。わたしたちは、それはあなたに与えられた贈り物だと話しませんでしたか。授かった才能やインスピレーションによるアイディアだけでなく、あなたに与えられたすべてが合わさり、あなたの完全さと神聖さを創造しています。同じであることだけを望む創造者は、これほど多様な世界を創造しなかったでしょう。あなたは、この多様性を創造した創造者です。多様性とは、これまでも今現在も、表現という美をあらゆる形で放つための選択です。あなたには、与えられた形があり、それは、あなたの美と真実を表現するためには完璧なものです。けれども、他者の美や真実を表現することはできません。未来の自分の美や真実を表現することもできません。あなたに表現できるものは、現在のあなた自身の美と真実だけです。そして、あなたはそれを行っています。あなたは、自分がそれを行っていることに気づいていなかっただけです。あなたは、それを行うことは望んでおらず、他のことをしたいと思っていました！　つまり、ただ待っていたい、学んでいたい、模倣していたいと思っていたのです。

9.26 願いが変わると、何が起こるでしょうか。自由が実現するかもしれません。

9.27 あなたの美と真実の表現を止められるものは、ありません。エゴでさえも止められませんでした。あなたは、あなたの美と真実を表現せずにはいられない形ある世界に生まれました。あなた自身が、美と真実の表現、そのものです。あなたは、生きることであなたの美と真実を表現しています。唯一、それを受け入れられなかったことが、あなたの悲しみと自己疑念を引き起こしていました。ある意味、同じであることを求め、他者と異なる点を贈り物とは思わない学びを実践してきたことで、己の美と真実を表現する能力が、あなたの中で損なわれていました。

9.28 そうした学びの実践はどれも、物事や自分はこうあるべきだという、誤ったイメージから生まれていました！ そのような実践は直ちにやめるべきだという、この緊急性がわかりませんか。

9.29 今あなたがすべきことは、喜び、美、表現の真実を見るために、幼い子供を見ることかもしれません。かつてはあなたも幼い子供でした。あなたは、今でもそのときと同じあなたですが、今のあなたは、表現の自由が損なわれている状態です。ただ、損なわれていても、完全に消え去ってはいません。

9.30 さあ、本当の自分になって、その自分を表現したいという願いを湧き立たせるためにも、あなたに自由と意志を取り戻してもらわなければなりません。

9.31 そうなるための大事な一歩は、理想の自分という虚像の偽りを暴くことです。神のような自分以外の誰かを理想像として設定すると、あなたは、求めているすべてを自分の外側に設けるか、今の自分には届かない場所へと押しやることになります。

9.32 あなたは、より大きな自分と多くのものを目指すために、自由を望んで何がいけないのかと問うかもしれません。必死に努力する自由、やり遂げる自由、取り組む自由、目標を実現する自由といった、そんな類の自由がなければ、人生は何のためにあるのかと問うかもしれません。それは偽りの通念であって、真の自由を知りたいのなら、その通念を打ち砕かなくてはなりません。真の自由は、自分がその類の課題を今でも求めている、あるいは求めていると思っている、と気づくことから始まります。そう気づくことで、その課題があるだけの状態となります。あなたが課題を求めるのは、過去にしてきたことと同じだから、という理由に過ぎません。あなたは、一つの課題から別の課題へと素早く渡り歩き、やっと大きな課題を終えました。ですから、今のあなたの自然なパターンとは、再び別の何かをなし遂げるために、その大きな課題で得た勢いのまま進み続けていくというパターンです。

9.33 しかし、そのようなパターンは、あなたが、あるがままの自分とこの時期の真の課題を受け入れて自信を育めば、容易に取って代わられるものです。融合と融合へのアクセスこそ、あなたが確信するものとなります。自分の力を信じてください。融合した真の自己と一つになった、形ある自己の力を信じてください。それが、あなたの自信です。その二つが合わさり、初めてあなたの力が放たれます。

十日目　力

10.1　力とは、原因と結果に「なる」能力のことであり、原因と結果である愛の力を活用する能力を指します。それは、形が持つ性質であり、融合が持つ性質でもあります。形とは、創造力を最大限に表現したものです。形を役立てる際に創造力を活用することが、創造力を広げる次の段階です。それが、崇高な形ある真の自己の力です。

10.2　なぜ融合による確信が、形ある自己の持つ自信と一体にならなければならないのかわかりますか。確信している状態とは、その力の存在を知っている状態です。自信があるのは、その力に頼っている表れです。自分の力に頼るというのは、形ある自己と融合した真の自己の間にある、つながりに頼るということです。そのように頼ることで、二つの自己は一つになり、境界線や分離が姿を消します。

10.3　以前、固い信念と意志について述べたとき、十二使徒のように、原因と結果を経験しようとする意志から固い信念が育まれるようにしましょうという話をしました。わたしからあなたへの今のお願いは、固い信念を持つ状態から、信頼する状態へ移行する意志を持って欲しいというものです。これは、維持しようとする状態から、継続させる状態へ移行するお願いと同様のものです。わたしはあなたに、維持することと継続させることの違いを知ってもらったように、固い信念のある状態と信頼する状態の違いを知ってもらいたいと思っています。そして同様に、固い信念のある状態から信頼する状態へ移行する動機を授けたいと思います。

10.4 固い信念を持つことは、信念そのものはもちろん、あなたが克服した、信念のない状態と関連しています。しかし、信頼することは、信念そのものはもちろん、誤った信念の克服とは関連していません。したがって、あなたは信頼することで、信念の必要性から解放されます。確信とは、一切の疑いがない状態、かつ、疑う必要性を知覚することすらもない状態を指します。

10.5 学びの時期を思い返してみましょう。あなたは、信念を持たなくてはならないと感じ、自信を持つ上で大事な安心を求めたように、疑う必要性を感じていました。そのような必要性は、あなたの感覚と結びついています。ですから、自信を持つ、信頼する、確信する、という考えと関連させて、感覚についてもう一度話しましょう。

10.6 自分の感覚に対する信頼が、自分自身への信頼へと導いてくれます。あなたは、融合にアクセスしてその状態を保つ方が難しいと思っていますが、ほとんどの人々にとっては、そうではないでしょう。融合から生じる確信は、少なくとも初めのうちは、自分ではないところから生じているように感じられるからです。確信は、どこか他の場所から、あるいは形ある自己を超えた場所からやってくるように感じるため、あなたはそれに対して無意識に大きな信頼を寄せます。それが確信という形でやってくるからこそ、自分ではないどこかから、つまり、形ある自己を超えたどこかからやってきたものだと思うのです。

10.7 自信のある状態や、自信のない状態へと導く感覚について話すとき、直感という概念を考慮すると、もっとも簡潔に伝えられるでしょう。あなた方は皆、直感を知っています。誰にでも、直感を感じた瞬間があるでしょう。特に理由もなく、やろうと思っていたことを、しない方がよいと感じたことがあるでしょう。その直感を信じ、あとになってから、予定通りそれをしていたら、事故など何らかの望ましくない出来事が起こっていただろうと思ったことがあるでしょう。直感に従うことが正しいという証明は一切ないにも関わらず、まるでそう証明されているかのように感じたことがあるでしょう。あるいは自分の直感を疑い、事後になって、あのときの直感を信じていればよかったと振り返ったことがあるでしょう。

10.8 こうした直感は、感覚としてやってきます。ただ、必ずしも確信と言える感覚でやってくるわけではありません。自信を持って直感に応じるときもあれば、自信のないまま応じるときもあるでしょう。

10.9 別の例もあります。直感は、警告ではなく、いわゆる直感的にパッと真相を見抜く洞察力としてやってくることがあります。そんな直感がきっかけで、点と点がつながったりします。例えば、科学的な問題や恋人同士の曖昧な問題などでも直感が鮮やかに働くことがあります。

10.10 この類の直感は、感覚というよりは考えでやってくるように感じられます。とはいっても大抵は、そうした考えに対するあなたの感覚によって、その考えに対するあなたの行動が決められています。あなたは自分の直感を信じますか。それとも疑いますか。

10.11 あなたの一番信じてきたものは、理性的な考えです。あらゆる感覚が、理性的な考えとは異なるように、直感もまた、理性的な考えとは異なります。あなたは、自分の感覚を、五感を通してやってくるものととらえています。理性的な考えを信頼しないときのように、あなたは、自分の感覚を信じてきませんでした。この信頼の欠如が、あなたのためになる場合とならない場合があります。あなたのためになる場合とは、いわゆる理性的な考えに抵抗や拒絶を示さないときのように、すでにある信頼に対して、抵抗や拒絶を示さなくてよい場合です。自分の感覚を信じられないことがあなたのためにならない理由は、あらゆる感覚には、あなたが言うところの直感的知識や洞察をもたらす力があるからです。そんな直感的知識や洞察を信頼できないことこそ、あなたが克服すべきことです。

10.12 感覚は、形ある自己の生まれ持った知から生じます。一言で言えば、身体から生じます。身体は与えられた形であり、学びの時期に学ぶための完璧な乗り物でした。その身体が今、崇高な形ある真の自己を実現させるための完璧な乗り物に変わろうとしています。その変容の間、わたしたちはあるがままの現状と、新しいものと、忘れていたものに向き合って取り組みます。だからこそ、融合から生じる確信を自覚して受け入れることは、それに伴うべき形ある自己の自信を自覚して受け入れることよりも容易だろうと述べました。わたしたちは、形ある自己の自信を育み、今までなされていたことに新しいやり方で取り組んでいきます。学びの時期の頃からあなた方も知っているように、大抵の場合、従来の方法とは異なる方法で何かを身につけることの方が、まったく新しい何かを行うことよりも難しいものです。新しい方法でなし遂げる前にまず、古いパターンや習慣がなくならなければならないからです。

10.13 これは、イメージを持つ状態からその存在として生きることへ移行する話や、この対話の最初に述べた自己イメージの話とも関連します。あなたは今も、自己イメージを持っていますが、個の自分の感覚に対して、正しくない考えを持っています。自己イメージが、過去と過去の感覚に基づいてあなたの考えを作り出し、単なる考えのみならず、あらゆる思考、信念、イメージを構築するからです。

10.14 あなたは過去、自分の感覚に誤って導かれたと思っているため、いまだに自分の感覚を疑います。これまで自分自身を疑ってきたため、今でも自信や自分の行動力を感じる前に、自分が正しいという証明や安心させてくれるものを探し求めます。行動する前に知っておくことは懸命ですが、自分の感覚を疑ったり、知っていることの証明を外側で探したりすることが、自分の自信や確信につながると思うのは愚かです。

10.15 一度立ち止まって、融合から感じる確信と、形ある自己が感じなくてはならない自信について考えてみましょう。さらに、自分以外から生じる確信というものについても、よく見ていきましょう。融合した状態のイメージやわたしのイメージを含め、あなたは、「いまだに自分以外の誰かや何かに依存している」ということに気づいてください。あなたは、融合するよう求められてきましたが、融合した状態について、それが自分から離れたところにあるイメージを今でも抱いています。わたしは、教師の役割を降りて、あなたと同等の存在としてこの対話をするようになりましたが、あなたは、今でもわたしについて、自分とは違う存在だというイメージを抱いています。そうしたイメージを抱いている間は、あなたが全面的に真の自己に頼ることはありません。

10.16 わたしは、あなたに、固い信念を持つ代わりに頼るよう呼びかけたとき、「外側のものを信じる代わりに真の自己に頼りなさい」と言ったのです。

10.17 このコースでは、なぜ真の自己に頼ることが受け入れ難いのか、その理由を学びました。エゴを取り除いて個の自分を否定することを学ぶとき、あなたはわたしを信頼し、融合を心の拠り所とする状態へと移行しました。そのときには、そうする目的がありました。しかし、今は、融合した状態やわたしから離れていない完全な状態へ戻るよう求められています。

10.18 あなたは、キリスト意識とイエスという人間を区別し、真の自己と、男や女である自分を区別してきました。そのように習得したものを忘れ、あらゆる区別をなくすよう求められています。学んだことを忘れ、知っていることに気づくよう呼びかけられています。

10.19 ですからここからは、わたしはキリスト意識の声として、あなたの真の意識の声として、わたしたちが真に分かち合う意識の声として、あなたに語りかけていきます。わたしは、かつて人間だった頃の意識の形を伴い、あなたのもとへ現れました。以前のあなたは、イメージを手放して存在する準備ができておらず、個人を捨てて普遍的なものに頼る準備ができていませんでした。外側のものに頼ることをやめて自分自身に頼る準備も、イエスを諦めてキリスト意識に頼る準備もできていませんでした。あなたは、自分と同様のチャレンジに直面した、基準となる「人物」を必要としていました。その人物と同じものが自分の内側にもあることに気づいていなかったため、その人と自分が同じだととらえることができませんでした。形ある真の自己が網羅すべきことは、あなたという人間とキリスト意識が同じであること、融合と存在が同じであること、個人と普遍的なものが同じであることです。

10.20 わたしはあなたに、「イエスという人物との関係性を手放してください」とは言いません。けれども、イエスが、キリスト意識を形で象徴したものに過ぎないことは受け入れてください。しかし、この対話の声が二千年前に生きたイエスの声であるというような、この対話とイエスを同一視する見方は手放してください。そのような見方をし続けると、この声が、あなた自身の真の意識の声、つまりキリスト意識の声だと認識できなくなります。けれども、この声が、二千年前のイエスを励ました声と同じものであると知ることは、今後この声が、崇高な形ある真の自己、つまりあなたを励ましていくものだと知るためには役立つでしょう。

10.21 わたしは、人とキリスト意識が一つになれることをあなたに知ってもらうため、ここでイエスとしてあなたに語りかけてきました。この特定の時空に男や女として生きているあなたも、キリスト意識と一つになれます。あなたは、あなた自身かキリスト意識か、そのどちらかというわけではなく、その両方でいることができます。わたしが、キリスト意識の声として、つまりあなたの真の自己として語るとき、あなたは、仲間や協力者としてのイエスを失ってはいません。むしろ、イエスという人物の中身をさらに知ることになるでしょう。この対話でキリスト意識につながるとき、あなたは真の自己を失ってはいなかったことに気づき、真の自己の中身をより十分に知ることになるでしょう。

10.22 思い出してください。あなたは、第一部の初めからずっと、あなたの求める答えはあなたの内にあり、答えの源はあなたの真のアイデンティティであることを言われてきました。このコースの初めから、キリストが再臨するときを迎えていることを告げられてきました。わたしたちがこれまで話してきたことは、こうしたステートメントが意味することに集約されます。今こそ、あなたと兄弟姉妹たちの内側で、これらの素晴らしい目標を一つにするときです。

10.23 わたしはまだ、あなたの進むべき道を示すためにあなたとともにいます。けれども、この対話を外側にある叡智ととらえるのをやめ、真の対話、真の分かち合いとして聞き、感じ取ることができると、あなたはさらに飛躍的に前進するでしょう。真の対話とは、やり取りを行う関係性を通して、真に分かち合うことです。

10.24 そのやり取りについて少し話しましょう。その話が、真の自己と自分の力を理解する鍵となるからです。この対話は、このような形を取っているため、一方的なものに思えるかもしれませんが、確かにやり取りであり、さらに進むにつれ、より色濃くなっていきます。わたしは、あなたの知らない叡智を授けるのではなく、あなたが忘れてしまったことをあなたに思い出させます。わたしが独白しているのではなく、わたしたち両者が、あなたも全面的に参加しているこの対話を行っています。わたしにとっては、この対話がわたし自身とあなた方から生じているように、あなたがこの対話で読むことは、あなた自身のハートと兄弟姉妹たちから生じています。本当のところは、わたしたちの融合と、わたしたちが分かち合う意識から生じています。この分かち合われた意識が、叡智の源です。意識は、融合と関係性の中で分かち合われるからです。

10.25 融合と関係性に関する大切な話し合いに進む前に、イエスとして、あなたと最後のときを過ごさせてください。感覚について、もう少し話していきましょう。

10.26 あなたが、今経験している感覚のための余白を、自分の理想像に自ら残した可能性は、極めて低いでしょう。だからこそわたしたちは、怒りや嫌いなものなど、理想の自分や崇高な形ある真の自己が、到底持つとは思えない感覚について話しました。

10.27 以前、わたしは、死後に関するあなたの考えを見直すように言いました。あなた方の多くは、死後について、魂が肉体から解放された平和なところだと考えています。しかし、亡くなった知人のことを考えるとき、その人が肉体の束縛から解放されて平和な場所にいる様子を想像できたとしても、生前と異なる姿を想像することは、あまりないでしょう。わたしが、崇高な真の自己を想像する方法を教えます。今とそれほど変わらないあなた自身が、肉体の束縛から解放されて、穏やかに過ごしている様子を想像することは、崇高な形ある真の自己を想像するためにも、よい方法です。

10.28 引き続き、もう少しこの話を続けましょう。生前の姿が懐かしく思い出される人が亡くなったあと、あなたはどのようにその人のことを考えたでしょうか。その人は、今の自分を見て喜んでいるだろうか、それとも悲しんでいるだろうかと思うことがあるのではないでしょうか。きっと愛する亡き人は、こんな世界情勢を見たくなかっただろうとあなたは頭を振り、その人が見なくて済んだことを幸運に思ったりするのではないでしょうか。形の有無に関わらず、あの世にいる亡き人は、きっとこんな世の中を嫌がるのだろうと、あなたは思うのではないですか。

10.29 偶像化された霊的指導者について考えるとき、彼らを世界の指導者ととらえてはいませんか。有能な指導者というだけではなく、世界で嫌悪される多くの状況に立ち向かう運命にある人だと思っていませんか。彼らも、苦しみを感じると思いませんか。彼らも、貧困に対して嫌悪感を抱くと思いませんか。人気の指導者に対抗して、嫌われ役を買って出るよう呼びかけられている指導者もいると思いませんか。聖人や天使に関するあなたの考えには、思いやりや情けという感情の概念が含まれていませんか。悪より善を、権力者より弱者を擁護する、そんな感情に基づく行動概念が含まれていませんか。歴史を振り返れば、そのようなことをした偶像たちでいっぱいではないですか。

10.30 わたしは、あなたも彼らのようになり、彼らのように行動してくださいとは言っていません。ただ、あなたが想像し得るあらゆるレベルで、感情や感覚が関わっていることを認めて欲しいと言っています。意識とは、あなたが自覚するものであり、あなたが考えるものではありません。あなたはもう十分に、自分の感覚に気づいています。

10.31 そうした感覚を受け入れるよう求められているとき、その感覚で何をするよう呼びかけられているのでしょう。受容と愛をもってその感覚に応えるよう呼びかけられているのです。わたしは人として、無力な人々の立場を取り、彼らに力を呼び戻しました。今もまた、それを行っています。あなた方が無力だからではなく、あなた方が力を知らないからです。他の何よりも、わたしの人生に関わっているものがあるとしたら、それは力です。わたしは、皆が己の力を知るための提唱者です。あなたは、わたしの主張は、わたしの生きていた時代における社会的声明だと思いますか。今が当時と同じであることがわかりませんか。

10.32 霊的指導者と呼ばれる人たちが、擁護または精査するよう呼びかけられている社会問題は、時代を超えた普遍的な霊的真実に根ざしています。あなたは、永遠で普遍的な霊的真実に対して、永遠で普遍的な霊的真実とともに、融合の内側で応じるよう呼びかけられています。けれども応じる前にあるはずの感覚がなければ、応じる行為は生じません！　うわさ話について話した際、比較的、害のない状況を例に挙げました。現在、世界が直面するさまざまな問題を語るとき、一見、極端な状況や過激な手段を要する状況について話さなければなりませんが、現在、求められる唯一の過激な手段とは、わたしの時代にわたしが求めた、過激な手段と同じなのです。つまりこれは、あなたの力を受け入れて欲しいという呼びかけです。

10.33 キリストの兄弟姉妹たちよ、社会的運動の理想的な目標など、一方だけを支持する行為に考えを向けないようにしてください。あなたの考えではなく、あなたの感覚に意識を向け、それに導かれる方へと進んでください。どこへ導かれても、あなた自身の力を受け入れることだけを心にとどめておいてください。どうかそれを覚えておいてください。愛の力は、原因であり結果です。愛の力が、あなたを本当の自分に戻し、かつ、あらゆる兄弟姉妹を本当の彼らに戻すことで、世界を変えます。それが、外側からではなく、内側から起こらなくてはなりません。変容は内側で起こり、外側の世界に影響を与えます。

10.34 あなたが頼るべき力は、原因と結果を創造して表現する真の自己の力です。つまり、愛の力です。

10.35 わたしは、このようなことをあなたに語るために、あなたの時代の問題を知る必要はありませんが、それでもわたしは知っています。あらゆる生命ある存在もまた、それらについて知っています。それらは皆、関係性の中で生きているからです。わたしが緊急を要するものとして述べた一部には、こうした問題とあなたの準備ができている状態に起因するものがあります。その二つの要因が合わさったのは、偶然ではありません。化学、技術、医学、軍隊のような、真の自己から離れて存在するものに頼る正当な理由がないとわかったとき、ようやく、新たに頼れる力が求められます。それは、他の力を求めていたときと同様の執拗さで求められます。それはすでに起きていて、わたしたちは今、その時期に直面しています。

10.36 世界が直面する問題の解決法と、世界で生きる人々の解決法は、互いから、そして、神から得るべく、最近までずっとばらばらに追求されてきました。今、ようやく融合が求められ、発見されたのです。

10.37 しかし、こうした問題が感覚から切り離されると、それらは依然として、問題であり続けます。社会的大義、環境的要因、政治的主張として残るのです。そうしたあらゆる問題の原因は、恐れです。唯一、愛という名の原因と結果が、恐れである原因に取って代わります。そして、あなたをも変容させる手段と結果によって、恐れという原因を変容させます。あなたが手段であり、結果です。それらは、世界の救世主となるあなたの力に内在し、そんなあなたの内なる力が世界を救います。

10.38 あなたもわかるように、最後にイエスとして話している今でさえ、大掛かりな計画を述べずに感覚を語ることは困難です。わたしは、この最後のメッセージで、あなたを慰めて安心させたいと思っています。どうか愛に包まれて、愛の感覚が、あなたの中を流れて、表現が見出されるままにしていてください。わたしは何よりも、あなたの幸せとあなたの平和を望んでいます。あなたが、自分の力を受け入れ、それらが実現されることを望んでいます。ただ、わたしはあなたを、そしてあなたが聞きたいことをよく知っています。あなたが長い間、より私的な方法で、自分の感覚が語られることを待ち望んでいたことを知っています。ですが、思い出してください。自分の感覚に向き合うためにあなたが望んだやり方は、どれも上手くいきませんでした。しかし、この方法は上手くいきます。

10.39 それが、あなたが受け継ぐことを約束された継承の秘訣であり、愛の贈り物です。わたしは、その愛の贈り物を与えるために現れました。そして、今あらためて、あなたに与えようとしています。祝福された兄弟姉妹よ、わたしたちは、互いと世界に対する同じ愛、同じ思いやり、同じ優しさを感じています。それが「融合」です。それがわたしたちを救い、世界を救うのです。

十一日目　キリスト意識

11.1 わたしたちは、一つの真の自己です。そうでなければ、わたしたちはどのように、わたしたちが与えるものを受け取れるのでしょうか。他にどのようにして、わたしたちの人生が、喪失ではなく獲得だけを経験できるものだというのでしょうか。わたしたちが一つでなければ、なぜわたしたちは己を知るために、己を分かち合わなければならないのでしょうか。

11.2 わたしたちは、一つのハート、一つのマインド、一つの真の自己なので、融合と関係性における分かち合いによってのみ、己を知ることができます。わたしたちは、わたしたちが存在するワンネスから一見分離しているものを通し、融合と関係性の中で分かち合うことができます。この大きな矛盾が、幻想の世界と真実の世界をつないでいないときでさえも、形の世界とスピリットの世界を結び、分離した世界と融合した世界をつないでいます。融合と関係性における分かち合いは、幻想の世界を見過ごし、形ある融合の真実と魂の融合の真実を見る手段です。そして、分離した自己を見過ごし、たった一つの真の自己を目撃する手段でもあります。

11.3 形ある自己が高次へ上昇することは、各々の真の自己の内側で、たった一つの真の自己を認識することに他なりません。

11.4 たった一つの真の自己は、融合と関係性における分かち合いを通し、各々が各々の真の自己を知るために、皆の内側に存在しています。

11.5 あなたが世界にもたらすべき恩恵は、唯一の手段と言える、融合と関係性における分かち合いによってもたらされます。関係性の中でのみ、自己のワンネスは、ワンネスから離れ、ゆえにワンネスを知ることになります。唯一、分離した関係性が融合して一つになることで、たった一つの真の自己は、観察する側とされる側になることができます。これが神の真実であり、形ある自己の真実です。そうした意味で、神はワンネスでもあり、分離でもあります。生命とは関係性のことです。神だけが存在しています。生命とは、己の真の自己との関係性のことです。

11.6 分離自体は無です。関係性によって、分離したり一つになったりするものだけが存在しています。それだけが、知ることのできるものだからです。無を知ることができないように、全を知ることはできません。それは不可能です。ですから、あなたは神を知ることができます。あなたは、己の真の自己との関係性そのものだからです。全を知ることができないように、分離を知ることはできません。分離した状態とは、実は、存在していない状態のことです。全であることは、存在を知らない状態にあるということです。関係性の中で存在するものだけが、真に生きることを知ります。ですから、関係性がすべてであり、真実です。関係性とは、意識のことです。

11.7 キリスト意識とは、関係性によって存在を認識する意識のことであり、神や人のことではありません。神がすべてであるという意識を認めるもの、それが関係性です。キリスト意識は、叡智やスピリットと呼ばれてきました。キリスト意識がなければ、神は、神ご自身を知らなかったでしょう。キリスト意識が、全と無を識別します。その識別があるからこそ、キリスト意識は形を帯びるのです。キリスト意識とは、己の真の自己との関係性にある、ワンネスを表現したものです。

11.8 生命は、あらゆる聖なる存在との関係性を織りなしてつなげる組織のようなものです。生命は、意識です。キリスト意識は、あるがままに認識し、あらゆるものとあらゆるもののつながりと関係性を認識します。それは、動き、表現、存在によって、知ることのできるものとできないものを一つにします。

十二日目　関係性で結ばれた広大な真の自己

12.1 さあ、感情に耳を澄ませ、それが何を伝えようとしているのかを理解しましょう。わたしたちは、ハートという、新しい耳を使って聞きます。感情を精査して、「利己的だ」「思いやりがない」「批判的だ」といった考えを認識します。深く見つめていくと、利己的で思いやりがなく批判的なのは、感情ではなく思考であることに気づきます。そう気づくのは、わたしたちの状態を表していると言える「聖なる空間」に気づくからです。その空間は、融合の空間です。そこは、思考の支配が認められていないので、穏やかな空間です。

12.2 周りの空気が目に見えて、あなたという形が目に見えないところを想像してみてください。目に見えないあなたという形が、目に見えるものに囲まれているところを想像してみてください。それが、キリスト意識にとっての現実です。意識は、身体によって具現化されているように思えるかもしれませんが、実は、その逆です。どんなときも、その逆が真実でした。今や身体は、意識によって具現化され、意識に包まれ、囲まれ、取り込まれていることを知る準備ができています。あなた自身の感覚が、その広大な空間の感覚器官となります。それは、視覚、聴覚、味覚、触覚ではなく、真の自己が持つ愛の感覚です。その愛の感覚が、真の自己の空間を広げ、存在させています。

12.3 キリスト意識と形の一体化とは、たった一つの真の自己による無条件の愛と、あなた自身の真の自己が一体化するということです。たった一つの真の自己は、己を愛しています。その他に愛するものはありません。たった一つの真の自己だけが、存在しています。

12.4 そのたった一つの真の自己の空間が、すべてです。そこは、形によって分けられたり、離されたり、占領されたりしていません。その空間だけが存在します。キリスト意識とは、あらゆるものが存在する空間です。

12.5 その無限の空間を移動することが、愛の表現であると想像すると、わかりやすいでしょう。あなたがすべきことは、真の自己に耳を傾けることだけです。真の自己は、今や感覚であり、意識の空間であり、形あるいかなる障害物にも妨げられません。

12.6 形ある障害物が、人であれ物質であれ、あなたの目の前に現れているように見えるとき、あなたにできることは一つしかありません。つまり、あの空間がかつての自分に取って代わったことを、思い出すしかないのです。あなた自身でもある、その空間の愛を感じてください。あらゆる障害物は、消えてなくなります。

12.7 形ある障害物はどれも、形ある世界、つまり知ではなく、知覚された世界にしか実在しません。キリスト意識が、知覚を知で置き換え、形を空間で置き換えました。

12.8 あらゆる形が障害と見なされるわけではありません。形は、知覚した者がそれを知覚したようにしか実在しないため、あなたの空間は、つながるために解放された空間と難なくつながることができます。空間と空間の間に、境界線はありません。知覚される境界線だけがあります。その境界線が確固たるものとして知覚されると、それは障害物になります。そこにはつながるための空間がないからです。知覚した者にとっての境界線は、広大な真の自己にとっては、障害として映ります。あらゆる障害物が包括され見えなった空間では、それを避ける必要がありません。マインドは、「障害物を見えなくするとは、何て思いやりがないのだ」と言うでしょう。広大な真の自己は、思いやりのない状態を知らないため、障害というものを知らず、たった一つの真の自己への愛だけを知っています。広大な真の自己は、障害だと感じることはあっても、障害物というものを知らないのです。広大な真の自己の感覚器官と言えるあなたの感覚が、その広大さを思い出して求めます。すると、障害物はその空間に包まれ、その空間と一体になります。知覚する者は、そのように包まれていることを知りません。知覚する者は、その空間で見えない存在になるからといって、傷ついたり魂がいなくなったりするようには感じません。そのようにして、知覚者の個体性は、たった一つの真の自己から外れていきます。それは障害にはなりません。知覚以外のものを使って見ている知覚者が持つ広い空間は、己の境界線を揺るぎなく保つことはせず、たった一つの真の自己からも外れることはなく、むしろ、たった一つの真の自己とつながっていきます。知覚者が心を開いたとしても、その空間に包まれていることを知ることもあれば、知らないこともあるでしょう。けれども、いかなる場合でも、心地よさと安全さを感じ、愛の感覚や惹きつけられる感覚を感じていることでしょう。

12.9 障害物が人ではないとき、境界線が知覚によって確固たるものにはなっていないので、それは、たった一つの真の自己から外れる必要はありません。人の形をしていない障害は、たった一つの真の自己の空間に容易に包まれ、その中では、あなたはそれを動かしたり通り抜けたりすることができます。

12.10 それが、関係性によってつながるということです。

十三日目　真の自己の広大さとつながる

13.1　たった一つの真の自己は、形を帯びて己の自己を知った途端、分離した思考を知ることになりました。一人の自己の形というよりは、分離した思考が、己の知というものを可能にし、大勢の自己を作り出してきました。それ以来、生まれては消えていった大勢の自己たちが、集団としての自分と個人としての自分、つまり、集合体としての自分と一個人としての自分というものを知ることになりました。その関係性から得られる知こそが、あなたが今、入手できるものです。

13.2　あなたは、形ある「一人」の自己として生まれました。あなたは、形ある自己として存在する中でワンネスを経験し、他の自己たちとの関係性を通して、たった一つの真の自己を知るようになります。

13.3　ですから、あなたには、形ある自己としての経験を失うことは意図されていませんが、個人であると同時に、集合体として存在できるよう、その経験と一つになることが意図されています。あなたという個人がこの人生で象徴するワンネスは、聖なる存在のワンネスです。聖なる存在とは、あなたの考える一個人であると同時に、集合体として存在するものを指します。

13.4　一人の真の自己が大勢との関係性で見つける愛が、神の愛です。それ以外の愛はありません。神の愛は、関係性を通して常に与えられ、受け取られ、感じ取られます。神の愛は、あなたの愛です。あなたの愛は、神の愛です。神は、愛です。

13.5 これは、愛のない関係性や愛のない形を説明しているとも言えます。愛のないところに、神はいません。愛のないところに神への敬いはなく、そこには、あなたが定義するところの悪があります。愛が皆無の状態は、恐ろしい障害を作り出します。つまり、真の自己の広大さとはかけ離れた、確固たる形を持つ障害物を作り出します。その障害物には、実は何の力もありません。それは、真の自己の広大さを欠いた、ただの形に過ぎません。そうした形は、キリスト意識の愛あふれる空間に包まれると、いとも簡単に効力を失います。

13.6 広大な真の自己については、目に見えない透明な存在のようなものだと想像してみてください。その透明さによって、大勢もしくは集合体である、たった一つの真の自己の現実が見えてきます。境界線を持たない一人の形ある真の自己が、目に見えない存在であるゆえに、愛の広大さ、形ある存在の美しき複雑さ、自然の荘厳さといったすべてが、たった一つの真の自己の内側で見えるようになります。あらゆる創造物は、この境界線を持たない、形ある真の自己の内側にあります。そんな真の自己がすべてであり、それは、あらゆる人たちを指します。だからこそ、愛のない自己を無効にします。無効となった愛のない自己が、広大な真の自己の内側にある限り、それらは調和しています。広大な真の自己から、愛のない自己を排除しようとするとき、不調和が起こります。愛である広大な真の自己の内側に、愛のない自己を保つことが、悪に対する解決法であり、恐れを覆い隠す最後のベールを持ち上げる方法です。

13.7 あなたが恐れを抱くすべてに、同じことが言えます。例えば、苦しむ自己についても同じことが言えます。苦しむ自己が広大な真の自己の内側にあるとき、それは、真の自己の広大さと調和しています。広大な真の自己から苦しむ自己を排除する試みが、不調和を生みます。このように内側にあることでのみ、愛のない自己と苦しむ自己は、効力を失います。あらゆるものが内側にあるとことに気づくには、この方法しかありません。

一切の恐れを持たず、圧倒的な広大さで満たされるには、この方法しかありません。恐れとは、固体の一部であり、愛が欠如した状態だからです。

13.8 恐れがなくなると、真の関係性が可能になるだけではなく、避けられないものになります。真の関係性は本来、真の自己の広大さと調和しています。それが、融合している状態です。

十四日目　癒し

14.1　あらゆる時間は、真の自己の広大さの内側にあります。そこから逃れることはできないので、それを受け入れなければなりません。あらゆるものが、わたしたちとともに存在します。だからこそ、わたしたちは、完成された存在であると同時に無効となった存在であり、癒されていると同時に病を患い、混乱の最中でありながら平和なのです。したがって、わたしたちは、抵抗に遭ったり、病んで傷ついた自分を拒絶したりせず、完全性を求め、癒された自分の選ばれる力を受け入れることによって、癒しを行っていきます。あなたが受け入れることで、回避が不可能になり、忘却から抜け出し、記憶を取り戻せるようになります。あらゆるものが平等であるとき、広大な真の自己とたった一つの真の自己を受け入れ、大勢を受け入れられるようになります。そのような全面的な受容が実際になされ、完全な変容が始まったのです。

14.2　広がりゆく真の自己は、外側の世界が投影であり、大抵はそれが内なるものの延長ではなく、拒絶であることを知っています。したがって、病気は、感情を拒絶した表れです。恐れ、孤独、暴力を引き起こすものは、感情の拒絶以外にありません。

14.3　自己から排除されたものは分離され、その分離によって、故意に忘れ去られます。あらゆる感情は、たった一つの真の自己の感情として受け入れられるので、広大な真の自己は、排除したり忘れたりしません。

14.4 あらゆる感情はまた、大勢の感情として受け入れられます。広大な真の自己の内側で他者のあらゆる感情を保ち、皆同じであることを忘れずに、病や暴力といった形で世界に投影しなくとも、大勢の感情を保てることを自らの意志で思い出せば、受容は起こります。あらゆる感情を皆のものとして受け入れれば、「他者」の感情を自分のものとして受け入れることができ、たった一つの完全なる真の自己の広大さの中でそれを保つことができます。

14.5 自ら思い出せば、自他両者の内側で、拒絶が延長に取って代わられます。例えば、健康がそのように延長されれば、病や心の傷に対する拒絶が健康に取って代わられます。

14.6 だからこそ、あなたは、自分のものと呼んできたすべてを否認することを学んだのちに、自身の力を自分のものだと主張する課題を与えられています。あなたの力でできるすべては、あなたの力の及ぶ範囲にあります。あなたの力は皆の力であり、広大な真の自己の完全さの内側で生きる一人の人間の力でもあります。

14.7 これらの取り組みから回避できないと気づいたあなたは、目に見えない存在、つまり先ほどから述べている広大な真の自己となるために、自分を停止させていた残像物を通過していかなければなりません。立ち止まって後戻りするための「待機状態」は、今、あなたに求められている、内側で保つ行為とは反対の行為です。「待機状態」で保たれる物事は、恐れに基づいているからです。あなたはそれを理解せず、その意味を見出せなかったため、それを恐れていました。そんな残像物とともにあなたが陥った説明のつかない「待機状態」は、故意に忘れ、逃げ出したことを表しています。それは、美術館の展示物のように、あなたの内側で積み重なり、確固たるものとなりました。綺麗なプールに投げ込まれた石のように、それは、さざ波を立てて沈んでいきました。

14.8 目に見えない存在である広大な真の自己にとっては、障害、境界線、待機状態、精神的支障などはないため、通過は自然に起こるものです。

14.9 通過は、回避や拒絶をするためではなく、関係性を保ちながら特定のものを手放すために行います。立ち止まったり離れたりする分離とは反対に、それが、ワンネスで起こることです。広大な真の自己が内側で保つものは、あらゆるものとあらゆるものの関係性です。関係性は目に見えない現実なので、唯一、形によって表現されます。

14.10 ようやく、あなたは、自分の不可視性と真の自己の広大さに気づいたので、内側を覗き、澄んだプールに沈んでいる石を見つけられます。それは、海にある一粒の砂のようなものです。けれども、わたしたちはそれを持ち続けることは選択しません。真の自己の広大さはどこまでも広がっています。見えないものを見ることはできません。わたしたちはもはや、集める者ではなく集まる者です。わたしたちは、実在するものだけを内側で保っています。関係性が実在することに気づいたわたしたちは、説明のつかないものとの関係性を受け入れます。

14.11 それが、わたしたちがここで行っていることです。受け入れることで、不可視性や広大な真の自己が創造されます。神は、「全知」を備えていると言われてきました。神は、関係性そのものだからです。神との関係性は、既知のものです。説明のつかない未知のものについては、それを受け入れる関係性を通して知ることができます。未知のものとの関係性を受け入れることでのみ、それを知るに至る手段との関係性を受け入れられるようになります。

14.12 これらの言葉を受け入れることもまた、未知のものを受け入れることです。こうした言葉は、一つの手段に過ぎません。これが対話と呼ばれているのはそのためです。これが、皆の中にある一つの声であることに気づいてください。あなたは、相手が一人であると同時に、大勢でもある対話に参加しているのです。この対話は、あなたの周りのあらゆる人たちの中で生じています。あなたは、一つの声だけを聞いていますか。それとも、大勢の中にある一つの声を聞き始めましたか。

14.13 あなたは、あなたのものである力を自分のものとして所有するように、この対話も、自分のものとしなければなりません。皆の中にあるこの一つの声が、あと少しの間、あなたの進むべき道を示します。ですから、皆の声を一つの声として聞いていかなくてはなりません。あなたは、この山頂に一人でいるのではありません！あなた自身の声が聞こえませんか。ここでわたしたちとともにいる皆の声が聞こえませんか。

14.14 対話に参加することは、皆の中にある一つの声を保つ手段です。それは、融合へのアクセスを分かち合う手段であり、癒された完全なる真の自己の広大さを形で顕現する手段です。

十五日目　対話に参加する

15.1 分かち合いが欠かせないことを真に悟るとき、あなたは対話を始めるでしょう。一人で知ることは不可能であると降参し、皆の声から聞こえる唯一の声を聞き分け、それを完全に受け入れるとき、あなたは対話に参加するでしょう。あらゆる創造物を通して何かを知るということを十分に理解したとき、あなたは対話を始めるでしょう。

15.2 伝えるとは、知らせるということです。あなたが、あらゆる創造物に知られることができるように、創造されたそれらも、あなたに知られることができるのです。わたしたちは、「未知」のものについて述べ、知らないものを知るための、未知のものとの関係性を受け入れる意志について話してきました。未知と既知は、あらゆる人とあらゆるものの中で共存します。ですから、あなたの知る意志と知られる意志は、未知のものを受け入れる意識とともにあります。

15.3 あらゆるものへ生命を吹き込む魂は、あらゆるものに存在し、それは、何かを伝える素晴らしい存在です。キリスト意識をより十分に保てるようになると、あなたは、観察される状態から、あらゆるものへ生命を吹き込む魂によって知らされる状態へと移行し始め、観察する状態から伝える状態へと移っていきます。

15.4 目に見えないものをどのように観察するのでしょう。内なるキリスト意識によって、あなたは身体を見ずに、目に見えないものを知ることができ、それについて伝えることができるようになります。それは、あなたが築く未知のものとの関係性によって起こります。あなたの理解度や知るレベルに関係なく、あなたは、あるがままの現状から知らされるようになります。あなたは、自分から離れたものを観察するのではなく、あるがままの現状を本当の自分の空間へと取り入れることで、それを行います。

15.5 以前は、あなたにとって目に見えていないものは実在していないものでしたが、身体や目に見えるものを観察する実践を積んだ今、あなたは、それらの向こうにある、物質的に観察できないものを見始めるようになりました。この実践には、二つの目的がありました。一つは、「観察する側」と「観察される側」の新しい交流と関係性を築くこと、もう一つは、観察する状態からその先へと進む準備をすることでした。

15.6 そのように見つめる関係性の中で、形ある生物や無生物と関わってきました。あなたは、観察することで生じる関係性によって、それらの形を、実在するものとして知覚してきたのです。その観察を通して、あなたが観察した形の、確固たる個体性と集合性が生まれました。けれども、実在する形に生命を吹き込んだのは、魂です。伝えるというのは、身体という形を使って魂を知らせることなのだと理解できます。これは、単に魂を形にもたらすのではなく、形を使って魂を知らせるということです。あなたは、判断せず観察して魂を伝えると、その伝える行為を通して魂を真に知ることになるのです。

15.7 「魂を形にもたらすこと」「形を通して魂を伝えること」、それらの違いを知るときがきました。あなたが行ってきた観察は、あなたを観察する状態から伝える状態、かつ、知らされる状態へと移行するための準備でした。

15.8 形が魂によって生命を吹き込まれることは、創造の一部として続いていきます。それは、時間に縛られていません。それは、創造が始まったときや身体が誕生したときに、起こって終わったのではありません。それは、生命が目的でも、形を生かすことが目的でもなく、魂が目的であり、魂へ伝えることが目的なのです。身体という形を通して魂を知らせることが、目的なのです。

15.9 あなたは、判断せずに観察することを通して、中立な観察者でいることを身につけました。生じるべき原因と結果を自らの判断で変えるのではなく、中立な観察者でいることで、原因と結果が自然に生じることを認めました。その実践は、引き続き、あなたの役に立つでしょう。その実践が何かに置き換わることはありませんが、観察する必要がなくなるまでの間、「伝える」という新しい取り組みが補っていきます。

15.10 その取り組みは、新しい力の領域であり、身体を持つわずかな人しかまだ実践しておらず、一度に大勢が実践することは決してなかったものです。それは、中立的なものではなく創造的なものなので、大きな転換と言えるでしょう。その新しい力は、創造する力であり、中立的な観察を習得した人にしか流れ入ることができません。観察者の目的というよりは、創造物の目的が、創造する力を使うことであり、生命を吹き込むことであり、伝えることだからです。しかし、伝えることはワンネスの性質なので、ワンネスと完全性によって真の自己の広大さとつながることが、まず先に起こらねばなりません。創造力とのワンネスを実現していない人は、その力を得られないため、その力が誤って使われることはありません。したがって、真に伝えて知らされる自己とは、創造力とつながった真の自己であり、ただ創造力を使って情報を得たり伝えたりする自己のことではありません。言い換えれば、融合の内側では、真の自己、宇宙の創造力、あらゆるものに生命を吹き込む人、あらゆることを伝える人の間には、区別がないということです。

15.11 次の段階へ進むには、山頂であなたとともにいる人々と対話を行うことが必須です。その理由は、そうすることであなたの実践がようやく始まるからです。あらゆる状況で観察できるうちに、この中立なレベルに達した他の人々とともに、他者へ知らせる力と他者から知らせてもらう力を使うことが不可欠です。観察が取って代わられることがないのは、そのためです。より多くの人々がこの中立なレベルに達するまで、観察は必要です。先駆者たちが実践を積み、創造力とのワンネスを実現するべく存分にその力に触れることを習得するまで、皆がそのレベルに達することはないでしょう。広大な真の自己と自分の間に区別があったり、創造力と自分の間に区別があったりするうちは、あなたは、キリスト意識が継続する状態ではなく、ただ維持しようとしている状態に居続けます。その状態は、この山頂の対話に参加する人々と実践する、限られた間だけならば容認できますが、世界と全面的な交流をする状態としては容認できません。創造する力が、誤って使われることはありませんが、キリスト意識の状態とそうでない状態を行ったり来たりする間は、その力に状況次第でアクセスできるときもあれば、できないときもあるという意味で、あなたが創造の目的を果たすことはありません。

15.12 他者へ知らせる実践、他者に知らせてもらう実践とは、どういう意味でしょうか。それは、キリスト意識を保つ力のある周りの人たちと手を携えるという意味です。そうすることで、真の自己の広大さと一つになります。それが、境界線を持たずにつながるということです。互いが互いに流れ入る、澄んだプールとなり、己の魂を知らせ合うのです。

15.13 これらを詳細に説明することは、不可能です。ですから、ただ実践しなければなりません。あなたがガイダンスを求めて訴える先は、あなた自身の権威でなければなりません。最初の一歩は、あなた自身の準備ができている状態へアクセスすることです。あなたは、澄んだプールとなることができているでしょうか。もしなっていないのなら、あなたを妨げているものは何ですか。あなたのプールに沈んでいる石は、海の中の一粒の砂のようなものだと言いましたが、自分に厳しくなり過ぎないでください。まだその石が流れていないのなら、中立な状態でその石を見つめてください。その石を手放すというあなたの意志だけが、今ここで求められています。自分の準備ができているのか疑わしいのなら、疑念は恐れから生じていることを思い出してください。自分が何を恐れているのか、心の内側をよく観察してください。それはまさに、あなたのプールに沈んでいる石です。あなたは、真の自己の広大さと一つになれば、水流を生み出せることを知っています。その流れに乗ることは挑戦でしょうか。創造力が誤って使われることはないと言われてもなお、自分の力を恐れますか。自分は無価値だと思い、その思いを隠し持っていたいですか。知られる存在になることが、今でも怖いですか。

15.14 もしそうならば、マインドを使った最後の準備をするために、対話に参加してください。あなたの恐れをワンネスの光のもとにもたらし、その光が暗闇を一掃するところを目撃してください。わたしたちは、そのためにここにいます。もう無駄にする時間はありません。あなたの意志が本物ならば、先延ばしにする時間はもう要りません。

15.15 あなた方は、互いに互いを知らせ合い、そうすることでワンネスを知るためにここにいます。互いのワンネスの声を一度でも聞き、その癒しの力から恩恵を受けると、その声がワンネスの声だと知ることが困難ではなくなっていきます。癒すとは、「完全な状態にする」ということです。完全な状態にするとは、どこまでも広がりゆく真の自己になるということです。それはつまり、創造のスピリットとともに知って伝える準備ができている状態になるということです。

15.16 この段階は、創造過程の中でも「個人」で行う段階です。「集団的思考」によって、たった一つの真の自己の意識が「集団的自己」に置き換わることはありません。今はもはや、人に判断されたり、人の信念を取り入れたりするときではありません。ようやく今、中立な立場で受け入れ、判断を乗り越えるときにきています。あるがままのあなたを他者が受け入れるままにさせておくこと、それが贈り物です。その贈り物が、彼らを判断から解放します。彼らの中にまだ残っている、キリスト意識は「集団的思考」であるという考えから彼らを解放します。魂を伝えることで人々に知られるとき、あなたはもっとも自分が個人であることを感じられるでしょう！

15.17 対話がいかに必要であるか、気づいてください。多くの人が、この段階における成長に抵抗を示します。彼らは、内なる知に達したと思っているからです。彼らはまだ、自分は、成長して変わる余地があると思っているかもしれませんが、一方で、それは必要ないとも思っています。彼らは、彼らが考えるところの、内なる知というゴールには達しましたが、それが、自分を知ることだと誤解しています。自分を知るためには、移行が必要です。引き続き、あなたは伝えていき、魂で身体を活気づけていきます。知っている状態から知らない状態にもっとも陥りやすい方法は、知っている態度で歩みを止めることです。未知のものを受け入れずにいることとは、知るという行為をやめることです。

15.18 対話を始めると、未知のものに常に触れ、いかなるときも知ることがやまない状態になります。

15.19 したがって、あなた方は、知る者としてではなく、知らない者として手を携えます。あなた方は、知っている何かではなく、知らない何かについて対話をします。未知のものに常に触れることで、知っていることを主張せず、どんなときでも対話にとどまります。知っていると主張することは、知ることを妨げます。対話によって知ることが、潤滑なやり取りであるからこそ、あなたは対話をするのです。

15.20 エネルギーの流れが、一つに交わるところを想像してみてください。広大な真の自己たちの澄んだプールが、一つになるところを思い浮かべてみてください。その流れは、石を綺麗にしたり押し流したりします。底に沈んでいるものを掘り起こし、澄んだプールに変化をもたらします。澄んだプールが、他の澄んだプールの流れと交わると、水流の方向が変わり、新しい景色が見え、新しい視野を獲得できます。今は移行の最初の段階に過ぎないため、澄んだプールがよどんだ池にならないためには、動きが欠かせないことは明白です。

15.21 特定の人たちと話をすることは、対話を始めることとは違います。しかし、対話を始めることは、特定の対話を行うことと何ら変わりありません。対話を始めるということは、対話というやり取りを通し、あなたと関わるあらゆる人とあらゆるものの状態を包括的に受け入れることだからです。あなたは、ともに知るためにこの特定の手段を分かち合い、完全性とキリスト意識を保ち続けることを、人々に広めるよう求められましたが、知るための他の手段を無視することは、求められていません。ともに特定の目的に向けて実践している対話相手と、その他の人々を、違った目で見ることも求められていません。

15.22 けれども、自分が対話を始めたことを自覚しているからといって、境界線のないあなたとつながらず、あなたを侵害する人々がいることを、あなたが自覚しないという意味ではありません。まだ境界線を持つ人たちには、その境界線が必要であることを忘れてはなりません。ですから、あなたが観察できる状態になるとき、あなたは彼らから何も奪いはしません。「伝える状態」と「観察する状態」、かつ「知らされる状態」と「観察される状態」が共存するこの時期には、目的があります。あなたは、まだ境界線を必要としている人々の境界線に敬意を払い、受け取られる以上のものを与えないようにしなければなりません。これが、境界線を持たずに広がりゆく真の自己となる準備ができている人同士の実践が、適切であり、受け入れられる理由です。

15.23 伝える実践とは、人々に知らせることです。しかし、それはあなたが何も知らないという意味ではなく、経験、行動、表現、やり取りを通して、既知と未知が交わることを指しています。それは、未知のものに触れることで、既知に変化をもたらします。すると、昨日知っていたことは、今日知ったことに比べると大したものではなく、自分が知ったものは、常に自分の内側にあったことに気づかされます。つまり、自分の内側に常にあった未知の領域に、それが存在していたことを知ります。

15.24 この山頂にいる間、あなたは日常から逃れることは求められませんでしたが、目的を持って他者と手を携えるためにここにいることを求められました。ですから今、二元性に気づき、それを受け入れていく実践を始めます。その二元性に気づいていなくても、あなたの意識は分裂されることなく、ずっと二つの場所に同時にありました。地上での日常に戻るとき、分裂せずに広がりゆく意識を保つ力は、もっとも重要です。その力を現実的に、かつ精神的に応用する場は数多くあるでしょう。

15.25 現実的な話は先ほどしました。例えば、特定の人々と対話をすることや、あらゆるものとの対話を始めることです。対話は、機能している意識レベルを示すものです。たった一つの真の自己の広大な意識を保つことや、注意を向ける方向を決めて、何も排除せずにいることが大事です。境界線を必要とする人々の境界線に敬意を払うように、あなた自身の境界線のない空間を大事にしなければなりません。

15.26 広がりゆく真の自己として対話に参加して知られるようになると、地上での目的がよりはっきりとします。そのように地上での目的に注意を向けながら、あらゆるものを受け入れる力が働くと、個性化という新しい過程が始まります。自分の道のりが他者のものとは異なっていることが鮮明になるので、これから知ることとなる人々と自分の道のりの違いが、明らかに見えてくるようになります。おそらく、あなたが思っている以上に、それはとても異なっているでしょう。そして、あらゆるものとの対話が始まったとしても、他者が少しも興味を示さない分野に、自分が注意を向けていられることに気づかされるでしょう。

15.27 したがってあなたは、一人で歩む時間と大勢で集まる時間の両方があることを知り、自分は、山頂での時間に包まれ、自分とつながる人々にも包まれていたことを知るでしょう。そして、もうそれほど一人で突き進もうと思わなくなっていることに気づくかもしれません。今までは、ここでのつながりを終えたら、自分自身やあらゆるものとつながるというよりは、特定の集団とつながっていくのだろうと思っていたかもしれません。そんな誤りには注意しなければなりません。ともに知る人々と真の自己の広大さの中でつながるとき、その目的について誤った考えを作り出さないよう注意する必要があります。

15.28 思い出してください。この旅の目的は、無私無欲になることではなく、真のアインデンティティを確立することです。わたしたちは、真のアイデンティティとは、理想の自分であるという神話を覆しました。あなたは今、本当の自分を見つめる力と、既知と未知を受け入れる中立の立場で観察する力によって、真の自己と地上での目的を取り戻す準備ができています。

十六日目　再び見つけた楽園

16.1 目に見えないものはすべて、意識です。未知のものを含め、あらゆる見えないものを受け入れているもの、それが完全な意識です。「受容」が鍵です。あなたは、恐れているものを受け入れることはできません。

16.2 肉体を持たないあらゆるものは、意識の中にあるため、ただ存在しているに過ぎません。それは単純に意識の中にあり、あなたが感覚を通じて知ったすべてのものが、そこにあります。意識は、永遠だからです。あなたが学び、あなたを感動させたあらゆるものが、そこにあります。あなたがそれらを感じたからです。あなたが思いを馳せた、あらゆるものがそこにあります。あなたがそれらに思いを募らせたからです。

16.3 形に属するものは、来ては去る一時的なものです。スピリットや意識に属するものは、永遠です。

16.4 病気については、「拒絶された感情である」と定義づけました。つまり、選ばれなかった意識のことです。それは、拒絶されたことによって身体に現れます。意識に属さないものは、身体に属します。拒絶されて身体に現れたその感情は、自己から分離し、かつ身体の中で維持されるため、身体の自然な機能を遮断します。病気は病ではなく、拒絶された感情に過ぎません。拒絶された感情は、意図的に思い出され、受け入れられ、広大な真の自己に吸収されるまでは、分離して忘れられ、身体的症状として存在します。あなたは、拒絶された感情に関して自分を責めます。病気は、そんな拒絶された感情が形をもって現れたものです。その病気は、あなたが信じて疑わないこと、つまり、人生の悲惨な状況の責任は自分にあるということを、あなた自身に証明するために現れます。

16.5 締め出された感情は、身体の外側へと投影されます。それらは、他人を責める気持ちのような好ましくない感情であり、あなたが世界と関わるとき、他者の行動という形で表に現れてきます。例えば、自然災害や事故によって計画を阻止されたり、あらゆる類の危機的状況に見舞われたりします。そんな状況は、あなたがさらに信じて疑わないこと、つまり、人生の悲惨な状況の責任は自分以外の人間や世界にあることを、あなた自身に証明するために現れます。

16.6 これが、逃れられないという意味です。これは、過去や過去の心の傷に囚われているという意味ではなく、拒絶されて締め出されたあらゆるものに囚われ、影響を受けているという意味です。締め出されたすべては、自己の完全性の一部です。拒絶されて締め出されて、「実在」するようになってしまったものが、真の自己に戻ると、物理的な形で現れていたそれは、溶けてなくなります。源となっていた分離がなくなるからです。言い換えれば、病気は、拒絶されていたものが真の自己の広大さと再びつながると、もはや目に見えなくなるということです。つまり、病気はなくなります。病気は身体的なものなので、あなたを通過するためだけにやってきたものでした。身体に現れた感情は、身体そのものや身体の世界で生まれたものではないため、身体が存在しない、真の自己の広大さへと戻っていきます。ですからそれは、逃れたのではなく、真の自己のワンネスと再び一つになったと言えます。

16.7 もちろん、このように再び一つになるためには、あなたが、あなた自身に証明したいものを変える必要があります。これからあなたが求め続けるべき証明は、自分の感情に対する自分の考えが、本当の自分を反映するというものではなく、自分の感情そのものが、本当の自分を反映するというものでしょう。感情と一致した行動を取ることで、真の自分と調和した行動を取り、その結果、宇宙と調和した行いをしていくことでしょう。真の自己のワンネスと再び一つになることは、一連の過程であり、あなたはその過程を通じて、その証明を発見していきます。つまり、自分の感情にある愛と宇宙の博愛の証を目撃していきます。

16.8 孤独、失望、怒り、悲しみといった感情が、真の自己の広大さとつながると、何が起こるでしょう。それらの感情が真の自己につながるには、受け入れる以外にありません。受け入れなければ、分離が物理的な形で現れたままになります。

16.9 受容は、現在においてのみ起こります。過去に戻ったり、過去を取り除いたりする必要はありません。現在から逃れることはできません。あなたは、キリスト意識によって、今という瞬間を十分に認識しなければならないからです。今という瞬間に、時間はありません。現在とは、あらゆるものが実在し、実在しているものだけで成り立つ完全な状態のことです。あなたが恐れて締め出したゆえに身体に現れていたものは、実在していません。それは、創造ではなく投影だからです。一方で、感情は実在します。あなたがそれを感じたからです。もし恐れたり締め出したりしていなければ、それが恐れるに足らないものであったことがわかっていたでしょう。

16.10 あなたには、悪の感情はありません。恐れは感情ではなく、感じたことへの応答です。感情とは、応答のことです。あなたはこれまで、感情には愛と恐れの二つがあると教わってきましたが、その真の意味は、何かを感じたとき、あなたには二つの応じ方があるという意味でした。つまり、愛で応じるのか、恐れで応じるのかということです。恐れで応じるのなら、あなたは排除し、投影し、分離するでしょう。愛で応じるのなら、完全さを保ち、悪の感情などというものはないことを知り、悲しみや怒りを受け入れるでしょう。そうした感情は、今という瞬間にある、あなたの一部だからです。今という瞬間にとどまるとき、あなたは、あらゆるものが調和するキリスト意識にとどまります。受け入れることは、回避することの反対です。愛の抱擁であらゆるものを内側に抱く状態は、恐れで応じて分離させた何かを手放せない状態とはすでに真逆です。どこにも逃げられません。受け入れる以外にないからです。それが、キリスト意識です。

16.11 これは、病気や危機的状況に対する応じ方だけではなく、すべてに通じることです。常に知る状態にとどまるか否かということに関連しているからです。あなたが締め出す対象は、あなたが知りたくないものです。あなたが支配しようとしている対象もまた、あなたが知りたくないものです。いかなるときでも知る前に、それがどんなものであるのか、どんなものになるのかをあらかじめ決めているときは、あなたは、それを知りたくないと思っています。例えば、身体の症状が悪い場合、どこがおかしいのか見つけようとあらかじめ決めたとき、そこで立証されるものは、あなたの「感情」ではなく、あなたがあらかじめ決めたその「決断」です。ある状況について不安や気まずさを覚えるとき、あなたはその状況がよからぬもので、明らかに高い確率で悪くなることを決めつけています。自分の努力や支配があれば、その状況をよくできるとも思っています。しかし、何かを本当に知ることができるのは、悪の感情がないことをあなたが受け入れたときだけです。

16.12 望ましくない感情については、あなたは直ちに対処したいと思うものですが、「直感」を感じたときは、いつもと異なる応じ方をします。感情によって見知らぬ何かを知らされ、あらゆる感情が直感と同じように扱われると、受容へ向けて大きく前進できるでしょう。

16.13 自ら知ることになるものをあらかじめ決めているとき、自分はそれを「知っている」と決めつけ、知ろうとする状態にとどまれないのであれば、苦悩や傲慢さや正義感が生まれるだけになってしまいます。あなたがしがみついているものは、恐れに基づいています。あなたは、その手放せずにいるものを、個体性を有するものへ向けて投影します。そうすれば、自ら意見を立てたその対象に目を光らせておくことができます。あなたが抱擁するものは、愛の中で保たれるため、常に知る状態の広大な空間の中で、あなたとともに存在します。

16.14 意識や広大な真の自己には、悲しみ、孤独、怒りといった感情があると同時に、幸せ、思いやり、平和といった感情もあります。けれども、意識には、あなたの応答は含まれません。したがって、意識には愛も恐れもありません。愛がすべてであり、恐れは無だからです。

16.15 愛がすべてなので、意識は、愛に属すあらゆる感情と思考として生まれました。それらはすべて、創造の楽園へと延長されました。そこが、エデンの園であり、真の自己であり、すべてです。あなたがエデンの園から追放しようとした望ましくない感情は、意識からは排除されませんでしたが、あなたの認識からは締め出されました。それが分離を生み、あなたの知覚において、愛されていない存在を作り出したのです。そのような実在しない現実を作り出した知覚は大概、地獄、または、この世の地獄と呼ばれています。愛と恐れは、楽園と地獄のように共存しました。それがあなたの世界となり、楽園と愛からなる世界から、地獄と恐れからなる世界へと、ゆっくりと変化しました。なぜなら、楽園から追放されるものが多くなるにつれ、地獄のように恐ろしいものとして知覚されるものが多くなったからです。愛の減少が延長され、恐れの増大が投影されたのです。

16.16 締め出された感情は、二元性を作り出し、意識の中で存在し続けます。そんな締め出された感情が、広がりゆく真の自己のもとへと戻り、愛に包まれると、広大な真の自己は完全な存在となります。締め出された感情やあらゆるものが、愛として受け入れられるからです。愛がすべてです。それが、再び見つけた楽園です。

十七日目　イエスの生き方を実現する

17.1 創造の物語は、どこかで始まらなければなりません。同様にあなたも、どこかで始まらなければなりませんでした。創造の物語を生んだ移行や移行の源として、魂があらゆるものに生命を吹き込むという話をしました。関係性を通して存在を認識する、キリスト意識についても話しました。生命意識とキリスト意識については、人間と神と目に見える形が交わったものであると話しました。あなたは、キリスト意識ではなく、生命体としての意識状態でした。したがって、生命意識とキリスト意識には違いがあるはずです。あなたは、創造者であるのではなく、創造物であり続けました。何かが欠けていたのです。キリストとは何でしょう。キリスト意識とは何でしょうか。その二つは別のものなのでしょうか。それとも同じものなのでしょうか。

17.2 あなたは、キリスト意識とは、神でも人でもなく、神がすべてであることを気づかせてくれる関係性であり、叡智やスピリットのことであると言われてきました。キリスト意識は、明らかにイエスという人間や創造そのものが生まれる前にすでに存在していました。キリスト意識は、神の「アイデンティティ」であり、それは、女性的かつ男性的なものです。言い換えると、アイデンティティを与えられた、あらゆるもののことです。神は、神ご自身の内にあなたをとどめています。キリストは、あなたのアイデンティティ、そして神のアイデンティティとして、あなたのハートの中心に宿っています。キリストは、神の言葉の「我ここにあり」を形で表したものです。それは、生命を吹き込み吹き込まれる存在、知らせて知らされる存在です。それは、移行と存在と創造の表現そのものです。キリストは、「我ここにあり」という神の言葉によって、形に生命を吹き込みました。多くの宗教的伝統では、生まれたときに聖水や聖油の儀式を行い、亡くなるときにもう一度、生まれたときの儀式を思い出すために聖水や聖油の儀式を行います。

17.3 なぜ再び、アイデンティティの話に戻り、以前話したことを繰り返しているのでしょう。もう一度、自らのアイデンティティを主張するときがきたからです。本当のあなたについては、さまざまな方法で話しましたが、あなた方の多くはいまだに、真の自分と異なる別の存在になりたがっています。それは、本当の自分でいるということが、神やあらゆるものから分裂や分離をしないまま、融合の状態で居続けることであると気づいたからです。神だけが全知を備えています。神は、あらゆる人とあらゆるものの中に存在するからです。意識そのものは、知ではなく、認識です、神は、知の創造主です。知に至るまでの手段を創造した存在、それが、神だからです。ですから、意識は神の「一部」です。それが、生命を吹き込んで伝えていくキリスト意識です。

17.4 あなたがこのコースを読んでいる原動力は何でしょうか。何が、あなたをこの対話に参加させていると思いますか。じっくりと観察し、知るための新しい手段へ向けて、学ぶ状態から歩み出そうとしているその原動力は何ですか。それは、キリスト意識です。内なるキリストが学ぶ存在であるという話を、第二部の初めの方でしたのはそのためです。内なるキリストは、ただ認識している状態から知の状態へと、あなたを移行させるために創造されました。あなたは常に、自分と周りの世界を認識し、自分と世界が何のためにあるのか、その理由を探していました。以前は、知にたどる取り組みが主流で、それが学びと呼ばれていました。けれども、学びは、よりマインド中心となり、他者がすでに学んだことを知ることが目的になり、「教える」ことが可能になりました。そうなるにつれ、学びは知を呼び起こせなくなっていきました。

17.5 いつの時代にも、キリスト意識と強いつながりを持っているがゆえに、その時代の主流の学びに異議を唱える人たちがいました。他者以上にキリスト意識へアクセスできるという人はいませんが、キリスト意識に導いてもらう意志を他者以上に示し、移行や表現を獲得する人たちはいました。イエスのように、形を使ってキリスト意識を十分に表現した人々は、キリスト意識とのつながりを認識するにつれ、自分という存在を否定することなく、個人としてキリスト意識を表現しました。キリスト意識との強いつながりを認識していた彼らの多くは、その実現を表現することなく、「スピリチュアル」であることを優先し、個人という存在を否定しました。

17.6 だからこそ、もう一度ここで、アイデンティティと、アイデンティティの個性化について話しましょう。

17.7 キリスト意識は、キリストの再臨を意味するものではなく、存在から形へ移行したという見方において、「初臨（しょりん）」を意味するものです。キリスト意識の存在は、イエス・キリストによって、余すところなく表現されました。彼は、形を使って初臨を象徴し、キリスト意識を維持しようとする状態から、それを継続させる状態へと移行を始めました。そうした象徴が、なぜ不可欠なのか考えてみましょう。

17.8 宇宙は、不必要なもので構成されてはいません。人間も同じです。宇宙と人間は、余分なものからは成り立っていません。与えられたあらゆるものは、完全性に必要なものであるという意味において、必要なものだけで成り立っているのです。キリスト意識の力を人の形で象徴することは、生と死と生まれ変わりのサイクルを完了させるためには不可欠です。

17.9 イエスだけではなく、イエスの母マリアもまた、キリスト意識を象徴しました。マリアは、イエスと同様、完全なるキリスト意識を認識し、それを十分に形で表現していました。二人は、独自の生き方でそれを行っていました。彼らの生き方は、彼らを追随する人々の選択肢に表れていました。イエスの生き方は、受け入れること、そして手本を示すことでした。また、教えて学び、手本となる人生を導くことで、キリスト意識に到達しようとする人々の道のりを準備しました。一方、マリアの生き方は、自ら象徴となり準備をするというものでした。それは、関係性を通してキリスト意識へ到達しようとする人々のために、創造そのものでした。

17.10 イエスの生き方は、二元性の神話、形の死、魂の復活を体現することで、世界との全面的な関わりを示しました。マリアの生き方は、融合の真実、形の誕生、身体のアセンションを体現することで、関係性における生まれ変わりを示しました。両者の生き方が不可欠でした。どうしてもその両方が示される必要があったのです。多くの人々が、その二つの生き方に追随しました。生き方は、選択でした。主に個人の持つ力とは、神が創造したものを象徴する力を指します。つまり、独自の選択と意志により、知る手段であるキリスト意識を象徴する力です。

17.11 キリスト意識は、「知り、体現し、表現する」というあなたの意志です。キリストの時代やキリストの再臨という表現は、知る手段である、生と死と生まれ変わりのサイクルの完了を象徴するためのものです。

17.12 イエスが象徴したものが今、実現されてきています。「キリストの時代」と呼ぶのはそのためです。イエス・キリストと大いに関連のあるキリストの時代とは、イエスの生き方を実現する「時代」を指します。教えて学べることは、すでに教えられて学ばれました。今こそ、教えて学べるものから、関係性という手段でしか実現できないものへと移るときです。イエスという手本に従うことで実現できること、それを明らかにする最後のときが訪れています。

17.13 したがって、わたしたちは、イエスの生き方で実現できる最終段階へと移行し、マリアの生き方で実現できることを始めるときにきています。イエスの生き方で実現できる最終段階とは、世界との関わりや奇跡のときを経験し、古い生き方の終わりと、新しい生き方の始まりを経験する段階です。

十八日目　楽園への道のり

18.1 あなたは、イエスの生き方で実現する最終段階と、マリアの生き方で実現していく段階の準備をしてきました。多くの人は、イエスの生き方に従って完了します。つまりイエスのように、世界と関わる段階を開始し、奇跡に触れ、古いものを取り消し、新しいものを生む生き方を整える準備をします。または、ハートに従い、古い最終段階を迂回し、絡み合う現実の世界で新しい生き方としっかりつながる人々もいます。その両方を行う人々もいます。彼らは、特定の機能で、変化という創造を促すために、生まれながらの願望に従い、新しい生き方へと歩み出します。二千年前と同様に、両方の生き方が必要です。

18.2 一方は能動的で、もう一方は受動的ですが、二つの生き方は分離していません。イエスが母マリアから、そして、世の母親が子供から分離していないように、それらはむしろ補い合い、共生します。二つの生き方は、ともに完全性へと回帰し、キリストの時代の終わりをもたらします。新しいものを生み、真にそれを形とプロセスで象徴するためには、二つの生き方の共生が不可欠です。ここでも、「内側と同じように外側でも」と言えます。マリアは、内側で生じる関係性を象徴し、イエスは、世界との関わりで生じる関係性を象徴しています。あなた方も同じです。その二つの生き方は、神の延長であるキリスト意識と神そのものを象徴します。神は、天国と地上のすべてです。天国と地上のあらゆるものの中に、神は存在しています。したがって、神は外側の世界を象徴します。キリスト意識とは、あなたの内なる神であり、あなた特有の神の顕現であり、内なる神との関係性を表しています。

18.3 すでに述べたように、教えたり学んだりする時期は、すでに終わりを迎えました。イエスの生き方が、教え、学び、受け入れ、手本を示すことならば、この最終段階に応用できるふさわしいイエスの生き方とは、受け入れることと、手本を示すことです。

18.4 本当の自分を完全に受け入れた人だけが、手本になることができます。手本とは、皆の中にあるたった一つの真の自己を、個性化により明らかにしたものです。言い換えると、手本となることを選ぶというのは、大勢に知られることを選ぶということです。それは、形を使って真の自己を完全に受け入れることであり、他の人々とは差別化されて個別化される可能性を示唆しています。人と違うこと、人と同じこと、その両方を完全に受け入れ、その両方が不可欠であることを全面的に受け入れることです。大勢の人々が、手本となる選択をするよう呼びかけられています。それは、相違の中で同じものが、皆の中で一つのものが、一つの中であらゆるものが見出されるためです。それは、行動を通して自分を役立たせる生き方であり、喜びと調和の生き方と言えます。喜びと調和によってのみ、真の行動をして真に役立つことができるからです。それは、内側で感じているその使命を表現していきたいと思う人々のための生き方です。また、表現して実現させることで、実現と完了を織りなす人々の生き方です。呼びかけがあるということは、そこに需要があるということです。これについて、疑問を抱かないようにしてください。宇宙は余分な成分で構成されてはいません。あなたが呼びかけられているように感じるものは、必要なものなのです。

18.5 手本になるというのは、自分が真に象徴するものを体現することです。あらゆる信仰に従う人々は、手本となって、同じ真実を象徴するよう呼びかけられています。暗闇の中で一瞬、光を垣間見ると、光の知をもたらされるように、信仰はすべて、既知を通して未知を信じるものです。イエスの生き方の終わりを受け入れる人々とは、暗闇を判断したり排除したりせずに、暗闇にいながら光を生み出せる己の力を受け入れた人たちです。彼らは、既知と未知の両方を象徴する自身の力と、既知を通して未知を明らかにする己の力を受け入れています。そして、自己の終わりとたった一つの真の自己の復活を受け入れ、個人の終わりと同時に、たった一つの真の自己が、人々の間で個性化することを受け入れています。彼らは、「本当の自分でいる」という新たな喜びを見つけます。復活を通して自分を取り戻したからです。彼らは、かつての懸念に執着せず、ハートの呼びかけに従います。自分を取り戻し、内なるものを表現することでしか与えられない不可欠なものを、十分に知ったからです。彼らは、今必要なものとは、世界とそこに住むあらゆるものを再生させるために必要なものであることに気づいています。

18.6 復活は、死の主張と、一時的なあらゆる主張を脇に置きます。これまで時間をかけて、病気や他の望ましくない状態が、一時的な顕現だと述べてきたのはこのためです。あなたの分離は、病の状態であり、望ましくない状態であり、一時的な顕現でした。マインドとハートが一つになると、人と神が再会し、永遠のものが形を通して復活を遂げます。あなたの本来の状態、つまり、分離によって変化する前の状態が蘇ってきました。

18.7 イエスと母マリアが象徴した真実は、目に見えないものへの理解を促すための、目に見えるパターンとして表現されました。それこそが、あなたが今、呼びかけられていることです。あなたは、二元性の神話か融合の真実か、そのどちらを体現しても、同じものを体現します。そうなるための生き方が選ばれなければなりません。完全なる意識でその選択をするとき、あなたは自分の感覚に頼る必要があります。

18.8 感覚とは、今という瞬間の認識であり、真実の認識です。それは、あなたが知るための手段であり、キリスト意識から生じています。それは、「応答」ではなく「創造」という形でやってきます。科学や宗教は、たびたび生命の誕生に頭を悩ませてきました。何が生命の形成を引き起こすのか、何が脳に命令をしているのか、DNAを体系化する因子とは何か、なぜ組織や細胞は互いに関わる方法を知っているのかなど。こうした知は、どこから生じているのでしょうか。身体のどこかがおかしくなったとき、その不調の源は何なのでしょうか。

18.9 あなたは、自分が分離した存在だと思っていても、その分離は一度も起きておらず、常に完成された存在だったと言われてきました。もしそれが本当でないとしたら、生命を引き起こすものは、真実を引き起こすものではなかったということになります。脳や心臓が単独では身体機能を実現できないように、マインドとハートも、分離した状態では真に存在できず、生きた状態や意識の機能を可能にさせることはできません。ですから、特殊な経験だけを可能にさせる分離の段階があったのです。これからは、融合という新たな段階が生じ、新しい種類の経験を可能にします。

18.10 目に見える新しいパターンは、形を通して復活した、スピリットのパターンです。つまり、身体のアセンションであり、形ある自己が高次へ上昇することを指しています。あなたは、その新しいパターンを体現するよう呼びかけられました。そうする選択とは、世界との関わりを通し、かつ関係性による生まれ変わりを通し、そのパターンを体現することです。どちらも排他的ではなく、互いの中に包括されています。けれども、発見する方法と体現する方法は異なります。

18.11 あなたは、目に見える新しいパターンを体現するよう呼びかけられています。「体現する」という言葉は、あなたが感じていることを目に見える形で示すことを意味します。それが、あなたが内なるキリスト意識に触れて行う、あなたにしかできない創造です。その唯一の「方法」とは、個性化を通して知られることです。もう一つの「方法」は、関係性を通して生まれ変わることです。つまり個性ある自分ではなく、関係性を通して知られるということです。両方とも、創造する生き方です。感じていることを形にして見せるとき、新しいものが創造されます。いかなるときも、それが、創造というものでした。草の葉も花も石も、その一つひとつは、感じられたその感覚から創造されたものです。あなたがすべきことは、周りを見渡し、愛の感覚であふれていることを知ることです。美が統治しています。

18.12 再び見つけた楽園が、あらゆるもののために再度創造されるよう、あなた自身が知られ、あらゆるものとあなたの関係性が知られなければなりません。目に見えない愛の楽園を、あらゆるもののために目に見えて住める場所にすることの他に、人生の目的があるでしょうか。

十九日目　マリアの生き方

19.1 マリアの生き方の先駆者たちは、神から使命を受けたという感覚に混乱したかもしれません。あなたは、何か大切なものに向けて呼び出されたことはわかっていますが、その大切なものは、あなたのマインドの中で形を帯びていないため、それがこの世界でどのように顕現されるのか、あなたは知りません。つまり、あなたは何をしたらよいのかわかっていません。けれども、特定の何かを達成した未来は見えていなくても、「究極の達成」とも言える一種の「生き方」が、おそらく見えているでしょう。あなたは、本当の自分として世界で生きることを、あなたが行うべきことだととらえています。しかし、この世界で本当の自分として生きながら、特定の役割を果たす人々と自分を、しばしば比べています。そして、自分には目的も役割もないと思える日もあれば、まさに、運命通りに生きていると実感できる日もあります。

19.2 ここで大事なのは、真に満たされている状態と拒絶している状態を見極めることです。非常にシンプルな例ですが、あなたは、このことを、芸術家が創作に満足したり、音楽家が作曲に満足したり、ヒーラーが患者を健康にして満足したりすることだと思うかもしれません。マリアの生き方を実践する人たちは、生き方そのものによって満たされます。それでも、新しい世界の創造を実現させる役割は、全員にあるのです。己を表現する人たちだけが、真に満たされます。

19.3 しかし、芸術家や音楽家やヒーラーは、自身の才能を表現することでしか満足できないというのに、彼らが真に満たされることはないことにも、あなたは直ちに気づくでしょう。とはいっても、表現しなければ、いずれにしても満たされることはありません。

19.4 満たされるとは、本当の自分を表現する「生き方」で満たされるという意味です。つまり、完全性という、その満たされた状態を表現する生き方を通して満たされていくという意味です。真実を創造して、それを目撃するためにその才能を使う人たちは、そうする過程で真に満たされる方法と真に創造する方法を見出します。彼らは、創造する己の行動を通して、なるべき人になっていきます。マリアの生き方を呼びかけられた人々は、自分の見たいものを世界へ反映させるよう呼びかけられています。その反映こそが、新しい創造の仕方なのだという気づきを呼び起こします。そのような生き方を通して、彼ら自身が、彼らの創造したいものを体現する存在になっていきます。

19.5 究極の達成とは、この世界で真の自分を生きることです。では、どんな世界で生きるのでしょう。この問いには、難点が潜んでいます。なぜなら、本当の自分を生きることで満たされる人たちは、目的のない感覚を持ってしまうからです。彼らは、自身の反映する力に気づくまでは、次のように悩みます。「なぜ自分は兄弟姉妹たちとは違い、皆が真の自分を生きることで満たされる世界を確立するための役割が、自分にはないのだろうか」と。

19.6 その答えは、「内側と同じように外側でも」という、シンプルなステートメントにあります。この世界で本当の自分を生きることによって、あなたは、世界の変化を創造します。関係性を通してそれを行います。あらゆる人々が、関係性の中で生きて創造しているのです。しかし、マリアの生き方を呼びかけられた人たちは、新しい世界で新しい関係性を創造し、それをしっかりとつなぎとめるよう呼びかけられています。彼らの満たされた感覚の源とも言える、融合との関係性こそが、新しいものが誕生する場です。彼らの「表現」は、その融合を表したものです。

19.7 変化を創造する特定の役割を呼びかけられることは、それぞれの内側で起こるべき変化を、一人あるいは大勢の中で起こす準備の役割を担うということです。イエスの生き方を呼びかけられた人の役割とは、普及した手段、多様な手段、無視できないほど優れた手段によって、人々を新しい生き方へと誘導することです。

19.8 イエスは、マリアなくしては文字通り生まれていなかったように、マリアの生き方もまた、イエスの生き方なくしては、再び現れることはありませんでした。どちらの生き方も、生き方そのものを示すものとして、キリスト意識から生じています。マリアを「仲介する存在」ととらえる人たちは、イエスをそのようにとらえた人たちと同様、この信念には適しません。二人の生き方が体現したものは、仲介の役割ではなく、神との直接的な融合です。二人は、神との直接的な融合という、その創造的な一面を異なる方法で体現しましたが、そのどちらも同じものを体現していました。それがまさに、新しい時代における全員の役割です。一人ひとりの個別の役割について話すとき、わたしたちは、その究極的な役割の表現について話しています。マリアとイエスの生き方は、「内側と同じように外側でも」という真実と、内側と外側の世界の関係性を示しています。

19.9 しかし、マリアの生き方は、外側との交流を持たない状態や環境を目指すものではありません。修道士や修道女のような生き方や、ただ静観するだけの古い生き方を提唱するものではありません。人里離れたところで行う隔離生活や、特定のコミュニティにとどまることを推奨するものでもありません。マリアの生き方は、何よりも関係性を最重視した生き方です。何かを「する」という使命ではなく、本当の自分に「なる」という使命に耳を傾けることです。

19.10 あらゆる人々が真の自分に「なる」よう呼びかけられていますが、そのために何かを「する」ことが必要な人もいます。マリアの生き方を呼びかけられている人たちは、特定の役割を果たして世界で顕現していく上で、何かを行うことを求められているのではありません。ただ、受け取り、分かち合い、求められた体現をしていくという意味では、何かをする必要があります。それが、生まれ変わるという行為であり、新しいパターンでもあります。そのパターンは、何かをすることによってではなく、スピリットと融合して生まれ変わる創造的行為によって、実現が見えてくるものです。生まれ変わる生き方が奇跡への道であるという意味で、マリアの生き方は、イエスの生き方の終わりに適しています。手本を与えるという意味でも、イエスの生き方の最後に上手く対応していると言えるでしょう。マリアの生き方が唯一異なる点は、用いられた手本が、個別の人生を表すものではなく、あらゆる人の人生を意味する融合と関係性そのものであるという点です。

19.11 これは、イエスの生き方を呼びかけられた人々が拍手喝采を受け、マリアの生き方を呼びかけられた人々が無名に終わるという意味ではありません。ただ、マリアの生き方を呼びかけられた多くの人たちは、世界でとりわけ求められていることをしていくでしょう。けれども、彼らの行いは、生き方を潤滑にする手段から生まれるのではなく、生き方そのものから生まれます。マリアの生き方をしている多くの人たちが、高い称賛を受けますが、彼らにとっては、称賛されようが無名であろうがどうでもよいことなのです。自分に正直であること、そしてたった一つの真の自己の呼びかけだけが、彼らには大事なのです。最終的に、あらゆる人々がマリアの生き方に従い、称賛や無名といった概念は存在しなくなっていきます。しかし、移行する間は、知る手段を示すために、真の表現を目的とする両方の生き方が必要です。

19.12 まだ自分を見つけていない人たちでさえも、自分を見失うことをもっとも恐れています。彼らは、未知のために既知を失うことを恐れています。次の二つの方法が、未知を既知にします。一つは、個別の手本を通して未知を既知にする方法、もう一つは、未知が未知でなくなり経験され得るものになるよう、新しいものを創造することによって未知を既知にする方法です。

19.13 経験され得るものにすることが、新しいものとしっかりつながるということです。融合と想像力によって未知との関係性を持つ人たちは、何かを「する」のではなく、別の手段で新しいものを創造します。彼らは、未知に向かって道を切り開きます。そして、あらゆる先駆者たちがしたように、創造の道に通じる扉を開き、意識の内側でその道とつながります。彼らはまさに新しいパターンを創造し、兄弟姉妹が見つけられるよう、それをつなぎとめます。そして、絡み合う現実の世界へそのパターンを取り入れます。

19.14 そうした生き方の真実は、形を使って知識を伝達しても見つかりません。関係性を通して発見されます。マリアの生き方に従う人たちは、人々が見つける真実の鏡となり、兄弟姉妹の生き方を映し出します。だからこそ、マリアの生き方は、外側と関わらない状態や環境を目指すものではなく、大いに関わりを持つものなのです。そんなマリアの生き方は、関係性を通して知を促しているとも言えます。その状態は、形ある真の自己から生じます。

19.15 融合と関係性に参加する行為には、新しいものを創造するための鍵があります。それは、以前に話した、知らせて知らされる行為です。それは、観察して観察される状態の先にある段階です。その段階で、新しいものが創造されていきます。それが、観察者の目的ではなく、創造の目的だからです。それが、生命を吹き込み、伝える、創造力です。融合や関係性とつながっている状態が、真の自己による創造というチャネリングを可能にします。真の自己は、融合や関係性とつながっているからです。

19.16 これは、高度に個別化された人々がくれぐれも用心すべき点です。マリアの生き方をしている人たちは、イエスの生き方の手本として生きている人々を支え、励まし、彼らに新しい生き方を示す必要があります。そこもまた、用心すべき点です。それが、判断する状態へと導きかねないからです。二つ以上の方法があるとき、そこには、常に比較と判断をする余地があるため、互いに支え合い調和して存在するつながった円のようなものとして、二つの生き方をとらえることが現実的です。特定の役割を与えられた人たちは、その役目を果たすにつれ、自然とマリアの生き方へと移行します。

19.17 イエスの生き方を追う人たちがいなければ、マリアの生き方を追う人たちは、より多くの難題を抱えるでしょう。新しいものへとつながる、わずかな空間があります。イエスの生き方に従う人々は、真の自己の広大さと寛容さを創造します。彼らは、新しいものにつながるためにいかりを下ろし、移行する間に押し寄せる嵐を乗り越えていきます。

二十日目　最初の移行

20.1 さあ、この天国に近い山頂を降りて、地上へ行く準備を始めましょう。あなたがこの対話の真実をますます心の拠り所とするように、わたしたちは、これまであなたが頼りにしてきたガイダンスから離れます。

20.2 あなたは、未知との関係性に気づき、それを恐れることをやめました。おそらく、あなたは今、既知から未知へ向かって歩み出したくて仕方ないでしょう。その思いが、真の終わりを象徴しているとはまだ気づいていないでしょう。真の終わりとは、あなたの内側で、あなたの現実において、自覚ある意識の中で、「真に学び終えること」を指しています。

20.3 それが、最初の移行です。あなたは、その移行の途中、未知のものを教えたり、地図上で示したり、誰かに見せてもらったりすることはできないことを理解します。

20.4 これを読んだあなたはおそらく、矛盾を感じるでしょう。今までは、未知のものを教わってきたからです。けれどもそれは、完全に正確だとは言えません。この対話で起きていることは、あなたのマインドとハートにあった感情や記憶に言葉をあてがい、それを分かち合うことです。このような言い方は新しいかもしれませんが、この言い方こそ、感情や記憶を受け取る人の表現です。真実を聞き、それに応えるやり方には馴染みがないかもしれませんが、それもまた、真実を受け取る人の表現と言えます。つまりこの場合は、あなたの表現を指しています。

20.5 真実は真実です。それは不変で、あらゆる人にとって同じものです。

20.6 では、「未知」とは何でしょうか。真実を受け取り、それを表現することです。

20.7 あなたが、知る過程を通して必ず知り、自分を知り、常に知ることができるのはそのためです。数ある表現の中から知るべきものは、たった一つの真の自己だけです。あなたは、未知であり既知です。あらゆるものもまた、未知であり既知です。

20.8 あなたは、未知の存在を表すと同時に、未知のものが知られるための唯一の手段でもあるのです。

20.9 別の言い方をすれば、誰にでも知ることができるのに、あなたのまだ知らない真実と叡智が知られるには、あなたが必要だということです。もしたった一つの真の自己の美と真実と叡智が知られる方法が、それしかないというならば、知る力と知らせる力はあなたにあり、それらの源もまた、あなたであるということです。

20.10 こうした考えに、思考術を応用してください。そうすれば、あなたはこの最初の移行を完了できるでしょう。

二十一日目　逆転

21.1 おそらく気づいていると思いますが、最初の移行は、源が外側にあるという、あなたがまだ手放していないかもしれない考えを手放すためにあります。外側の世界には、源はありません。叡智やガイダンスの源は、外側にはありません。情報でさえも、その源は外側ではないのです。

21.2 これは、あなたが慣れ親しんできた学びのパターンにも言えることです。叡智の源は、学ぶ間、あなたの外側にあったように感じられたかもしれません。けれども、その源は、叡智、ガイダンス、情報が行き交う経路の役割を果たさなければならなかったからです。もしそうでなければ、学びは起きていなかったでしょう。伝統的な学びのパターンでは、叡智、ガイダンス、情報は、教師から生徒へ渡るものだとされてきました。この場合の教師には、実際の教師のみならず、親や友人も含まれます。言い換えれば、叡智、ガイダンス、情報は、与える人から受け取る人へ渡りゆくものとされてきました。

21.3 与えるものが受け取られなければ、教えることも学ぶこともできません。与える人は、与えるものを入手できるものにすることはできますが、受け取る人の受け取る行為がなければ、教えることも導くこともできないばかりか、情報をわかりやすいものにすることさえもできません。ですから、いかなるときも、受け取る人の行動が、学びを可能にしてきました。つまり、受け取り手もまた、源であると言えます。受け取る人が与えられたものを受け取り、それを自身に与えなければならなかったからです。

21.4 経路は手段であって、源ではありません。源は、ワンネスと融合です。アクセスして分かち合えると気づいている状態もまた、源です。

21.5 あなたが受け取ることを認め、その受け取ったもので何をするのか、それが唯一、大事なことです。

21.6 あなたはこれから、人生そのものが経路であり、自分が常に受け取っていることに気づいていくでしょう。おそらく今でも、自分が受け取るものは、自分を超越した源からやってくるものだと思っているかもしれませんが、その考えは変えなくてはなりません。与えることと受け取ることが同じならば、与える人と受け取る人も同じです。あなたは、あらゆる人とあらゆるものに内在する神の生命力の経路として、融合の内側で、叡智とガイダンスと情報を受け取ります。その受け取ったもので何かをすることができるのは、あなただけです。あらゆるものへ送られていないものが、誰かに送られることはありません。古くは、持てる者と持たざる者と同様に、より多くを教え、より多くを学ぶ者がいる一方で、そうではない人々もいるかのように考えられていました。しかし、そんな学びのパターンでさえも、教える人と学ぶ人が同じであるという結果を生んでいたに過ぎません。知識を伝達することで、最終的には、教える人と学ぶ人は同等になります。手段と結果は常に同じなのです。

21.7 しかし、今や、「最終的」という考え方は必要ありません。教える人と学ぶ人は同等なので、もはや、どちらの呼び方も必要ありません。知識の「伝達」は、与える行為であり、受け取る行為であり、同じものです。融合の内側で生きるとき、仲介となる存在は要りません。あらゆる瞬間で必要な知識、叡智、ガイダンス、情報は、あらゆる瞬間で手に入るものであることが明らかとなります。学んだことを応用することもあれば、理解できないこともある中、関わりを持つということは、外側の源から何かを自分の中へ取り入れるということではないことがわかります。そのような関わり方から、内側で始まったものを外側へ延長する、真の関わり方へと移行します。

21.8 これは、見事な逆転に感じられるでしょう。その通りです。この逆転が、あなたを創造者にします。しかし、最初の移行を遂げなければ、それは起こりません。

21.9 あなたは、教師として自分を捧げた仲間とともに、山頂の経験を始めました。その教師は、教師が不要であることを受け入れる意志をあなたが持つまで、あなたを導く教師として、自らを捧げました。その人は、自分がいなくてもあなたが大丈夫であるよう、あなたを準備させるために山頂であなたと過ごしたのです。あなたは、その人に頼る状態から抜けることで、自分自身を頼る状態になります。自分自身を頼る状態こそ、キリスト意識の内側で生じる対話で示されているものです。キリスト意識は、あなたが融合の内側で分かち合うものであり、あらゆるものとの関係性を表しています。あなたは、この対話を自分のものとするように言われてきました。そして、叡智が自分のものであることに気づくよう言われてきました。それを受け入れているでしょうか。この声を自分の声として聞く準備を始めているでしょうか。あなたが唯一表現できるものとして、キリスト意識の声を表現する準備を進めていますか。

21.10 わたしたちがともに過ごす最後の時間は、そのためにあります。最初の移行と、それに必要な思考の逆転を起こすことに専念してください。ここでの時間を胸に抱き、新しい創造へと進んでいきましょう。

二十二日目　チャネリング

22.1 ここで、チャネリングについて少し話すとすれば、それはあなたがチャネラーとして、こうした言葉を必要とせず、自分を経路として使って己を知るようになったからです。けれども、チャネリングについては、混乱をきたす可能性もあるので、ここで触れなければなりません。昨日の対話では、学ぶ間は、教師が経路の役割をしていることと、あなたがすでに、人生のすべてが経路であることに気づいていることを述べました。教師を経路ととらえること、人生を経路ととらえること、そして、真の自己を経路、つまりチャネラーととらえることには、大きな違いがあります。

22.2 チャネリングとは、単純に、表現することだととらえましょう。それは、与えられて受け取られる表現、かつ、受け取られて与えられる表現です。チャネリングという言葉が、スピリチュアリティと関連して用いられる場合、大抵、仲介の役割を示すためでした。おそらく、チャネラーは、生きる者と死者の間、人間の世界と魂の世界の間を執り持つ仲介役と考えられていたでしょう。そのような考えが、生きる者と死者を、魂と人間を、二つの状態に分けました。もっとも基本的なレベルでは、その二つの状態を「既知」と「未知」とすることができます。例えば教師は、既知と未知の間にある分離を仲介します。したがって、チャネラーを、未知を既知にする経路と見ることができます。そのように考えると、人生そのものを経路として見ることができます。

最初の移行で、あなた自身が未知の存在を表し、あなた自身が未知を知るための唯一の手段であることを知るので、チャネリングについては、明確にするためにも、さまざまな方法で話すことが大事です。あなたは生命であり、常にあなたとつながる生命力に囲まれています。

22.3 一般的に理解されているスピリチュアルな意味合いにおいて、チャネリングは、分離もしくは融合の感覚を増進させるものです。チャネラーを、誰にでも利用できる、与える手段やつながる手段として見るのではなく、皆にないものを持つ者として見るとき、分離の感覚が生まれます。それぞれがつながる先は、異なっており、それは、表現されて初めて、人々の手に届くものとなります。それらは、あらゆる人々が入手できるものとして存在します。表現する手段もまた、あらゆる人のために存在します。表現されるものが異なる理由は、普遍的なもの（誰もが入手できるもの）と個人（表現されるもの）の組み合わせだからです。チャネリングで伝えられたものか、他者が表現した普遍性か、そのどちらを利用するかは選択であり、それが、チャネリングのユニークな点だと言えます。普遍的なものが、すべてです。チャネリングで伝えられるものは、あらゆるものの中から受け取られて表現されることを認められたものです。チャネリングのための経路を、いくつも見出す人たちもいます。彼らは、チャネリングの霊的経路と自分自身が同じであるとは気づいておらず、その両方を使ってチャネリングします。両方が同じなのは、どちらも選択が必要だからです。ここでの選択とは、チャネリングに入る選択、融合を可能にする選択です。その選択によって、宇宙（誰の手にも届くもの）は、（個人的な）願望という表現を通してチャネリングされ、伝えられます。

22.4 ですから、あらゆる選択がチャネリングの手段となります。チャネリングでは、無数の経験や入手できる情報、知りたいと思っていることだけを得られます。したがって、あなた自身が未知の存在を表し、あなた自身が未知を知るための唯一の手段であると繰り返すことには、用心を伴います。別の言い方をすれば、あなた自身が、未知を既知にする経路ということです。何を知るか、どのように知るかという選択が、チャネリング行為と言えます。

22.5 しかし、チャネリングにはもう一つ、考慮すべき「通過」という考えがあります。これについては、以前、融合へのアクセス、つまり、意識を向けている場所、または、その意識状態として述べました。さらに、その意識状態では、融合の意識が、形あるあなたの中を駆け抜けると述べました。チャネリングの過程を考えると き、チャネリングには仲介の役割はなく、融合の役割だけがあることは明らかです。その役割こそ、あなたが知りたかったものです。つまり、地上で果たすことをあなたが知った、あなたの役割であり、神と直接つながる役割です。

22.6 全員の役割が同じであったとしても、問題はありません。同じ役割を表現しても、どれ一つとして同じ結果にはならないからです。神とつながる人は、既知とはつながりません。けれども、分かち合いたいと思える素晴らしい秘密を、神との融合を通して学んだように感じることでしょう。では、その秘密とは何でしょうか。どのようにそれを分かち合いますか。それをどのように伝えますか。どのようにその秘密にアクセスしますか。どんな手段でそれを表現しますか。言葉にして伝えますか。それとも、イメージを描いて表しますか。物語にして伝えますか。神と直接つながる役割を果たしても、そこで触れた融合を分かち合えないとしたら、抑えきれない気持ちを味わうことでしょう。あなたは、その秘密をどのように自分の中を通過させ、世界へ送り出しますか。

22.7 これらの問いに対する、もっとも簡潔で率直な答えとは、愛に生きることです。つまりあなたは、自分が触れ、経験し、感じた未知を、表現していかなければならないということです。それが、一体感とともに知り得たものを表現していくということです。それを伝える過程で、それが実在するものになるからです。その方法でのみ、それは実在し続けます。あなたが融合を知る理由は、融合という未知の現実を、分離という既知の現実に注ぎ入れることで、融合を保ち、創造するためです。あなたは、知らなかったものを知ると、それを伝えたいと思っている自分に気づくでしょう。あなたは、愛しか存在しない場所を知ったことに気づくのです。そこには、苦悩、死、痛み、悲しみ、分離、疎外感はありません。融合したその場所を完全に表現し、そこにとどまり、意識ある状態でその場所を分かち合えれば、自分の生きる現実に、その融合をもたらせることを実感できるでしょう。

22.8 神とつながっている意識は、あなたの内にあり、あなたに表現してもらえることを待っています。それは、あらゆるものに内在します。木々、花々、渓流、吹き渡る風に存在し、一人ひとりの中にもあるのです。今こそ、そうでないかのような振る舞いをやめるときです。木々、花々、渓流、吹き渡る風に存在するあらゆる意識のために、かつ、生命に内在する神とつながったあらゆる意識のために、経路となる役割を果たすときです。

22.9 その意識が、キリスト意識と呼ばれているものですが、何と呼ぶかは問題ではありません。たくさんの似ているものを何通りもの言い方で表してきましたが、ここで表現されている言葉はすべて、あなたに神とのつながりを認識してもらうためのものです。神との融合を受け入れて実現させたときに創造する、新しい世界へとあなたを導くための言葉です。

22.10 あなたは自分自身を、チャネリングの経路ととらえるかもしれません。その経路を通じて神との融合が表現され、今すぐそれを実在させることができます。今が、それをするときです。「高次」の自己が、あなただけができることをしようとして待機しているなどということはありません。あなたが知ることを、あなたの知る方法で知る人もいません。あなたが表現する方法で未知を表現できる人は、あなたの他にいません。未知は、受け取られて表現される中でのみ、知られるものになります。これについてあなたがどのような意見を述べたとしても、それは問題ではありません。言葉を用いて未知を表現するとき、あなたのものではない言葉はすべて捨てて、あなた自身の言葉を見つけましょう。自分以外の言葉を捨てること、自分自身の言葉を見つけること、その二つが必要です。

22.11 融合するための場所は、あなたの感覚のみにあることを覚えておいてください。あなたは、その中で、神、愛、一切の悲しみがない喜び、永遠の生命を知ります。それが、あなたが伝えることのできる大いなる未知です。

二十三日目　引き継いでいくこと

23.1　地上で何を伝えるか、そこに、真のあなたが表れることを忘れないでください。ですから、あなたは、恐れのない愛、悲しみのない喜び、そして、永遠の生命を知る人でいなければなりません。あなたはそういう人であるはずです。あなたがそう気づくために、理解すべきことを第一部で述べ、第二部では、理解したことを応用する方法を伝えました。この対話は、与えられたものを引き継いでいく手段を届けるものです。

23.2　空気が音を乗せ、小川が水を運び、妊婦が子供を身ごもるように、あなたは、与えられたものを運ぶ運命にあります。あなたに与えられたものは、あなたに付き添い、あなたを前進させ、あなたに支えてもらうことを意図されています。あなたは、与えられたものから分離してはいません。あなたは、与えられたものを内にとどめ、それを運んでいます。

23.3　昨日の対話では、チャネラーとして生きることについて話しましたが、今日は、与えられたものを引き継いで生きることについて話します。これまで、あなたに対する指示が与えられてきましたが、今、わたしたちの目の前にある課題は、与えられたものをこの天国に近い山頂から地上へと運ぶ、その手段を理解することです。地上とは、ともに生きるあらゆる存在と、相互につながる場です。例えて言えば、まさに、わたしたちは雲から抜け出し、幻想を抜けて、一つの世界と別の世界を隔てていた霧を手放します。

23.4 幻想の雲は、放棄されなければなりません。妊婦が胎児の成長のため自身の身体を差し出すように、この山頂での時間を穏やかに過ごしてきた人々もまた、明け渡さなければなりません。これは意志であり、諦めることとは違います。これは、あなたの中を流れる力へ明け渡すことであり、知をもって未知へと道を譲ることです。つまりそれは、未知を既知へともたらす意志であり、既知を未知へともたらす意志なのです。

23.5 自分の中を流れる力に明け渡すということは、自分自身の意志に明け渡すという意味です。それには、知る意志と知らせる意志の両方が、自分の内にあることを全面的に認めなくてはなりません。その意志は、神の意志であり、あなた自身の意志です。それが、キリスト意識であり、あなたの内側で生きている意識です。あなたが、認識と誇りと意志とともにそれを引き継ぐことだけが、要求されています。そこから、新しいものが誕生していきます。

二十四日目　可能性

24.1 あなたは、蚕であり、繭であり、蝶です。そして、そのように多くの姿を持つ真の自己であると同時に、一つの真の自己です。つまり、多くの形を伴った一つの真の自己です。蚕が繭や蝶になる可能性を秘めているように、あなたが宿る形には、これからあなたが顕現し得る、あらゆる可能性が秘められています。

24.2 あなたは、処女であり、妊婦であり、生まれた子であり、新しい生命です。それが、世界と創造のあり方です。不変のものは、数々の顕現を経ても不変のままです。完全性は、細胞や素粒子のすべてに存在します。あなたの中にも存在します。あなたからそれを奪えるものはありません。完全性は、あらゆる創造物にとって自然なものであるように、あなたにとっても自然なものです。それは、可能性が実現されたり顕現されたりしたときにだけ存在するのではなく、いかなるときでも、あらゆるものに存在しています。

24.3 可能性が存在します。それは、力、エネルギー、スピリットとしてあなたの内側にあります。それは時を待つことなく、ただ存在します。それは変容する力として、眠ったままでいることも、解放されることも可能です。その選択は、あなたのものではありません。その力は、あなたからも本質からも離れていないところに存在する、自然の力です。それはいくつもの方法で呼び起こされますが、そのうちの一つは、あなたによって呼び起こされます。『愛のコース』はきっかけだと述べたのは、このコースは、選択を引き起こし、本質を呼び起こすものという意味でした。『愛のコース』は、それらを促す行動を伝えるものです。あなたが今、自らの本質が現れることを認めるか否か、それはあなたにかかっています。

24.4 自分の本質に反して苦しむことが、あなたが一生をかけてやってきたことです。それを終わりにしましょう。あなたが、あなたの中に秘められた可能性を解放するなら、あなたの本質のすべてが姿を現します。

24.5 あなたは、蚕は不変の自己を表し、自分はそれとともに旅を始めたと思うかもしれません。そして、身体は繭であり、可能性を運ぶもの、蝶は魂で、可能性が育まれて解放されたあとに出現するものと考えるかもしれません。別の言い方をすれば、完全性は、常に可能性として存在してはいましたが、その完全性に到達するまでの各段階が必要だったということです。けれども、完全性は、いかなるときにもあったこと、かつ時を待つことなく、ただ存在していることを忘れないでください。

24.6 身体という繭の中に居続けようとすることは、魂を繭の中に閉じ込めようとすることです。それは、不可能なことを試す行為です。魂の本質は現れることです。可能性が呼び起こされるとき、魂の羽が繭の中から突き出てきます。魂は、繭という容れ物から解放されて初めて姿を現すのです。

24.7 しかし、身体は置き去りにされません。蚕も繭も蝶も常に一つの存在で、これからも一つであり続けるからです。それぞれの形は、魂になるまでの異なる段階に過ぎません。もしそれが解放されないのなら、再び始めるために、その形で死ななければなりません。したがって、魂は、再生するために死ななければならないときでも、形を変えて常に現れます。

24.8 意志が、可能性を呼び起こします。意志は、あらゆるきっかけの中でも最大のものです。一度動き出すと、自分こそ、あらゆる可能性を運ぶ容れ物であると気づき、「可能性」という名の力を放つようになります。可能性が存在することを覚えておいてください。それが存在しないことはあり得ません。可能性は、未来にあるのでも、これから生まれるのでもなく、ただ存在しています。

24.9 空気が音を乗せ、小川が水を運び、妊婦が子供を身ごもるように、あなたは可能性を運びます。呼び起こされた意志によって、あなたは自分の可能性を、その姿が誕生するところへと運びます。呼び起こされた意志もまた、あなたの中でずっと存在していました。意志と可能性が一つになることで、あなたの力が生まれ、新しいものが誕生します。

二十五日目　庭のお手入れ

25.1 マインドの空虚さが、あなた方の多くを悩ませるでしょう。かつて探求し、切望し、疑問を投げかけていたマインドは、おそらく今は静かになっているでしょう。その静けさから、あるがままのマインドが現れます。

25.2 しかし、これは、その静けさの中で満たされなければならないという意味ではありません。静けさがあなたを包むとき、あなたの一部は反撃するでしょう。新たに記録すべきものも、新たに学ぶべきものも、神からの新たなインスピレーションもないとしたら、あなたのマインドの一部は、その無から何かを生み出そうとします。生まれるままにしておきましょう。できるときは、静けさを認め、できないときは、マインドの反撃を認めてください。何も抵抗せずにいてください。

25.3 あなたはもはや、かつてのあなたではありません。一生懸命なエゴのマインドに対して、防御する必要はありません。この時期のあなたの考えは、あなたの耳にさえも馬鹿げて聞こえるかもしれません。けれども、あるがままにさせようではありませんか。あなたの感情は、混乱したかと思えば、次の瞬間には極めて明白になっていたりするかもしれません。そのままにしておきましょう。あなたの思考もまた、崇高なものから世俗的なものへと落ちていくかもしれませんが、そのままにしておきましょう。

25.4 この時期は、探求したり疑問を投げかけたり、答えたりする必要はありません。むしろ、新しいものが生まれるままにしておかなければなりません。それは、新しいものが生まれることへの、無抵抗な姿勢と静けさが結びついた、新しいパターンです。

25.5 この時期は、質疑応答をする時期というよりは、分類と処分をする時期だと言えるかもしれません。目の前に現れるものに対し判断せずに、そのままにさせておくことに慣れましょう。ぜひ、あるがままにさせようではありませんか。あなたの賢い考えと同様に、馬鹿げた考えすらも楽しみましょう。そして、古い考えに対する抵抗を手放してください。それが古いパターンだとわかるだけで十分なのですから、あるがままにして、それを手放しましょう。

25.6 あなたは、自分の感情に向き合って内省するとき、分類と処分をします。何かを探そうとする態度で内省しないでください。訪れたものはすでに現れています。探す必要はありません。この時期は、庭師のような態度を心がけてください。雑草と収穫物を分類して庭の除草をするように、なるべく機械的に行いましょう。自分のことを、「恵みである収穫物を備蓄する人」だととらえてみてください。けれどもまだ、その収穫を祝うときではありません。今はまだ、集めるときです。

25.7 この時期は、準備の時期であり、待つ時期ではありません。あなたが知るべきことは、あなたの手をなくしては、あなたのもとへ集まることはありません。あなたの意志がなければ、分類もされません。この取り組みを、マインドを使う課題のようにやろうとしないでください。また、「自分は何を探しているのだろう」と探しものをするかのように、やろうとしないでください。あなたは何も探していません。あなたはただ、あなたの庭の手入れをしているのです。

二十六日目　自己ガイダンス

26.1 以前にも述べましたが、知る力と伝える力の源はあなた自身にあり、あなたにはその両方の力があります。ですから、必然的に、あなたは自己ガイダンスをすることができます。

26.2 ガイダンスの概念について、少し話しましょう。ガインダンスを求めていたあなたは、どうしてよいのかわからなかったので、それを求めていました。内なるガイダンスの源を知らなかったので、外側でそれを求めていたのです。あなたは、話し言葉、読み物、対話、例え話を通して、ありとあらゆる種類の教師、カウンセラー、指導者へと導かれてきました。どうすべきかわかっていたら、ガイダンスを求めていなかったでしょう。ですから、ガイダンスに対するあなたの考えは、おそらく、未知の概念に左右されています。

26.3 ガイドとしての真の自己について、少し話しましょう。これは単純に、知らないものを知るための源として、真の自己に頼るという意味です。この考えはシンプルですが、大きく広げることができます。

26.4 ガイドが道筋を示し、動きを創造し、方向性を打ち出します。許可があれば、真の自己も同じことができます。あなたが許可を出せば、真の自己はあなたを導いてくれます。真の自己が、あなたを山頂から渓谷へと導きます。他にガイドはいません。わたしたちは、たった一つの真の自己です。

26.5 真の自己は、信頼に足る存在です。あなたは真の自己を信頼しますか。あなたは、自分の庭の手入れをすることによって、その信頼を育み、地上へと降りる準備をしていきます。

26.6 自己ガイダンスは、内なるコンパスとも言えます。必ずしもそれは、求められる通りの答えを知らないかもしれません。しかし、こちらが注意を向ければ、知るための方法を示してくれます。

26.7 未知を既知にするこの錬金術のような移行こそ、創造物が誕生するときと言えます。真の自己の内側で未知が既知に変わるその瞬間、それは、かつて存在したあらゆるものを成就しているとも言えるでしょう。あらゆるものが、一つの鼓動によって、一瞬の知によって、実現したのです。それが、たった一つの真の自己が己を知るという意味です。その知は、「なるほど、そうか」という大きな驚きではなく、畏敬の念とともにやってきます。創造主と創造物は一つです。あなたが経験する帰郷は、創造主と創造物の融合を表しています。

26.8 自己ガイダンスとは、たった一つの真の自己が己を知る推進力であり、燃料です。あなたは、皆に知られる存在となる準備ができています。

二十七日目　異なるレベルの経験を把握する

27.1 恐れに満ちた見方で残りの人生を危惧せずに、真に自分のものとして残りの人生を手にすることを心がけてください。理解できる範囲で、把握できる範囲で、知る力の及ぶ範囲で、人生をしっかりと掴んでいてください。あなたは、たくさんのものを手放すよう言われてきましたが、手放すものの中に人生は含まれていません。

27.2 あなたは、確実なものではなく不確実なものを手放すよう言われてきました。かつては得られるとは思われていなかった確信が、得られることを保証されてきました。確信とは、あなたの内側で生じるものですが、それは経験を通してしか大きくなっていきません。そんな確信があなたの内側で生じることができた理由は、ただ一つ、あなたが今までの暮らしをしながら、この山頂での時間を過ごすことに同意したからです。あなたは、そのように二つのレベルで経験し始めるようになりました。それこそ、わたしたちがともに過ごした時間のゴールでした。

27.3 魂を洞察することなく人生を送ることは、外側の人生を送ることを意味します。人生そのものがあなたに道を示し、異なる方向を示し、あなたが知るべきことを告げてきました。それが、外側における人生経験です。ほとんどの人々は外側の人生についてはよく分析しますが、内なる視野を持っていなかったあなたの人生は、あなたがその方向性に隠された原因を探ったとしても、内側へと導かれることはありませんでした。自分を導く道しるべを外側で探す間、内なる視野による自己ガイダンスは行われていませんでした。

27.4 内なる視野は、たびたび洞察力として姿を見せていましたが、そんな一瞬の洞察は、この天国に近い山頂で言えば、一時的に見える景色のように思えるかもしれません。地上で直面していた障害物が、突然、道を譲ってくれたため、ほんの一瞬ですが、あなたははっきりと、その眺めをこの山頂で見ることができました。あなたは遠く離れた場所からそれを見ましたが、その距離があったおかげで、広い視野で見ることができたのです。

27.5 それが、あなたがこれから地上での人生へと持ち込む、内なる視野です。なぜなら、あなたは、わたしと山頂で過ごす間、二つのレベルで経験する力を駆使する訓練をしたからです。

27.6 「知る」ということは、マインドだけで行うことではありません。スピリットだけで行うことでもありません。知るということは、内なる視野の本質です。それは、完全な心を持つ人の経験と魂の経験が結びついたものです。あなたはこれまでも、そして今現在も、人と魂の両方であり、形と中身の両方です。今やあなたの内側には、人生経験を通して両レベルを結びつける力が備わっています。あなたはすでにそれを行い、実際、とても上手く実践しています。

27.7 今あなたに求められているものは、内なる自分を見つけたこの状況と、人生との新しい関係性を理解し、それらを意識にとどめることです。あなたは文字通り、新しい見方を得ます。初めは、二つの視点を得たように感じるかもしれません。内側の視点と外側の視点、人の視点とスピリットの視点、地上からの視点と天国に近い山頂からの視点、それらの両方を得たと思かもしれません。山頂から降りたとしても、山頂で得たそれらの視点を失うわけではありません。あなたは山へ行ったのではなく、山があなたのもとへ来たのです。

27.8 この新しい状況を把握するための実践をしていくと、視点は、概念を超えたものになります。第二部の解説IIで述べたように、それは、実践を通して信頼できる力となり、二元的な性質が失われ、あなたにとって呼吸のように本来あるものとなります。同様に、あらゆる生命の二元的な性質は、ただ一見そう見えるためだけに現れるようになります。

27.9 あなたが関わってきた二つのレベルの経験は、これから起こる、高次への最大の上昇の足場となるものです。二元的に見えるすべてが、一つの完全なものとして異なるレベルで経験されるようになります。これを考えるとき、あなたは再び、山頂を思い浮かべるかもしれません。一方では暗闇が、もう一方では夜明けが見えるかもしれません。対をなすものは、一つの完全なものが持つ、異なる側面としてのみ存在します。そしてその異なる側面は、一つの経験の異なるレベルとしてのみ存在します。

27.10 内側と外側、形と中身、人と神という両レベルを経験する力を理解して、その力をしっかりと掴んでおけるということは、形ある自己が高次へ上昇するということです。別の言い方をすれば、いかなるときもあなたの本来の状態である、完全な存在でいるということです。

27.11 暗闇と光、寒さと暑さ、病と健康は、それぞれ同じ連続体の対極の側面に過ぎません。ですから、それらについて、分離の度合いで区別されているだけだと考えることができます。あなた自身についても同じです。

27.12 完全性からの分離の度合いは、暑さと寒さの分離の度合いと同じようにとらえることができます。もし完全性を理想的な温度ととらえるなら、分離の経験は、常に理想の温度といくらか違う温度で起きていた経験と考えられるかもしれません。温度は決して完璧ではなく、常に暑過ぎるか寒過ぎるかのどちらかでしたが、完璧な温度は、あなたが経験していなかっただけで、実はずっと存在していました。つまりあなたは、自ら選んだ分離の度合いによって、完璧な温度から離れたところにいたのです。あなたが融合や完全性をまったく選ばなかったため、あなたは、体温のない状態や天気の影響を受けない状態を経験しませんでした。しかし、それは、体内温度、華氏九八・六度［訳註・摂氏三七度］、体外温度、華氏七八度［訳註・摂氏二五度］という理想の温度を拒絶したようなものです。温度を示さない生体や環境は存在しません。一定の温度を示す種もいます。不変は完全性の一面であり、移ろいやすさは、分離の一面です。分離の移ろいやすさはすでに存在するものなので、不変なものが、わざわざ移ろいやすくなる必要はありません。

27.13 あなたが真のあなたであり、常に完成された存在だった事実は、不変です。それが、完全性の一面です。あなたが本当のあなたをどのように経験するかという変動性もまた、分離の一面であることに変わりありません。けれども、その二つを同じレベルの一つの経験にすることができると、すべてが変わります。

27.14 それこそが、二つのレベルを持つ経験に同時に参加するときに目指すことです。わたしたちは、不変なものと移ろうものを一つのものとして同時に経験し、分離ではなく完全性の内側で、変動性を経験する練習をします。それは可能です。

27.15 人間という生き物は、変動します。ワンネスである魂は、不変です。生命は、経験を通して分離と変動性に向けて延長されたワンネスです。崇高な形ある真の自己は、分離の変動性を経験しながら、完全性という、不変の内側で生きる新しい生命を表現します。それが、あなた方が地上での人生を送りながら、天国に程近いこの山頂で集まったときに練習することです。

27.16 分離した自己が経験する、変動性と分離そのものは、常に変わることのない完全性の内にありながら、いかなるときでも移ろいゆくものでした。しかし、あなたが経験してきたことは、完全性でも完全なる経験でもなく、分離の経験でした。今、話しているのは、完全性を経験できるようになること、かつ、形ある自己を通して訪れる経験の変動性を体験できるようになることです。それが、あなたが訓練していくことです。それを行うあなたの力が、あなたの経験を変え、あなたの経験が、世界を変えていくのです。

二十八日目　外側から内側へ向けられた人生経験

28.1 以前は、外側へ向けられた人生と関わり続けることと、日常から逃れることの他に、他の選択肢はほとんどないように感じられていました。その二つの選択は二者択一で、一方を選べばもう一方を捨てることだと考えられていました。外側へ向けられた人生経験から内側へ向けられた人生経験に移行することで、無限の選択肢が創造されます。その選択は、山頂から降り始めたときに直面せざるを得ないものです。それらの選択肢が見えるようになるまで、ただ地上で待つならば、外側と内側へ向けられた人生経験の違いを知ることは先送りとなるでしょう。

28.2 あなた方の多くは、数段階もの意識を経てきました。これから話すことは、理性のある成人期に経験されることです。以前にもこの話をしたので、次の話へ進む前に、必要なことだけを簡潔に話します。

28.3 意識の初期段階では、単純に外側の動きが中心の人生になります。多くの人々、特に若者たちは、それ以外の経験をほとんどしません。彼らの人生は、ほぼ完全に外側の力によって導かれます。例えば、親から受ける教育、義務教育、それ以外の教育などです。

28.4 学校教育を終えると、自立を目指す次の段階が始まります。その段階では、選択肢の幅が広がるとともに、意識レベルが上昇します。若者は大抵、大学へ行く年齢になるまで実家にいるため、家を出て自立することで、自分という自己認識を高めます。学校へ行く年齢が過ぎて大人になると、選択肢は、自立の度合いを示すようになります。例えば、家を出て、友人や同僚、その他の人々との人間関係を含む世界へと移ります。そうした選択肢の中には、個人的あるいは職業的な協力関係を結ぶことも含まれます。結婚や家族形成も、そこに含まれます。学校教育、職業、結婚、かつ家族形成を通し、より標準の人生を送ろうとする人々がいます。それは、好ましい標準であると同時に、ほぼ回避できないものに感じられます。その一方で、夢を追う者や冒険をする人々もいます。

28.5 こうした選択はすべて、外側へ向けられたものです。選択をするとき、内側が大きく反映されますが、こうした選択は、外側の結果に向けてなされるものです。そんな人生のさまざまな状況を経験することによって、成長し、変化が起こり、次のレベルの経験へ向けて、ときには新しい道が開かれたりします。つまり、選んだ人生に向けて、外側での移行が始まるのです。

28.6 そのレベルでは、人生の岐路に立つ人々もいます。彼らは、一つの選択がきっかけで別の人生へと導かれるように感じるでしょう。その選択は、ワクワクすると同時に、ときにこれ以上ないと思えるほど難しいものです。一種の停滞期に入り、ただ訪れる機会に従う人々もいます。例えば、彼らは一つの職業を選び、その道を進む中で選択を重ね、別の職業への道などは考えたりしません。多くの人々は、比較的心地よい状態にたどり着くと、その状態に影響を及ぼす選択をすることはありません。

28.7 そうしたあらゆる段階は、宗教的あるいは霊的な経験と結びついています。それらの経験は、選択の際に役立つように感じられますが、外側へ向けられたものという意味では、どれも同じ選択です。

28.8 さあ、新しい何かがあなたを待ち受けています。それは、これまでとはまったく異なる選択であり、革新的な手段です。慣れるまでは少し時間がかかるでしょう。その変化は、これまで経験した、あらゆる変化の上に成り立っています。特に、最近話した中では、完全なる新しい現実を把握することも、これまで経験した変化に含まれます。完全性が新しいのではなく、完全なる現実が新しいのです、つまり、完全な状態において、分離の変動性を経験できる現実が新しいのです。

28.9 これは、もっとも心にとどめておかなければならないことです。先日、与える人と受け取る人を信じる状態から、与える人と受け取る人が同じであることを知る状態へと逆転する話をしましたが、それもまた、もっとも大事な点です。

28.10 あなたとあなたの人生は、一つです。あなたの人生が与える側で、あなたが受け取る側なのではありません。

28.11 あなたと神は一つです。神が与える側で、あなたが受け取る側なのではありません。

28.12 それが、完全性というものです。

28.13 これから述べる二つの態度の一方には、人生の状況次第であなたを大きく縛りつけることになる、裏の側面が隠れています。これまでの人生を通し、あなたは自ら人生の統制を取れないことを、さまざまな方法で幾度となく見せつけられてきたかもしれません。したがって、あなたは、人生で与えられたものは、受け取らなくてはならないものだと考えています。この考え方が、一つ目の態度です。これは、人生の大きなジレンマとしてお金や仕事の問題を抱えている人々の態度でもあります。彼らが幸せな人生を考えるとき、人生が成功するか失敗するか、それが決定的な要素となっています。

28.14 大きく逆転しなければならないあなたの態度が神のものであり、神があなたの人生の状況を決めているとするならば、おそらくあなたは、人間関係に一喜一憂し、愛する人との別れ、愛する人の死、事故、病気、自然災害などから、より影響を受けてきたことでしょう。そして、説明のつかない力に左右され、成功か失敗かということ以上に、悲しみに見舞われてきたことでしょう。だからこそあなたは、神が与えなければならないものだったのだから、それは受け取らなければならないものだと考えています。この考え方が、二つ目の態度です。

28.15 多くの人々が、少なくともこのような二つの態度を併せ持っていますが、そのうちの一つが蔓延していることがわかるでしょう。あなたは今、こうした考えや態度のすべてを、過去のものとしなければなりません。

28.16 この対話では、受容が主なテーマとなっています。受容とは、外側の状態ではなく内側の状態を受け入れることだと繰り返し述べてきました。しかし、真実でないものを受け入れても、意味がありません。真実でないもののほとんどは、古い思考パターンによるものでした。つまり、与える側と受け取る側がいるという考え方です。

28.17 思考パターンは、外側の思考体系の中に存在し、地上の世界の一部となっています。あなたが作り出したその外側の体系は、内にあるものが表面化されたことを基に作られました。同時に、内にあるものは、以前に表面化されたことを基に生まれました。それが今、変わらなければなりません。これらからわかるように、その変化は、世界を変えるためには不可欠です。

28.18 その変化や変容は、時間の中でのみ起こります。時間の中でしか、分離の経験はできないからです。経験は、変容の力があるところで生まれますが、その変容は、時間を超越したところへあなたを導きます。一つの経験が分離の領域を出て、融合と完全性の領域へ入っていくと、新しい条件が適用されるからです。これから訪れる変化が時間に縛られた進化ではないと述べてきたのは、そのためでした。これから経験する最初の変化、最初の変容だけが、時間の中で起こらなければなりません。

28.19 その変化や変容こそ、わたしたちが、「時間」の中での経験を二つのレベルの経験に変えることで取り組んできたことです。わたしたちの山頂での「時間」をより正しく表すなら、「時間の外側にある時間」とでも言うべきでしょう。

28.20 「時間の外側にある時間」は、それ自体では起こすべき変化を起こせません。「時間の外側にある時間」と

「時間」を同時に経験する力が、変化を起こすのです。それが、時間の完全性であり、永遠性です。それは、経験されて実在するものになります。「永遠」とは不変であり、時間の変動に影響されないものと考えられるかもしれません。別の言い方をすれば、永遠性と時間は、暑さや寒さと同様に、同じ連続体の一部です。それらは、同一の完全なるものの一部であり、不変です。

28.21 同様に、与えることと受け取ることも、その一部であり、不変です。与える人と受け取る人もまた、その一部であり、不変なのです。

28.22 内側へ向けられた経験への移行とは、完全性への移行を意味します。その移行によって「時代の変化」が起こり、完全性の内側で変動を経験できるようになります。

28.23 その移行をする鍵は、「それが可能である」というシンプルな気づきです。新たな可能性に気づくには、経験が必要です。その気づきは、わたしたちの山頂での時間が、あなたに与えたものでした。

28.24 あなたが完全性へ移行するとき、わたしたちが話したすべてが、一つにまとまり始めるでしょう。あなたのマインドの中に、一つの完全なものが形成されていくでしょう。それはまるで、今まで糸だけを目で追っていたところに、タペストリーが見えてきたかのようでしょう。そのタペストリーは、あなたのさまざまな経験が刻まれた、唯一無二の作品です。糸は、真実と完全性へとつながるあなたの旅を象徴しています。

28.25 分離は、もはや求められていません。経験が求められています。あなたの意志と神の意志が一致するからこそ、経験は生じるのです。

28.26 今は、二つの糸を目で追っているかのようでしょう。一つは、あなたを山頂へ導いた糸、もう一つは、あなたが逃避しなかった日常の糸です。これからは、その二つの糸を一緒に織り始め、新たな人生のタペストリーにしていきます。その織る作業は、あなたが、自覚ある意識の中で同時に保つ二つの経験を、一つのものにしていくときに起こります。

28.27 この対話を終えるまでの間、そのことについて話していきましょう。

二十九日目　経験の共通項

29.1 今こそ、二元性という概念を忘れ去るときです。つまり、二元性を実在させなくするときです。完全性と分離、神と人間、生命と個別の自己、あなたの本質とあなたの行動、永遠なるものと一時的なもの、喜びと悲しみ、健康と病、このような古い概念の、限られた力がなくなっていきます。それらの力は、分離の概念としてマインドで保たれなくなると、分離していられなくなります。あなたにはすでに、二つのレベルの経験を同時に行う力があることを忘れないでください。そして、「二元性は別のレベルの経験に過ぎない」という気づきを忘れないでください。天国に近いこの山頂と地上の経験を同時にできるなら、他のあらゆる「対」をなす経験も、同時にできるようになります。対をなす完全なあらゆる物事を一つのレベルの経験にすることができるなら、分離の現実ではなく完全なる現実から、人生を経験できるようになります。

29.2 あなたという「自己」はもはや、魂の自己と人間の自己に分かれることなく、ときに褒め合い、ときに相反するといった、異なった状態のもとで生きてはいません。マインンドとハートが一つの完全な心となり、分離によって生じていた対立を終わらせたように、魂の自己と人間の自己も、同じことをしなければなりません。

29.3 判断を手放し、力の源である完全な心の願いを再び知り、それを思い出したとき、マインドとハートは一つになります。最後にマインドとハートを一つにする手助けとして、その力があなたを支えます。マインドとハートを一つにすることで、二元性が終わります。するとあなたは、完全なる本当の自分へと戻り、真に生きる現実へと回帰します。

29.4 この取り組みは、マインドとハートの亀裂を終わらせることのように、複雑なものです。そして、あなたはすでに、それをやり遂げています。ですから、あなたの現実においても、それを行うことができます。すでにあなたも気づいているように、ここで話しているあなたのやり遂げることとは、すでにあるものを、あなたの生きる現実へともたらすことに過ぎません。別の言い方をすれば、あなたの本質と完全性を一つにするということです。それは、あなたを本当の意味で存在させ、融合の内側へ連れていくことだと解釈できます。

29.5 融合へのアクセス自体は、新たに発見されたものでありながら、常にあなたの内側にあり、完全性と分離という、二つのレベルの経験を可能にする過程の一部でもありました。これについて、情報や知覚できる経験へのアクセスについて述べていると感じられるかもしれませんが、実際は、生き方へのアクセスについて述べています。

29.6 広がりゆく自己に対する親しみもまた、完全性と分離を一つにする過程の一部であり、その経験の一つでした。あなたはそれを、新たな関わり方だと思うかもしれませんが、実際は、新たな生き方でした。

29.7 その新たな生き方が、あなたの新しい現実となります。それは、あなたが何者で、どこにいるのかということに関する、あなた自身の考えと結びついています。あなたの現実とは、あなたが誰で、どこにいて、どのように自分を経験しているかということだからです。経験には、完全性と分離の共通項となり得るものが必要だったのは、そのためです。あなたが完全性の内側にいる自分を経験し、融合の内側にいたことを知った途端、あなた自身が、その共通項になったのです。経験は、あなたという共通項を通して、完全性と融合につなぎとめられます。

29.8 ですから、あなたはこれまでと同じように、あなた自身の現実の創造者であり続けます。

三十日目　完全性に道を譲る

30.1 共通のものは、分かち合われます。それが、完全なものの特徴です。共通項が見つかると、分数が足されて整数になるように、分裂したあなたは、あなたの共通項を通して、完全性に道を譲ります。共通項が単純に完全性に道を譲るのは、自然な過程だと言えます。「道を譲る」とは、明け渡してゆだねることですが、生み出して実らせることでもあります。

30.2 わたしたちが話してきた二つのレベルの経験は、一連の過程のように感じられるかもしれません。それは、まさに数学のように、共通項によって見つかります。共通項は、それ自体では完全ではありませんが、組み合わさることで完全になります。共通項を見つけるためには、二つ以上のもの（分数や変数）が存在しなければなりません。共通項を見つける目的は、二つ以上のものを一つのものに書き換えることです。完全性はあらゆる共通項に存在しています。

30.3 分母は、命名されたものです。命名とは、名を与えることです。初めは、完全なものをばらばらに表現したものに、名前が与えられました。そのように名前をつけることが、創造する行為でした。それはつまり、名前がついたものの存在を単純に示すことでした。「存在」と「完全性」は同じものなので、あなたという自己の存在は、完全性の共通項になり得ます。わたしたちは、あなたを共通項と呼ぶことで、完全性の共通項である真の自己に名前をつけ、あなたという存在を示しています。無限の変化があったとしても、共通の性質はいつでも手に届くものです。したがって、分裂したものが多数の分離した自己になったとしても、共通の性質と完全性は常に存在しています。それは、これまでもずっと存在していたのです。

30.4 人々とつながらなければ、完全性に達することはできません。ゆえに、完全性は、一般的に二人以上の人が交わる分岐点として知られています。「神」や「完全性」や「存在」を知るために、それらを一つ以上のものに分解して考えてみると、実は知る人と知られる人は、同じ一つの存在であったことがわかるでしょう。そうして、知るためには、二人以上の人が必要であることを理解します。完全性を知らない状態は、無の状態にあることを意味します。したがって、完全性を知り、それを自覚した意識状態で生きるためには、二人以上の人がつながる必要があります。

30.5 では、経験という観点から考えてみましょう。「知る人」と「知られるもの」が同じであるとき、「経験」そのものと「経験する人」も同じです。つまり、人は知るためには、経験しなければならないということです。そして経験されたものが、知られます。完全性につながらないということは、完全性を経験しないことと同じです。別の言い方をすれば、「自己」は、「真の自己」とつながらずして、己の本質を知ることはないということです。真の自己は、知る人であると同時に知られる存在であり、経験そのものであると同時に経験する人でなければなりません。神につながるための探求とは、そのような探求を指しています。それは、「知る人」と「知られる人」になるための探求であり、「経験する人」と「経験」そのものになる探求と言えます。その探求の集大成が、あらゆるものとつながることです。

三十一日目　つながるとは

31.1 「つながる」とは、融合と関係性の両方につながることを指しています。このことについて、天国に近い山頂での経験と、地上での経験という、二つのレベルの観点から考えてみましょう。

31.2 あなたは、一つのレベルだけを経験している間は、知る人か知られる人のどちらかでした。自分から離れたところに経験があるように感じられたのは、そのためでした。あなたは、まるで自分から離れたところで起きている出来事や状況に触れたり関わったりしたかのように、「その経験をした」「あの経験をした」と言うでしょう。そのような発言によって、あなたは、関係性に対する認識を表してはいますが、関係性が真に存在している融合への認識については、何も表していません。あなたがその経験を知っているのは、その経験を「得た」からです。そして、あなた自身が「経験」そのものであるという真実が、あなたという存在から離れてしまうのです。

31.3 山頂での経験が助けとなって、あなたは、あなた自身が経験そのものであることに気づきます。山頂での経験は、あなたに降りかかったものではありません。あなたから離れたところで起きたものでもありません。それは、本当に起きたのです。今でも、あなたの内側で起こっています。あなたは、経験そのものであると同時に経験する人であり、知る人であると同時に知られる人なのです。「つながること」が経験の目的であり、完全性を経験する鍵です。

31.4 すでに述べたように、分裂が起こらなければ、完全性を経験することはありませんでした。完全性とワンネスは、同じ一つのものです。あなたは、父なる神、創造主、生命の生みの親、生命の共通項とともにある存在です。

31.5 分離だけを経験するのなら、どんな経験をしても、その経験の半分しか知ることができません。つまり、あらゆる経験を一つの次元だけで見ることになります。端的に言えば、経験を自分自身ととらえるのではなく、自分に降りかかるものとしてとらえることになります。あなたは、経験が生まれる関係性を通して融合を知ると、ワンネスを知るだけではなく、自分が創造者であり、常に創造者だったことを知ります。

31.6 あらゆる経験は、「知る人」と「知られる人」が生み出すものです。それは、たった一つの自己が、個性ある一人の真の自己として己を知るということです。

31.7 つながることには経験が伴うため、「つながること」と「融合」は区別されています。融合とは、たった一つの聖なる存在だけが存在する領域です。それが大勢の領域と一つになるとき、「つながる」ということが起こります。皆の中の一人ひとりが、たった一つの聖なる存在、つまり「共通項」なのです。皆の内に存在するたった一つの存在を知ると、完全性の内側で経験できるようになります。

31.8 たった一つの存在を知ることは、個別の真の自己の内側で起こります。知ることと経験することのつながりに気づいてください。真の自己として経験を知ることは、真の自己が創造者であることを知ることです。つまり、個別の真の自己の内にある、たった一つの真の自己を知るということです。それが、二つの自己をつなげるということです。その二つは、経験が生まれる関係性を通して一つになります。真の自己から離れたところで経験を知ることはありません。真の自己と神は一つであり、それらは、ともに完全性の内側で経験します。

個別の真の自己が神から離れたところで行う経験は、神であるはずの真の自己の経験の目的を無効にするからです。無効にするとは、あるがままの状態を否定することです。その否定が、分離の源です。あるがままの状態を受け入れることが、融合の源であり、完全性の内側で経験する力でもあります。

三十二日目　真の自己の経験と神の力

32.1 真の自己の経験は、神そのものです。それは、神から来るものでも、神のものでもなく、神そのものです。

32.2 あらゆる生きとし生けるものが、神というワンネスであり、神が、関係性を通してそのワンネスを経験することを選んだというなら、あなたもまた、その経験そのものであり、その経験を通して、神と関係性を結んでいるということです。

32.3 ワンネスと多数という概念をもう一度、考えなければなりません。神について不正確な考えを持っていると、その考えは再び現れるからです。

32.4 神に関しては、少なくとも何らかの概念を誰もが持っているため、「神」という概念について少し話しましょう。

32.5 まずは、最高位の存在であり、「一つ」の存在である神、という概念を見ていきましょう。そのように神を考えると、より広い見方で神をとらえるときよりも親しみを覚えるでしょう。自分のことを考えるように、神についても考えられるかもしれません。そのように考えれば、己を知ることや創造することを決意した神、そして、今まさに、創造している神を思い描けるかもしれません。自由意志をご自身の創造物へと捧げ、一歩下がって休息し、ご自身の創造したあらゆるものが展開されていく様子を見つめる神へと、思いを馳せることができるかもしれません。

32.6 その目的は何でしょうか。神が一歩退き、ご自身の創造物の素晴らしさを基に、神ご自身を判定するのでしょうか。神は、本当は至るところを調整したくとも、すでに自由意志を捧げているのだから、調整できないとでもいうのでしょうか。最初の目的が、神ご自身を知ることならば、それによって与えられる知とは、どんなものでしょうか。これは、自ら産んだ子を観察することによって、親が自らを知ることと似ているのではないでしょうか。

32.7 神に関するもう一つの概念に、「創造主」というものがあります。この概念は、神が神ご自身を知りたがっているという考えとは、無関係かもしれません。この概念は、一定の形を持たず、生命の源に関する科学的見解とは、かけ離れているかもしれません。神、ビッグバン、進化論など、異なる呼び名があります。それらは、何らかの生命が誕生し、解放され、科学的法則あるいは自然の法則のもと、派生していったことを表しています。

32.8 「創造主である神」という概念には、「あらゆる創造物の中に存在する神」という概念も含まれています。その概念における神は、あらゆる生きとし生けるものの魂ととらえられ、何よりも優位な魂、力、そして一つにまとめる存在だと考えられます。さらに、より近い存在であり、ともに手を取り合える存在でありながら、いまだに、神がすべてという世界にはなっていません。人は、自由意志を持って生き、動物は、自然の法則に従って生きています。神は、今なお、概念に過ぎません。

32.9 しかし、ほとんどの宗教的な信念には、「生ける神」という概念があります。神は、どのように生きているというのでしょうか。神は、わたしたちが知りもしない次元の時空で生きているのでしょうか。神は、わたしたちの内側でスピリットとして生きているのでしょうか。神は、小さな役割を持つ、いわゆるわたしたちの良心のようなものなのでしょうか。それは、どのように生きている存在なのでしょう。少なくとも想像し難い存在でしょう。

32.10 「神」という概念は、不可欠なものではありません。しかし、神に関する間違った概念は、神と真の自己を傷つけます。

32.11 イエスは、手本として、自らの人生をあなたに語りました。イエスは、「神の子」と呼ばれ、「神である」とも伝えられました。神の真の姿を明らかにするために現れた手本の意味を、多少なりとも理解する人々は、生命が神から分離していないことを理解しています。

32.12 しかし、皆が神であると信じるとき、自分が神ではないように感じられることがあるでしょう。なぜでしょうか。それは、あなたがこの考えについて思いを巡らすとき、自己の感覚を失うからです。自分もしくは神に対する、反抗する思いや否定する思いがあるのです。それらは、「自分」と「神」という二つの概念が調和しないときに生じます。あらゆる生命は、自分と神のどちらかを優先しています。あらゆる聖なる存在が、生きているのです。自分と神を別のものととらえている限り、その二つ以外の選択肢はないのです。

32.13 神は、創造主か最高位の存在のどちらかと見なされているときでも、「全能」と考えられています。そのように考えられている間、人間の権利は奪われています。おそらく、神は、あらゆるものに内在するスピリットだと見なされているときでさえ、人にないものを持つ存在だと思われています。人間が想像し得るすべてが、神を強力な存在にします。神と人間の相違点を想像するときのように、人間に不可能なことを想像し始めたら尽きないでしょう。手本となる人々の生き様には、神の力が示されています。しかし、それは、神の力が人から人へと渡るように、通過する状態としか見なされていません。

32.14 神の子として、かつ神として知られたのはイエスだけでした。だからこそ、イエスがあなたの教師として現れ、この取り組みの手本となりました。今いるこの地点が、向こう側へ渡るために懸命に取り組んでたどり着いた場所なのです。人と神は、一つです。人が神であるだけではなく、神が人でもあり子供でもあります。神が、ここに存在しています。

32.15 しかし、神だけが存在することはあり得ません。もしそうならば、神は関係性を持たないでしょう。自然界が、生命と神の何らかの本質をあなたに示してきたというのなら、関係性という真実を示してきたはずです。以前述べたように、関係性において、分離が役に立ったというのなら、分離は本当にあったことになります。それぞれの存在が、単体で孤立していたことになります。それなのに、神がすべてだと言われています。そんな神が、人ではないなどということがあり得るでしょうか。なぜ神だけが存在しているのに、神以外のものが同時に存在し得るのでしょう。神は全能で、生ける神でありながら、身分の低い無力な人間でもあるのはなぜでしょうか。

32.16 わたしたちの取り組みでは、神は、関係性であるとも言われてきました。神とイエスの関係性を踏まえ、あらためてこのことについて考えてみましょう。

32.17 ここで主張されている神とイエスの関係性は、「父なる神」と「神の子」という関係性でした。しかし、それらは、一つの存在であると同時に、関係性においては別々の存在でした。

32.18 神と一人ひとりとの関係性において、そんなことがあり得るでしょうか。神のワンネスは、わたしたちが分かち合う意識ではなかったでしょうか。神とあらゆるものとの関係性は、わたしたちが一つの存在でありながら別々の存在でいられるように、神とわたしたちを差別化したのではなかったですか。わたしたちは、神と一つの存在でありながら、聖なる関係を実践することで、神のような存在になれるのではないですか。あなたは、さまざまな指示や手段を与えられてきました。融合へのアクセス、広大な真の自己になること、わたしたちがともに過ごして到達した、二つのレベルの経験などです。それらは、あなた自身が神でありながら、関係性において、どのようにより一層、神のような存在になれるかを示そうとしてきたのではないですか。

32.19 これらは、どうして神が自分と別の存在でありながら、同じ存在でいられるのかという、あなたの疑問に答えているでしょうか。神の偉大な力について、あなた自身の力と比べたときに、あなたが抱える疑問に答えていることがわかるでしょうか。神の力は、神ご自身からというよりも、神の持つ、あらゆるものとの関係性から生じている存在は力ですが、ワンネスのような存在は、関係性なくしては己の存在を知ることはできません。あなたは、父なる神、創造主、あらゆる創造物と一つの「存在」でありながら、関係性の中で生きる「存在」です。関係性を持つ力を延長するということは、神のような存在として生きる力を延長するということです。

32.20 神は、存在であり、関係性そのものです。存在は力です。これは正確ではないかもしれませんが、もっとも簡単な表現です。あなたは、神という存在のあらゆる力を持っていますが、神と同様に、関係性においてのみ、その力を手にしています。神は、あらゆるものとの関係性を築いているので、全能ですが、あなたは、限られた関係性しか持っていないので、限られた力しか手にしていません。それが、神と人間の違いです。けれども、その違いは、あなたが聖なる関係を受け入れたときに消滅します。聖なる関係を受け入れたとき、あなたは、神と同様に強力な存在となります。

三十三日目　関係性の中で生きるとは

33.1 力の話をするにあたり、第二部の解説Ⅳ第一章「あらゆる人が選ばれる」で述べた、最初の考えに戻らなければなりません。力を持てる者と持たざる者がいるという考えを受け入れることは、対立を含む考えを受け入れることを意味します。神の力があらゆる人々の内に存在するのは、皆が神と一つだからです。しかし、その力が使われることは、不可能です。その力は、役立つことしかできません。何のために役立つのでしょうか。聖なる関係を生み出すためです。

33.2 関係性は、相互につながる組織のようなもので、あらゆる生命そのものです。状況や出来事も、関係性であることを忘れないでください。一つひとつの関係性にどのように応じるべきか、その「答え」は、関係性の中で生きる、あなたの内側にあります。それが、真のあなたであり、あなたの世界です。「存在」は関係性の中で生きています。

33.3 あらゆる関係性は、神聖なものです。「存在」は関係性の中で見出され、知られ、関わりを持つからです。関係性は、そのように存在へとアクセスする道であり、存在もまた、関係性へとアクセスする道だと言えます。人は、相手がいなければ生きられず、両者は一つです。それが、聖なる結婚であり、形と存在の聖なる関係です。

33.4 これは、ただの言葉の羅列や理論の提示に感じられるかもしれませんが、こうした言葉は、あなた自身に対する、新しい見方の中心に存在しています。その新しい見方が、新しい世界を創造していきます。

33.5 世界の出来事や状況に直面したとき、関係性の中で生きていることを自分に言い聞かせてください。あなたの世界を作っている人々、場所、出来事、状況は、あなたという「存在」に対して訴えかけています。そして、あなたが応じるとき、あなたの本質が現れます。

33.6 あなたは「誰か」であり、個別の自己ですが、あなたという「存在」の象徴でもあります。個別の自己と存在が一つになること、それが、わたしたちがともに旅をして目指してきたことです。

33.7 あなたは、自分の真の姿は「存在」であり、応じることが自分の本質であると考えるかもしれません。あなたがこうした言葉を語りかけられたのは、愛に対して、再び同じ応じ方をしないためです。こうした言い回しは、愛について、あなたのもとへ訪れたり降りかかったりする出来事のような印象を残すかもしれません。例えば、関係性と存在が一つであるとき、あなた方が一つの存在でありながら、関係性においては別々の存在であるというのは、関係性と存在が一つの完全なものであり、その完全なるものが愛であるという意味です。別の言い方をすれば、あらゆる関係性や出来事や状況は、神という「存在」に属した愛であるということです。

33.8 では、あなたはどのように応じるのでしょうか。真の自分として応じるとき、あなたは、愛をもって応じています。愛が、唯一の応答です。

33.9 しかし、愛の応答は、世界の出来事、状況、人々、場所と同様に異なって見えます。なぜでしょうか。たとえどんなに恐ろしい出来事でも、どのようにして、すべての出来事を愛の応答と見ることができるのでしょうか。

33.10 その「唯一」の方法とは、常に知り、決して本当の自分を忘れないことです。あなたは、関係性の中で生きる存在です。つまり、出来事の創造者であり、出来事を経験する人であり、関係性の創造者であり、関係性そのものなのです。あなたは、そうであることを知っている状態であるか否か、そのどちらかなのです。そう「信じる」ことが目的ではなく、そう「知る」ことが目的です。そうであることを知り、自分の本質を知るとき、愛が、唯一の応答であると確信できます。

33.11 あらゆる関係性には、愛があります。それは、あなたと一つである神との関係性だからです。

33.12 存在は、力です。関係性は強力です。言い換えると、関係性とは、さまざまな方法で力を表現したものです。イエスの時代、力を有する者は、神に祝福された存在で、力のない者は、神に祝福されていない存在だと考えられていました。その見方は、ほとんど変わらぬまま、今に至ります。あらゆるものに、力があります。けれども、その力は、関係性においてのみ強力になるので、力と自分の関係性に気づく必要があります。力を有する人々は、力との関係性に気づいています。自分が無力だと思っている人たちは、力との関係性に気づいていません。彼らは、力との関係性を実在させていないため、力は、彼らの役に立っていません。

33.13 それでも、関係性の外側で生きる人はいません。その上、関係性は力を表現したものだからこそ、あらゆる人々が力との関係性を持っています。力は、誰もが持つものです。あらゆる人々の内側に、世界に影響を与える力、世界を変える力、世界を作り直す力があります。彼らは、自ら気づいたその力の分だけ、世界に影響を与え、世界を変え、世界を作り直します。赤ん坊は、生まれた瞬間に自分の泣く力に気づきます。十代の多くの若者は、自ら自立する力を十分思い知ります。つまり、あなた方は皆、自分のために何らかの力を主張し、その力を発揮する手段を求めていたのです。その手段とは、個性を身につける手段と言ってもよいでしょう。

33.14 それが、「存在」の力であり、真の自己を個性化させる力であり、本当の自分で居続ける力です。それは力であると同時に、力の源でもあるのです。それが創造力というものであり、唯一の、真の力なのです。

33.15 しかし、繰り返しですが、一人ひとりがそれぞれの内側に創造力を持っているにも関わらず、それは、関係性においてしか表現されません。また、わたしたちは、関係性の中でしか強力になれません。自分が、どんなときでもあらゆる人とあらゆるものとの関係性の中で存在していることに気づくことは、自らの力の及ぶ範囲を知ることでもあります。自分が、あらゆる人とあらゆるものとの関係性の中で生きていることを知りながら、自分の力の行使を望み続けることはできません。それは不可能です。あらゆる人とあらゆるものとの関係性の中で生きていることに気づくことは、ワンネスと融合を知ることでもあります。それが、自分は一つの存在であり、創造者であり、創造物であることを知るということです。それが唯一、愛から生じる気づきです。愛が、融合の唯一の「条件」だからです。

33.16 そのようにあらゆるものとの関係性に気づくとき、あなたは、強力な存在となります。

三十四日目　力を肯定する

34.1 力は、破壊ではなく、創造に属しています。けれども、創造と破壊は、暑さと寒さ、光と闇と同様、同じ連続体の二つの側面に過ぎません。完全性の中で見ることには、同じ連続体の両端にある対極を見ることも含まれます。真の自己に対する新しい見方について話したばかりですが、関係性の中で存在するものとして真の自己をとらえることが、新しい世界を創造する鍵であるならば、その新しい見方は、創造の反対にあるものとどのように関連しているのでしょう。例えば、その新しい見方は、破壊する行為とどのように関わっているのでしょう。新しいものを創造することには、古いものを破壊することが含まれているのでしょうか。

34.2 「全」には「無」が含まれるように、創造には、破壊が含まれます。「全」と「無」は、関係性がなければ同じ一つのものですが、関係性においては別々のものとなり、その相違がすべてとなります。創造と破壊についても、同じことが言えます。関係性がなければ、創造と破壊は同じ一つのものですが、関係性においては異なるものとなり、その違いがすべてとなります。

34.3 関係性は、違いを創造するために必要です。しかし、あらゆるものとの関係性が、これまで話してきたワンネスの存在、つまり同一性を生み出します。

34.4 あなたが今、心から願っていることは、関係性を育むことで、相違ではなくワンネスを知り、それを経験することです。つまり、関係性を通して、分離ではなく完全性を知り、それを経験することです。

34.5 そのあなたの心からの願いは、あなたの内側で実現できるものです。それがまさに今、あなたの中で実現されているところです。それがあなたの中で実現するとき、あなたは、相違ではなく同一性に基づいた、新しい世界を創造します。あなたは、特別性のためにしていた努力や他者との相違を手放す意志と向き合い、それを認めました。今あなたに必要なのは、自分がそう決断することを心から望んでいたことに気づくことです。そして、周りの世界でその変化を目撃し、自らその変化を創造していくことです。

34.6 それが、あなたの世界であり、あなたの経験です。それが、あなたの人生であり、人生というあなたの経験でもあります。今こそ、それらを創造するのは自分なのだと思わなければなりません。世界や経験や人生との関係において、自分には力があることを信じなくてはなりません。

34.7 あなたがあなたの力を実在させないのなら、無力な自分を経験するだけでしょう。無力な自分を経験するのなら、あなたは、あなたの中にある神の力を否定していることになります。

34.8 だからこそ、ともに過ごすこの時間が終わりに近づくにつれ、わたしたちの同一性の力を経験できるよう、互いに求め合いましょう。あなたには、神の力を経験する意志がありますか。その力が、自分の内側を駆け巡るままにさせる意志がありますか。どれほど多くの人たちが、この問いに「ノー」と答えたかわかるでしょうか。この問いに「イエス」と答えるあなたの意志の力と、その重要さに気づいてください。

三十五日目　融合と関係性の中で創造者として生きる

35.1 あなたは、あなた自身でもある神との関係性の中で、あらゆるものとの関係性を知ります。神との関係性によって、あらゆるものと関係を結んでいるからです。したがって、世界を旅する人や活動家や、率先して何かに参加する人になる必要はありません。ただ、あなたという存在について、自覚する必要があるだけです。

35.2 存在の満ちた状態には、愛だけがあります。その状態において、愛を延長する手段を見出し、愛を引き起こします。手段と結果は同じです。原因と結果も同じです。その状態こそが、あなたの求めていた答えであり、あなたが常に持っていた答えです。

35.3 存在の満ちた状態は、一人ひとり異なっています。それが、原因と結果であり、「関係性」という手段と結果だからです。あなたは常に、あなた自身でもある神との関係性の中で存在していました。あなた方は、一つの存在であると同時に、関係性においては別々の存在だと言われてきましたが、関係性そのものが、神なのです。神とは、あらゆるものとあらゆるものをつなぐ関係性なのです。

35.4 あなたは、あなたという存在が神であることや、あなたと他者が一つであることを知らずに、自他の関係性の中でそれを知ってきました。あらゆるものとあらゆるものをつなぐ関係性が神であることや、あらゆるものと神を築く関係性があなた自身であることを知らぬまま、自他との関係性の中で己を知ってきたのです。神は、あらゆるものと関係を結んでいるので、神と分かち合われるものは、あらゆるものと分かち合われます。融合の意識状態に達すると、それを分かち合わずにはいられないと言われてきたのは、そのためです。

35.5 あなたは、「以前の自分は、本当の自分に気づくこともせず、あらゆるものとの関係性を神と分かち合うこともせずにいられたではないか」と言いたくなるかもしれません。あなたは、「自分」という存在を自覚している限り、神を認識していました。真の自己に対するあなたの認識が「神」であり、あなたに対する神の認識が、真の自己です。それらの認識は、相互に関連し合う関係性の中に存在します。

35.6 これを知っていることが、天国に近いこの山頂での経験を去るとき、どのように役立つでしょうか。あえてこのような問い方をしています。地上に戻っても、この山頂での経験にとどまれることを思い出してもらうためです。以前述べたように、山があなたのもとへ来たのです。だからあなたには、これからどんなときでも山頂での経験と、わたしたちがここで得た、完全なる景色を呼び起こす力があります。あなたは、あなたの内に、その力を保っています。その力を感じないときは、その力が発揮することを願いさえすれば、その力を呼び起こすことができます。

35.7 わたしたちが地上へ戻る話をするとき、人間のもっとも基本的な部分、つまり、もっとも人間らしい側面へと戻る話をしています。あなた方は、一つの存在でありながら、関係性においては別々の存在であるという、もっとも基本的な考えを胸にとどめ、平静な態度で、地上での人生へと戻ります。人間らしさへと回帰するとき、あなたは、次の考えとともに戻ります。「分離」に代わる「ワンネス」という考え、「特別性」に代わる「同一性」という考え、「死後に関するあらゆる考え」に取って代わる、「今この瞬間にすでに完成し、融合している」という考えです。

35.8 こうした考えは、人生との今までの関わり方を取り去り、人生を完全に変化させます。人生とのあなたの関わり方が、これまでのあなたの人生を生み出してきていたので、関わり方が変わると、人生もまた、これまでとは異なるものへと変化するのです。つまり、新しい人生へと変わるのです。

35.9 考えは、学ばれたり遂行されたりしません。考えは、ただ存在するだけです。ですから、考えには、学ぶ時間も遂行する段階も要りません。あなたが考えに即従って生きることは可能ですが、そのための仲介や道具は要りません。必要なのは、あなたがその考えを内にとどめておくことです。以前話したように、妊婦が子供を身ごもるように、これらの考えを内に保ち、成長させ、生かしてください。そして、それらに生命を与えてください。

35.10 考えに生命を吹き込むことが、創造者の役割です。

35.11 新しい生命の創造者として、ある意味、あなたが最初に、創造もしくは再生をするのは、あなた自身です。だからこそ、神性の崇高さをマインドとハートで新鮮に保ち、人間らしい地上へと戻るのです。ハイヤーセルフを見つけたり自分探しをしたりするために地上へ戻るのではなく、自分を受け入れてから、地上へと戻るのです。あなたは、自分が創造主と一つの存在であることを知り、創造する自らの力を受け入れて、地上へ戻ります。そして、融合と関係性を通して、融合と関係性を創造するために、地上へ帰るのです。

35.12 融合と関係性を通してのみ、あなたは創造者になれます。その方法でのみ、新しい世界が「創造」されます。新しい世界は、創造されることしかできません。自分の創造力以外のものに頼って進んでも、それはただ、修理や交換をしようとする試みに過ぎません。

35.13 融合は、ワンネスです。関係性は、ワンネスをさまざまな方法で表したものです。

35.14 創造者として生きることは、融合というワンネスを完全に知ることから始まる必要があります。そうでなければ、愛以外の状態が存在してしまう可能性があるからです。それほどよく考えなくとも、愛でないものを源にして「創造」することが、破壊的な結果をもたらすことはわかるはずです。そのような状況は、何度も目撃されてきました。あなた方は、分離による「創造」をしてきたからです。

35.15 さまざまな表現の可能性を持たずに創造することは、創造の目的を否定していることになります。関係性の中で生きる人生、調和の取れた人生、大勢の中で生きる者としての経験や表現といったものが、創造の目的です。

35.16 創造は、融合と関係性によって人生を作り出してきました。人は、融合と関係性の中で存在しますが、人類がそれに気づかなかったため、分離の考えが生まれました。同時に、人が分離を求めたことで、融合と関係性を認識しない状態が生まれました。これからは、融合と関係性を求める思いによって、融合と関係性を認識する状態へ導かれます。そして、融合と関係性が、それらを求める思いを育ませます。創造は、特定のものとは距離を置いていますが、完全性とはつながっています。創造は、対立するものが一つになる時代へと導いてきました。かつ、完全性があるかもしれない時代から、実際に存在する時代へと導いてきたのです。完全性は、確かに存在します。それを可能にする認識だけが、創造されるべく残されました。

35.17 創造が、融合と関係性によってのみ起こるなら、最初の創造もまた、同じように起こったに違いありません。最初の創造について、再度触れはしませんが、あなたが創造を理解するために、もう一度考えておく必要があります。以前、創造は続いていくものだと述べました。創造はあなたを含め、あらゆる創造物の中で継続します。けれどもそれは、あなたがずっと創造者だったという意味ではありません。

35.18 創造者として新たに創造する行為は、継続する創造に影響されることではありません。創造に影響されたと語っても、それは、物語の全容を表してはいません。何度も述べてきたように、手段と結果は同じで、原因と結果も同じだからです。あなたはこれまで「創造」してきましたが、それは、分離の状態における創造に関わってきたという意味です。あなたは、自分を、創造やあらゆる他者から分離したものとして見てきました。ですから、あなたが「創造」したものは、完全性から離れたところにありました。融合によって創造されなかったものがあるとしたら、それは「創造」ではなく「作られたもの」だと言えます。あなたの知る世界は、あなたが作ったものです。あなたの知るあなたの人生もまた、あなたが作ったものです。あなたは、自分の力を受け入れ、融合と関係性の中で創造し始めるとき、自分の作ったものと自分が創造するものの違いをようやく知ることでしょう。

35.19 あなたは、創造者であるとはいえ、創造することはできません。「作る」と「創造する」という言葉の区別は、あなたが常に持っていた力を正当に表してはいません。しかし、神と人間の概念がこれまで異なっていたように、分離による創造は、融合による創造とは違います。神と同じように創造することについて考えてきた人は、わずかです。あなた方は、奇跡という考えを受け入れるのがやっとの状態でした！

35.20 あなたは、今までと同じように創造するのではなく、真の自分として創造するよう呼びかけられています。まさに、新しい天国と地上を創造するよう呼びかけられています。しかし、それは、奇跡以上の特殊な性質を伴ったり、選択を伴ったりすることはありません。それは生き方です。あなたがワンネスを十分に認識し、融合と関係性の中で創造し始めるとき、分離の時代に自分の思う自分として生きることで「創造」したように、あなたは本当の自分として生きることで、創造していくのです。

35.21 あなた方のほとんどは、少なくとも人生を創造する中で、何らかの役割があることに気づいています。ときに神の介入を感じたり、運命の犠牲者になったかのように感じたりするかもしれません。でも、大抵、大人になって選択し始めると、自らの人生における役割に気づきます。分離の時期の「創造」と同様に、融合と関係性の中で創造していくことについて述べてきましたが、融合と関係性の中での創造には、選択はありません。それは、あらゆるものを包み込む抱擁の内側で行う、創造です。あなたの創造するものがすべてであるとき、選べるものはないのではないですか。

三十六日目　融合と関係性の中で生きる本当の自分

36.1 あなたの力は、経験を創造していく中で使われます。

36.2 エゴのあなたは、あらゆる他者から分離した、あなたのための経験を創造しました。人生をどう生きればよいかという選択を、可能に思える範囲で行う生き方を続けてきました。そのように、分離した自分の経験を自ら創造してきました。

36.3 あなたは、その経験のすべてを人生と呼んでいますが、そのすべての経験から、距離を置いています。あなたは人生を振り返り、その形を見ることができます。幼かった頃の記憶から現在に至るまで、遭遇したあらゆる経験を自叙伝にまとめることもできます。ですが、物理的な出来事だけを述べるものなら、それは、あなたについて何も語っていないも同然です。あなたの経験は、そのすべてをもって、あなたの人生と呼ばれますが、あなた自身と呼ばれることはありません。あなたは、距離を置いています。それでも、経験を選び、その経験に応じる中で、あなたは、あなたの存在を明らかにしてきました。あなたは、その方法でしか、創造者ではいられなかったからです。

36.4 創造力がなければ、無力感とともに人生を歩むことになります。

36.5 あなたは、選択する中で、自らが人生を創造しているように感じてきました。あなたの経験は、選択した結果を表すものです。あなたの選択から生じる経験は、ただの経験としてではなく、「個人的」な経験として、あなたの物語を動かしています。「運命」で定められた経験でさえも、それは、何かのあとにあなたが応じた結果でした。端的に言えば、人生という物語は、世界に対して日々どう応じるかという選択の物語と言えます。あなたは、生まれた状況、恵まれた機会、恵まれなかった機会、遭遇した運命的な出来事、出会った人々など、そういうものに応じていくことで人生を創造してきました。あなたは、自分の思う自分や、変わることのない自分など、自分に与えられたと思ったものとともに歩み出し、これまで進んできましたが、現実を創造していたのではなく、「現実」に応じる中で創造していたのです。今こそ、新しい現実を創造するよう呼びかけられています。

36.6 もう一度、あなたはここから始めます。あなたの知る真の自己とともに、再び歩み出してください。

36.7 すべてが与えられていることを知り、やり直すとき、経験の創造は、これまでとはまったく違うものになります。あなたは、人生が自分なのではなく、人生は自分が創造者として手がけていくものであると気づきます。「創造者」と「創造」は一つです。あなたは、創造する力と一つの存在でありながら、その力との関係性や表現においては別の存在と言えます。

36.8 自分の経験を創造できるなら、新しい現実と新しい世界を創造できることがわかりませんか。与えられた世界で分離した自己として、与えられた一連の状況に応じて創造することと、ワンネスと融合と新しい現実を知る創造者として、自分の経験を創造していくことの違いがわかりませんか。古い現実は、分離に属していました。新しい現実は、融合に属しています。新しい現実は、まだ創造されていないという意味においてのみ、新しい状態にあります。

36.9 これは、真の気づきとともに行う、再出発です。与えることと受けとることが同じであることと、その両方を行う力が自分にあることに気づいた上で、再び始めます。自分の経験として、新しいさまざまな状況と世界を創造することによって、それらに自分を捧げられることを知り、再び歩んでいきます。自分が、自分の経験の創造者であることを知り、再び歩んでいくのです。あなたは、常に創造していました。創造する神と一つの存在だったからです。しかし、あなたが創造者でいられるのは、融合と関係性の中においてのみです。

36.10 相違は、すべて、世界における相違です。それは、関係性における全と無の違いです。前に話した例を思い出してください。全と無は、関係性がなければ同じ一つのものですが、関係性においては別々のものとなり、その相違がすべてとなります。その相違とは、前に述べたように、あなた方が、一つの存在でありながら、関係性においては別々の存在であるという意味です。融合と関係性に気づいていなかったあなたにとっては、まるで神がすべてで、自分は無であるか、もしくは自分がすべてで、神が無であるか、そのどちらかの人生でした。けれども、全と無のように、関係性がなければ、あなたという存在と神の間には、何の違いもありません。神と自分について別のとらえ方もできますが、あなたは、相違を知覚するだけで、本当に相違を創造することはありません。あなたは、常に、神と一つでした。それなのに、世界のみと関わり続け、分離した神と分離した自己によって創造された存在として、知覚する経験だけを続けてきました。あなたは確かに存在していたので、存在の力は体験しましたが、自ら強力な力を持つという経験はしませんでした。

36.11 あなたと神の相違は、関係性においてのみ存在します。それが、一つの神を表す三位一体として、父なる神、神の子、ホーリースピリットが示していることです。神の子は、神との関係性においてのみ、神にはなれません。ホーリースピリットと父なる神もまた、神との関係性においてのみ、神にはなれません。神もまた、関係性においてのみ、父なる神、神の子、ホーリースピリットにはなれません。関係性がなければ、神がすべてであり、神でないものはただ、あらゆる創造物という連続体の一部として、神とは対極に位置して存在しています。

36.12 わたしたちが幻想と呼んできたものは、神との関係性を持たない存在の無です。それは、神との関係性がないため、創造する力とも関わりを持ちません。幻想とは、ただ存在しているというだけのものです。あなたは、幻想と同じように自分を見てきたのではないですか。自分は、ただ存在し、与えられた人生を最善の努力を尽くして生きる存在だと思ってきたのではないですか。今、目の前にある、この選択以外のあらゆる世界の選択は、あなたという存在に何の変化も起こしませんでした。あなたは、分離した現実の中でただ生きて、幻想から幻想へと移る選択を続けてきました。分離した現実は、幻想の中にあるだけで、真に存在していません。

36.13 それにも関わらず、あなたには創造者としての何らかの記憶が常にあり、あなたは、愛し、恐れ、成長し、進化しました。そして、高潔で勇気ある選択を下し、顕著さと疑念と大胆さと、ときには臆病さをもって応じてきました。あなたにとって、あなたが考え感じたすべては、確かに実在しているように感じられました。分離していた今までのあなたにとって、それは、確かに実在するものでした。

36.14 あなたは、神と常に一つの存在だったので、その存在の力は常にあなたのものでした。愛、憎しみ、怒り、思いやり、貪欲さ、人間らしさ、切なる願いを感じる力は、ずっとあなたのものでした。理性的、情熱的、論理的、直感的に考える力もまた、あなたのものでした。大量破壊兵器から、そびえ立つ大聖堂に至るあらゆるものを創造する力もまた、ずっとあなたのものでした。たとえ実在しない現実を見ていたとしても、知る力や知覚する力は、常にあなたのものだったのです。

36.15 感情、思考、創造力、知覚、かつ知そのものを持つ存在であることは、神と一つの存在であるということです。それが、神であり、あなたという存在なので、それを受け入れてください。それが、真に生きるということです。神と一つの存在であるというのに、関係性と融合の強力な状態の外側で生きることは、困難な選択でした。それは、ほとんど神業のような選択でした。そのように新しい経験をしようとした選択が、神や神のような人を信じない人が存在する、実在しない現実の創造へと導いていました。その実在しない現実は、創造を破壊で置き換える寸前で、喜びと愛、憎しみと痛みにあふれていました。あなたは、そうした選択から新しい選択へと移行したのです。

36.16 自分が神と一つの存在で、関係性においては別々の存在だと気づくとき、あなたは、存在の力と個別の神を受け入れます。神の力を受け入れて、あなたは強力な存在となります。

36.17 神は、あらゆるものと一つの存在であり続けます。神は、与えられた形であり、差別化された存在とも言えます。神は、あらゆるものです。神は、あらゆるものが一体化された存在であると同時に、多数に分かれた存在です。神は、あらゆるものの創造主です。神は、たった一つの聖なる存在の創造主であり、一人の人生とあらゆる人の人生を創造する創造主であり、経験そのものであり、人生の経験者でもあります。区別をすれば、あなたが神であるように、神はあなたであると言えます。神はワンネスを保ち、融合と関係性の中で生きる存在となります。つまり、あなたとの関係性を保ち、あなたとつながる存在なのです。

36.18 けれども、あなたが消えたり、存在しなくなったりするわけではありません。また、ずっとつながっていた神によって、自分が置き換えられるわけでもありません。あなたはただ、存在の真実を受け入れ、かつ、融合と関係性の中で生きる存在の真実を受け入れます。同時に両方を受け入れるのです。どちらか一方ではなく、両方です。原因と結果、手段と結果の両方を受け入れ、選択の結果と創造の始まりを受け入れます。

36.19 おそらく、今、真実という新しい考えを受け入れるところまで到達できるよう、わたしたちがあなたの意識をゆっくりと確立しなければならなかった理由がわかるでしょう。あなたが真実という考えに親しみを持てるよう、同じ真実が幾通りもの方法で述べられてきました。ここで述べているような直接的な表現の場合、「真実」という考えを異端に感じる人もいるでしょう。しかし、わたしたちがともに過ごす時間は、終わりに近づいています。自分の真実を受け入れ、自分がどのような人間になれるかという真実を受け入れることは、わたしたちの任務である、新しい天国と新しい地上の創造を果たす上で不可欠です。それらを創造する方法は、ただ一つ、経験することです。その経験をする方法もまた、ただ一つ、創造することです。創造者として生きるあなたの妨げになっているものが、一つあります。それをなくすには、融合と関係性の中で生きる本当の自分を受け入れるという、最後の受容が不可欠です。

三十七日目　神に関する新しい考え

37.1 わたしたちは、神に関する古い考えを新しい考えに置き換えてきました。

37.2 もはや、神が最高位の分離した存在だと信じていないなら、なぜ神の存在を目撃することが、ここまで難しくなければならないのでしょう。これは、あなたに関するもっとも基本的な真実は、あなたが存在することで、神に関するもっとも基本的な真実は、神が存在することだと述べることと、それほど変わりありません。しかし、あなたの経験に関して挙げた先の例と同様に、あなたの存在があなたを定義するものではないという事実が、真のあなたを明らかにしています。存在は、それ自体では、差別化したり個性化したりするものではないからです。

37.3 創造が、移行とともに始まったことを思い出してください。存在は、関係性の中でしか生きられません。移行や経験も、関係性なくしては存在しません。つまり関係性がなければ、世界は存在しません。関係性なくして存在するものはないからです。けれども、関係性は、存在や経験と同様に、あなたを差別化したり個性化したりしません。関係性は、融合によるものだからです。分離と対比は、あらゆる関係性を両者ではなく、どちらか一方で定義します。したがって、あなたは自分のことを、男性ではなく女性、聖なる存在ではなく人間、木ではなく人、というふうに定義します。あなたは、分離した存在として、他の分離したものとしか関われません。つまり何よりもまず、あなたという人間は、周りの世界との関係性によって成り立っているということです。そして、自分が周りの世界と分離していると思っているため、あなたがあなたという存在を通して経験することは、分離しかありません。あなたがあなたという存在を通して象徴するものは、分離した存在であり、分離したあなたでしかありません。

37.4 あなたの知覚は、そういうものにならざるを得ませんでした。あなたは、この世に誕生したその日から、特定の名前を持ち、家族の一員であることを教わりました。誰もが別々の名前と役割を持ち、世帯、都市、州、国、世界の一員として生きています。そんな世界では、すべてに別々の名前と目的があります。ある意味、それがすでに書かれた分離の物語の始まりと終わりであると言えるでしょう。あなたは、その物語の中で一人ではありませんが、あなたという真の存在から分離した状態でいなければ、経験できないということを教わりました。したがって、あなたは、自分という存在とのつながりや関係性を知らず、「他者」との分離した関係だけを知り、自分のことを分離した存在だと思ってきました。他者や周りの世界と結ぶと決めた関係性以外の何かを、あなたは創造することができませんでした。

37.5 あなたは、そのように決められた分離という方法で関係性を経験してきました。その方法は、あなたの真実や真の関係性を象徴するものではなく、差別化や個性化とは異なる分離を象徴するものでした。

37.6 関係性と融合、それが神の方法です。それが、ハートとマインド、肉体と魂、天国と地上における方法です。神は、融合と関係性の中で存在します。あなたも同じです。

37.7 では、なぜ自分は、神と異なる存在なのかと問いたくなるかもしれません。あなたの身体と、あなたが生きていることは、別のものですか。あなたは、異なることが分離であるかのように、かつ、神がまるで分離した存在であるかのように、神との相違を探し続けています。もしそうであるなら、分離の信念を取り除くのは、それほど困難ではないはずです。しかし、あなたが自ら作り上げたイメージで神をとらえているところに、難しさが潜んでいます。あなたの抱く自己イメージもまた、正確なものではありませんでした。自分が分離していると思っていたあなたは、分離した特定の神を作り出したのです。

37.8 あなたは単純に、上手くいかない分離という方法を通して、他と違う存在であろうと努力しています！しかも、特定の何かを心の拠り所にしながら、他と違う存在であろうと努力し続けています。あなたは、分離を求め、関係性と融合を否定することでのみ、神と異なる存在でいられます！それは、マインドではなく、身体でいることを要求しているようなものです！あなたは、あなたが分離を求めて否定した関係性と融合を通してのみ、神に頼ることができます！それは、分離を宣言しつつ、必要な合図を、マインドが身体へ送るよう要求しているようなものです。

37.9 あなたが、分離した特定の神という考えしか持てなかった理由の一つは、あなたのためにあらゆる責任を負い、あなたを見守り、必要なときに助けてくれる温情深い存在を、あなたが望んでいたからです。神は、慈しみのある一つの存在ではありません。慈しみに満ちた神は、至るところに存在しています。あなたは、融合と関係性を通し、そのことに気づきます。その存在こそ、自分が分かち合うものであり、意識であることに気づくのです。そして、自分もまた、その思いやりあふれる存在になれることを知ります。あなたは、神の内側ですでに、思いやりのある存在だったのです。

37.10 あなたは、イエスもまた、神であることに気づきます。そして、あなたが分かち合うキリスト意識という、慈悲深い意識の中でイエスは生きていたため、イエス・キリストと呼ばれたことを知ります。イエス・キリストと呼ばれた、人であり神である歴史的人物は、イエスのみならずキリストだったのです。同様に、キリストのみならず、イエスだったのです。あなたはそのことに気づき、イエスが分離した存在ではなく個性ある存在だったことを知ります。そして、イエスの再臨を求める声が鳴り響いていることを知ります。あなたは、それが自分の求めていた、分離の状態を必要としない相違への呼びかけだったことに気づきます。

37.11 ある数字から、それとは異なる数字を引くと、新しい数字になります。それは、余りでもあり、前の数字に足されると、もとの数字に戻ります。これから直面する問題について考えるとき、余りという名の割り切れないものを出していく、割り算のようなものだと考えてみてください。余りとして残ることは、存在し続けるということです。それは、ある部分が奪われて残ったもので、その部分が取り除かれても破壊されなかったものです。あなたは、一つの存在として残り、単純な算数の余りの数として、かつ、完全性と一つの存在として残るのです。あなたは、自分は自分の源から分割された状態でいられると思っていましたが、その分割された状態は、差別化や個性化と同様に、融合と関係性の中でのみ可能です。二つの別々の数字は、関係性や交流を持たず、割り算や引き算がない状態では、ただそのまま存在しているだけです。

37.12 ここで少し、あなたや神が、これまでどういう存在だったのかを見ていきましょう。

37.13 あなたは、ただ存在していました。あなたが存在であるというその真実が、神とあなたを一つにしています。けれども、あなたはその真実を理解しません。したがって、あなたは、あなたが知覚してきた特定の自分であり、誕生したときに定められた「人間」という自己として存在してきました。あなたは、自分を、神という「聖なる存在」と異なるというよりは「分離」している存在として見ていました。しかし、あなたは、存在なので（ここで注意すべき点は、あなたも神も存在であり、どちらか一方だけが存在であるとは述べていない点です）、あなたには、存在の力、つまり、考えて感じて創造する力、かつ知覚して知る力が備わっています。

37.14 あなたは、自分の居場所と信じてやまない、分離した現実との関係性の中でしか、その力を知りませんでした。分離した自己として己のために選択をすることで、あなたは、その力を使ってきました。ときには、愛する人との関係において使い、ときには、自他の生命のつながりを目撃するために使ってきましたが、その範囲は限られていました。あなたは、人生とは自分に降りかかるものなので、出来事には応じればよいのだと信じ、その限られた力でさえも、頻繁には使ってきませんでした。あなた方の信念は、自分が人生を完全に支配しているというものか、神や運命にもあなたの人生を支配する力があるというものか、そのどちらかです。あなたは、自分や神や運命が、慈悲深いものに思えたり、自分を含むあらゆるものが、自分に不利な働きをするように思えたりするかもしれません。以前よりも自分の考えや感覚に頼る人もいるでしょう。自分は創造的な人間だと思うかもしれませんし、そう思わないこともあるでしょう。自分がいかに世界を知覚するかによって、人生が形成されていくということに気づく人もいれば、気づかない人もいるでしょう。

37.15 しかし、一番基本的なところで、あなたはこう問うかもしれません。自分が神と一つの存在ならば、自分は神ということなのか。自分の知る人生という限られた範囲の中で、自分は神であったというのだろうかと。

37.16 残念ながら、そうは述べていません。あなたはただ、存在していると述べています。あなたは、感じ、考え、創造し、「人間」を知覚する存在です。それが、あなたの信じている自分だからです。あなたは、自分は分離した人間として、神に対して、分離した明白な関係を持っていると思っているかもしれませんが、それは、誰とも関係を持っていないことを意味します。自分をそのように見るのなら、あなたは確かに、分離した状態における関係性を持っていると言えるでしょう。それは、今は亡き、親しかった親戚との関係に似ているかもしれません。天国と地上のつながりや、祈りや他の手段によって、それは、可能なコミュニケーションのように思えるかもしれません。しかし、それらは、分離した状態における関係性です。つまり、あなたという分離した自己と、今は亡き分離した親戚との関係性です。しかも、それだけではなく、それは、あなたが知覚している関係性に過ぎません。それは、あなたが、実はすでに知っていることを、真に「知る」ことなどできないと信じているからです。あなたは、「自分が知っている」とわかっているだけで、それを信じてはいません。あなたは、自分が分離した存在なので、経験に基づく証拠や科学的証拠がない限り、何も確実に知ることができないと思っているからです。分離した存在は知ることができないので、あなたは、「外側」の証拠に頼らざるを得ませんでした。

37.17 存在の状態を語る上で、ここでは、「知覚」と「知る」という言葉を一緒に使っています。あなたは、存在でいるためには知覚しなければならないからです。ただ、「知る」という言葉を用いているのは、あなたが知覚する存在であるように、知る存在でもあるからです。けれども、分離した状態では、分離した自分のことしか知ることはできません。分離して距離を置いている自分以外の何かを、どうして「知る」ことができるでしょうか。あなたは、他者を「知る」ことがどういうことなのか、風に吹かれる木になるとはどういう感じなのか、神を知ることがどういうことなのか、想像はできますが、知ることはできません。あなたという分離した存在は、「知る」ことの不可能さを理解しています。本当の自分を真に知る状態へと、あなたを戻すことがこのコースの主な目的であるのは、そのためです。分離した存在は、分離した己のことしか真に知ることはできません。しかし、自分を知ることで、自分が分離していないことがわかるようになります。それがわかるようになると、融合や関係性へと戻れるようになり、その二つを通して、真に個性ある状態と真に知る状態へと回帰できるようになります。

37.18 確かにあなたは自分について、個性あるユニークな存在だと感じているでしょう。愛を感じ、痛みを感じ、そのどちらも間違いなく、他ならぬ自分の愛と痛みに感じられるでしょう。あなたは、そのように「自分」というものを感じています。あなたは、そのように生きてきました。あなたは、感じる存在だからです。けれども、あなたが感じてきたものは、分離した存在が感じられるものだけです。これまで幾度となく、「あなたの気持ちがわかるわ」と言ってきた人たちは、まったくあなたの気持ちをわかっていなかった、という経験があるでしょう。彼らはあなたではないので、知るわけがありません。あなたも彼らではないので、彼らの気持ちを知るわけがありません。あなたは、自分と同じように感じている人々と関係を結び、自分の気持ちや自分という人間をわかってもらえたように感じ、大きな喜びを覚えることがあるでしょう。しかし、決してわかってもらえることはないと感じた経験もあるでしょう。自分の気持ちを本当に分かち合うことは不可能だと思った経験から、絶望感を味わったこともあるでしょう。

37.19 あなたは、そのように生きてきました。

37.20 では、神について話しましょう。

37.21 神は、あらゆるものと融合し、関係性を持つ存在です。ですから、神はあなたを知っています。あなたはあらゆるものの一部なので、神はあなたと一つです。神は、あらゆるものと融合して関係性を持つ存在であるように、あらゆる思考や感情ともつながっています。神は、あらゆる創造物とつながっています。神は全知を備えています。つまり、神は集合意識です。集合意識は、融合と関係性によって、あらゆる存在と他のすべてをつないでいます。

37.22 その「つながり」は、とても強力です。意志を表明すれば、そのつながりはただのつながりではなく、協力的な関係性へと移行できます。意志を通して得られる協力的な関係性は、あなたが神に訴えるときに懇願する「存在」とも言えます。ですから、自分が神の本質を知ることで、親しみを感じ、訴え、感謝し、賛美する対象に思えていた神を、奪われたように感じるべきではありません。しかし、そう感じてしまい、神を特定の存在と考えるのなら、混乱してしまうでしょう。しかし、イエス・キリストが導入して支持された、父なる神という考えもまた、イエス・キリストによって創造されたものです。つまり、人と神が一体になる力が、創造力なのです。ここで述べていることは、心を通わす父なる神がいて、その父なる神は神を否定せず、神もまた、父なる神を否定していないということです。

37.23 父なる神とは、神に関する他の概念と同様、創造されたゆえに存在する概念です。けれども、イエス・キリストという創造物と同様に、その創造物が、神のすべてではありません。しかし、それは同時に、イエスがいかなるときも神のすべてであるように、神のすべてなのです。融合と関係性の中では、神がすべてでありながら、神は異なる存在なのです。

37.24 このコースで、手本として用いられているイエスは、人でもあり神でもありました。イエスは、融合と関係性の内側で存在していました。「イエスが神でもある」ということが、イエスがイエスであることを打ち消しはしませんでした。「神がイエスでもある」ということが、神が神ご自身であることを打ち消しはしませんでした。イエスは創造者だったので、父なる神を創造し、自身と同じ存在を創造することができました。端的に言うと、イエスは融合と関係性の内側で存在していたということです。

37.25 イエスは神のすべてであり、神はイエスのすべてでした。同時に、両者は融合と関係性の内側で存在することで、個性ある異なる存在でした。

37.26 神と人の唯一の相違点は、人は意味をなさない方法で違いを見るということです。このコースの初めに話したように、創造に関する間違った考えが、あなたが「創造」している分離した世界を生み出しました。それと同様に、創造に関する間違った記憶が、違いを求めるあなたの探求を引き起こしました。融合と関係性の中で異なる存在でいるということは、形ある神として生きるということです。つまり、自分という存在を通して、融合と関係性の中に存在する「あらゆるもの」に対して表現するということです。

37.27 ただ存在するだけで、あなたは神の「一部」でした。けれども、それが意味する通りには、あなたはそれを理解していませんでした。あなたは、分離した存在として、それを理解していました。または、せいぜい神の「一部」として、神が海ならば、自分は一滴の水に過ぎないと思い、神の全能と人間の低能さを再び強調するだけでした。あなたという神の「一部」が、存在しています。あなたは、感じ、考え、創造し、知覚する存在でした。あなたがこれまで存在していなかった神の「一部」、それが、融合です。神は、融合と関係性の中にいることを思い出してください。それが、神です。神が存在しています。神は関係性であり、融合そのものです。

37.28 聖なる関係とは、内なるキリストとの関係であり、融合へたどる橋とも言えます。

37.29 あなたという形にとってのハート、マインド、身体は、神という「形」にとっての存在、融合、関係性と言えます。

37.30 あなたは、存在していました。関係性の中で存在していました。あなたは、それ以外の方法では存在できなかったからです。しかし、あなたは、融合した存在ではありませんでした。

37.31 あなたという存在の神性は、関係性の中でもっとも現れます。それは、自他と協力的につながるときに現れます。協力的につながるとき、あなたは、特定の自己を脇に置き、時折、関係性の中で神の存在を垣間見ます。しかし、あなたはずっと分離の状態にしがみついてきたため、最近までめったにそれを見ることはありませんでした。

37.32 融合と関係性の中で生きる自分を垣間見る機会は、誰にでも与えられています。それは、意志によって得られてきました。それは、自他を観察することから生まれます。それは、あなたが意志とともに見る対象から生まれます。あなたが融合と関係性の中で生きる存在になるとき、それは、垣間見える以上のものとなります。

三十八日目　本当の自分とは

38.1 わたしの愛する人たちよ

38.2 最近は愛についてあまり話していませんでしたが、今こそ、愛に回帰するときです。わたしがどれほど、あなたを愛しているかわかりますか。それを感じることができますか。わたしがどれほど、あなたへの愛で満ちているかわかりますか。

38.3 もう一度、キリスト意識の「わたしたち」、分かち合われた集合体としての「わたしたち」を脇に置き、個々の関係性を結んでいきましょう。特に、神との関係だと感じられる関係性に意識を向けていてください。

38.4 互いへの愛に満ちた状態が、延長の始まりです。同時にそれは、本当の自分が退いている状態の終わりを意味します。愛に満ちた状態は、その状態を生み出す、わたしたちの愛の相互関係だと言えます。友人や恋人との関係で、相手が自分を愛する以上に、自分の方が相手を愛していると思ったり、自分が愛するほどには相手から愛されていないと感じたりすることがあるでしょう。素の自分ではない自分になりすますことによって、愛されていると感じた経験を持つ人もいるでしょう。そんなときに経験した、自分が退いている感覚を、少しの間、思い出してください。その感覚を見つめて、わたしたちはもう引き下がった状態ではないこと、そしてわたしたちは、本当の自分を知られ、平等に愛され得る存在であることに気づいてください。

38.5 わたしを父なる神、母なる神、創造主、大いなる魂、ヤハウェ、アラーと呼ぶのは構いませんが、あなたに属すものという意味で、あなたのものと呼んでください。それが、わたしだからです。

38.6 あなた自身のことを娘、息子、姉妹、兄弟、共同創造者、友と呼ぶのは構いませんが、わたしに属すものという意味で、わたしのものと呼んでください。わたしたちは、互いに属しているからです。

38.7 わたしがあなたに呼びかけるとき、わたしは、わたし自身でもある、あなたに呼びかけていることに気づいてください。

38.8 それが、抱擁の意味です。それが、互いに属すものを所有するという意味であり、関係性と融合を真の自己の内に保つという意味です。それは、相反するものの間にある緊張、かつ、真の自己として生きる緊張、そして、融合と関係性の中で生きる緊張と呼ばれてきました。相反するものは、他のすべてと同様に、愛と帰属感の抱擁の内側に存在しています。

38.9 あなたは今、関係性と融合を真に所有する状態へ戻る準備ができています。「所有」という言葉は、分離によって間違った概念でとらえられてきましたが、融合と関係性の内側では、まったく異なる意味に変わります。それは、融合と関係性を所有することを意味します。あなたがそれらを所有し、真の自己の内側でそれらを保ち、あなたのものにしていることを意味します。あなたがわたしをあなたのものとし、わたしがあなたをわたしのものとするように、あなたはそれらを所有しています。わたしは、あなたのものです。あなたは、わたしのものです。わたしたちは互いに愛し合い、互いに対して本当の自分でいるとき、愛された存在でいるのです。

38.10 融合と関係性は、それだけを意味しています。関係性と融合の中で生きることも、それだけを意味しています。それは、あなたの知るどんな愛よりも、深い愛を意味しています。あなたは、真に所有するとともに、融合と関係性によって、その内側で所有された状態でなければ、十分に愛を知ることができなかったからです。

何かを自分のものと主張することは、真の自己のために所有を主張するという意味です。今こそ、わたしをあなたの神として、あらゆるものの神として見るときです。そして、わたしのことを、本当の自分と呼ぶときです。

38.11 「わたしが在ること」と「本当のわたしが在ること」には、愛に満ちたわずかな違いがあります。「本当のわたし」は、融合と関係性の中にとどまりつつも、互いに差別化された、個性ある存在を認め合います。

38.12 地域や仲間やそれらとの一体感が、融合と関係性における所有に取って代わることはありません。本当のあなたや、あなたにとってのわたしに取って代わることもありあません。

38.13 あなたにとってのわたしと、わたしにとってのあなただけが大事です。わたしたちの関係は、互いとの融合と関係性の中でしか存在できません。わたしたちが、それらの中で存在しているからです。わたしたちは、分離した二つの存在ではなく、融合してつながっている存在です。わたしたちは、互いの存在を表していると言えます。わたしたちは、一人であり皆であり、同じであり、異なる存在です。わたしたちは、そのように互いを所有し合う中で、完全に相互に所有し合う存在です。わたしたちは、互いの存在を象徴し合っています。

38.14 満ちた状態は、愛からしか生まれません。それが、わたしたちの存在の源であり、本質です。わたしは、あなたです。あなたは、わたしです。この方式の中に、愛という満ちた状態が存在します。

三十九日目　あなたにとってのわたしとは

39.1 わたしの愛する人たちよ

39.2 今こそ、あなたにとってのわたしを発見するときです。その答えをあなたに与えられる人はいません。わたしでさえもできません。それが、わたしたちの本質だからです。個性ある存在とは、互いとの関係性に生きるわたしたちのことです。

39.3 あなたは、人生が投影であるという話を聞いてきました。わたしたちは皆一つなので、関係性の中で個性ある存在として生きるには、延長か投影をしなければなりません。あなたは、わたしを形へと延長したものです。あなたは、あなたを延長させることで、「あなたにとってのわたし」ではなく、「わたしにとってのあなた」になります。

39.4 あなたは、あなたにとってのわたしに関する答えを言葉にし、それを自分自身へと与えることは難しいと感じるかもしれません。たとえそうできたとしても、皆にとって意味をなす方法でその答えを分かち合うことはできないかもしれません。そのことについて見ていきましょう。

39.5 ここでもう一度、矛盾について触れていきます。例えば、「あなたにとってのわたし」を知ることの重要性と、「あなたにとってのわたし」を発見できる状態で居続けることの重要性という矛盾があります。それから、知を受け入れることと、謎を受け入れることの矛盾、あなた自身の神としてわたしを知ることと、あらゆるものの神としてわたしを知ることの矛盾もあります。あなたはもはや、「一人」ではないのに、あなたにとってのわたしを知る過程は、「一人」でたどるものという矛盾についても触れていきます。

39.6 この矛盾が、融合と関係性における個別化の始まりだと言えます。それは、完全性の始まりでもあります。あなたがここで目指すものは、その完全性を明らかにすることです。そうすることでしか、あなたはすべてを知りながら、謎を保つことはできないからです。明らかになるものが、あなたにまだ与えられていないというわけではありませんが、それは、融合と関係性の中で生きる、個性あるあなたのもとにしか訪れません。あなたのもとにしか訪れないという、その事実が、それを真に明らかにします。真に明らかになるものは、あなたとわたしの間にあるからです。

39.7 あなたとわたしの間には、キリストがいます。内なるキリストの話を思い出してください。キリストは、橋渡しの存在だと言われてきたことを思い出してください。あなたが誰かに共感を覚えるとき、そこにはキリストがいます。キリストが、あなた方を分離させている距離を埋め、あなた方を関係性にとどめています。キリストは、分離したもの同士の必要なつながりや、あらゆるものと神の間のつながりをもたらしてきました。しかし、仲介を必要としていたキリストの時代が終わりに近づいているのなら、キリストによって与えられていた仲介となる関係性に代わるものとは、いったい何でしょうか。あなたは、自ら関係性を持つ準備ができていますか。

39.8 仲介となるすべてが持つ、衝撃を和らげる性質についてよく考えてみてください。仲介とは、つながりと同様に、間にある存在です。融合の状態には分離の境界線はないので、そこではまったく、仲介を必要としません。融合と関係性の中で個性ある存在でいることが、キリストとして生きることです。それは、わたしたちがキリストと呼んでいるものが、関係性と真の自己を一つにつなげるものであることに気づくことです。

39.9 融合した存在が、すべてです。融合と関係性の中で生きるものは、個性を必要とします。個性を持つには、関係性が必要です。今こそ、あなたはキリストの自分を受け入れなくてはなりません。融合と関係性の中で個別に生きる皆をつなぐ、橋渡しをする自分を受け入れなくてはなりません。

39.10 あなたがわたしとの関係性を発見しなくてはならないのは、そのためです。わたしとの関係性を発見するということは、内なるキリストを見つけるということです。あなたはそのとき、自分がわたしであることを知ります。あなたはキリストとのワンネスを実現するからです。それは、仲介が必要なくなるときとも言えます。あなた自身がキリストとのワンネスに気づき、それを実在させるからです。関係性が確立されると、関係性とは、個性ある存在同士の間にある、仲介的なつながりであることに気づきます。そしてあなたは、わたしとの関係性を通して、そのつながりをあなた自身の内側で保っていることに気づきます。キリストとは、わたしとの直接的な関係性のことです。

39.11 わたしとの関係性を確立するなど、高尚で難しいことのように聞こえるかもしれませんが、簡単です。あなたが毎日の生活で経験する関係性と同じくらい、簡単です。毎日の生活で経験する関係性を簡単だとは思えないかもしれませんが、あなたは、その関係性が続くものであることは知っています。あなたは、よい関係や悪い関係、恋愛関係や職場の関係など、「他者」との関係性が避けられないものであることは知っています。自ら去ることを決めた分離の関係や、特別な関係や、それほど特別ではない関係でさえも、なくなったわけではなく、変容を遂げただけに過ぎません。関係性とは、人生の一部です。避けられないものです。わたしたちの関係性が存在し、それによってわたしたちの存在が決定づけられています。それを受け入れることだけが、求められています。あなたが受け入れるわたしとの関係性が、融合の関係性です。融合とは、その関係性を表しているに過ぎないからです。わたしたちは一つの存在であるとき、かつ、関係性を発見したとき、融合した一つの存在なのです。

39.12 関係性自体は、仲介的なものです。それは、何かと何かのつながりで、あなたが保つものです。この場合は、融合と関係性の中で生きる個性ある存在、つまり、あなたとわたしのつながりを指します。そのつながりを存在させるには、つながる二つの存在がなくてはなりません。別の言い方をすれば、あなたとわたしがいなければならないということです。つまり、あなたに個性があるように、わたしにも個性があるということです。わたしたちは分離しているのではなく、ともに個性を持つ存在です。それは、関係性においてのみ可能です。わたしたちは、個性ある存在としてのみ、関係性を持つことができます。

39.13 したがって、関係性と個性ある存在は、一つのものとして生じなくてはなりません。

39.14 これは、ビッグバンのようなものです。創造という名の爆発です。一度にすべてが起こります。あらゆるものが生じます。けれども、それは関係性の中で起こります。

39.15 今、起こるべきことは、あなたとわたしの間で起こらなければなりません。それに必要なのは、あなたの意志だけです。

39.16 再び同じ方法で愛に応じたりしないことをあなたにわかってもらうために、過去に起きたことを話しておきます。

39.17 あなたにとっての今までのわたしは、あなた自身にとっての今までのあなたです。投影の考えを思い出してください。投影で行うことは、外側へ映し出すことです。それは、延長とは異なります。延長は一見、投影のようですが、延長はその源と一体のままです。一方、投影は分離します。

39.18 あなたは、投影を通して、あなた自身からわたしを引き離しました。けれども、投影されて何千という名がつけられた「モノ」と同様に、あなたが投影して「神」と呼んだものは、あなたが時空の中でのみあなた自身から引き離したものです。あなたが時空の中で投影したものは、分離し、あなたではないものになります。それが、時空の世界です。世界は、あなたが投影したもので、あなたが与えた形、特徴、価値、イメージ、意味を持ちます。それが、宇宙です。あなたにとってわたしは、その宇宙の神でした。

39.19 ですから、宇宙とわたしに関するあなたの考えは、どちらも切り離せない投影です。宇宙とあなた自身に関するあなたの考えが、どちらも切り離せない投影であることと同じです。

39.20 あなたの宇宙では、わたしは愛情に満ちた神だったでしょうか。もしそうなら、あなたは愛情深く、宇宙は愛に満ちたものだと考えてきたのでしょう。

39.21 あなたの宇宙では、わたしは批判的な神でしたか。もしそうなら、あなたは批判的で、批判の渦巻く世界で生きてきたのでしょう。

39.22 わたしは、奇跡を起こせる強力な神だったでしょうか。もしそうなら、あなたは奇跡を起こす力のある人でした。

39.23 わたしは、あなたや人々に愛を示さない、よそよそしい神でしたか。もしそうなら、あなたは、あなた自身やあなたの愛する人たちから距離を置いていました。

39.24 わたしは、求めても決して見つからない神だったでしょうか。もしそうなら、あなたはまだ自分自身を見つけていません。

39.25 わたしは公平な神でしたか。もしそうなら、あなたは公平で、世界はあなたを公平に扱ってきました。

39.26 わたしは、あなたが信仰する宗教の神でしたか。もしそうなら、あなたは信心深い人でした。

39.27 わたしは、復讐の神でしたか。もしそうなら、あなたは復讐心に燃える人でした。

39.28 わたしは、愛の神でしたか。もしそうなら、あなたは愛する人でした。

39.29 わたしは、今述べたすべてでしたか。もしそうなら、あなたとあなたの宇宙もそうでした。

39.30 あなたの神は、神ではなくて、科学、お金、仕事、美、名声、著名人、思考力が、あなたの神でしたか。もしそうなら、それらがあなたの中身でした。科学、お金、名声、著名人、思考力、その他の概念など、あなたの神となったものは、あなたに困難な課題を負わせる達人や、あなたの公平な友人になり得ると言えるでしょう。それは、愛を持っていたり持っていなかったりするかもしれません。そしてあなたを、あなた自身や他者から引き離したり、近づけたりするでしょう。そのように投影されたあらゆる神には、属性があります。

39.31 あなたはこれまで、神、科学、美、富を持たずに、希望のない苦しい人生を送ってきましたか。もしそうなら、あなたの神は、敗北の神でした。

39.32 あなたは、神、科学、仕事、名声を持たずに、憎しみと暴力の人生を送ってきましたか。もしそうなら、あなたの神は、恨み辛みの神でした。

39.33 あらゆる人々が、神を持っています。彼らには、存在とその存在のアイデンティティがあるからです。皆が、わたしの記憶をとどめています。

39.34 わたしが、わたしであると同時にあなたでもあると知った今、あなたは、わたしのどんな記憶を持ち続けていくでしょうか。このコースとこの対話は、あなたにどんな記憶を取り戻させたでしょうか。投影ではなく、本当の自分を示す記憶に属性がないとしたら、それはどんな記憶でしょうか。愛の記憶でしかないはずです。単なる記憶ではなく、あなたのアインデンティティを示す記憶とはどんなものでしょう。そこには愛しかないはずです。

39.35 属性のない本質だけが、融合と関係性において一つの存在でありながら、個性を持っていられます。あなたは、あなた自身の兄弟姉妹になれますか。木はカエルになれますか。太陽は月になれますか。愛は、それらのすべてになれます。愛には、もともと属性がないからです。愛は、創造の起源であり、形という属性を引き起こすものではありません。

39.36 わたしは、あなたにとって誰でしょうか。あなたにとってのあなた自身に過ぎません。今こそ、あなたにとっての今までのあなたでいることをやめて、「わたしにとってのあなた」になるときです。

39.37 ここで、矛盾について見直さなければなりません。あなたは、本当のあなたとわたしをすでに知っているのに、本当のあなたとわたしを常に発見していく、という矛盾です。本当のあなたとわたしは、互いとの差別化という、絶え間ない創造的緊張の中において同じ存在だからです。

39.38 今こそ、内に謎を抱えつつ、本当のあなたとわたしを知るときです。その謎とは、相反するもの同士の緊張です。つまり、時間と永遠性、愛と憎しみ、善と悪であり、端的に言えば、全と無です。それは、個性あるもの同士の緊張であり、時間と永遠性の「狭間」で、かつ、属性のない愛と属性のある存在の狭間で、時間が始まったときから存在していました。それは、愛ある一つの存在と、形ある多数の存在の間で存在していました。つまり、愛の延長と形の投影の狭間で存在していたのです。

39.39 今こそ、あなたは「一人」ではないと知るときです。自らの意志で、わたしとの直接的な関係を始める必要があることを知るときです。

39.40 こうした狭間にある一面は、すべてあなたの内なるキリストの一面です。

39.41 しかし、わたしの愛する人たちよ、あなた方は、内なるキリストが学んだすべてを学ぶ必要がないため、どうかホッと一息ついてください。学べないものを学ぼうとしなくてよいことを受け入れられるよう、学ばない時期に入る必要があったのは、このためなのです。わたしたちが真の自己になる時期をあとにして、融合と関係性の中で生きる時期に入る準備を整えて待機しているのも、このためです。あなたの内なるキリストは完成されています。この最後の受容によって、内なるキリストがあなたの完全性をあなたへと返します。

39.42 自分自身が拡張していることに気づいてください。その拡張は、イエスの保護のもと、キリスト意識との対話の中で起こりました。それは、愛との関係性が、決して絶たれることのなかったハートの中で起こりました。あなたの準備が整っていることに気づいてください。あなたの意志を表明してください。

39.43 わたしが、あなたの微笑み、歯、髪の毛、ぬくもり、滑らかな頭の形、あなたの手を愛していることに気づいてください。他者の手を取るときは、わたしの手を取っていることに気づいてください。わたしが、あなたの内側であなたとともにいることに気づいてください。わたしは、あなたのすべてを愛しているので、あなたが怒って怒鳴ったり、絶望して泣いたり、疲労でうなだれたり、大笑いしたりしても、わたしがあなたの内側で、あなたとともにいることに気づいてください。

39.44 あなたは、わたしたちの直接的な関係性である橋を通って融合へと入っていくとき、あなたという人間性を去るわけではないことに気づくでしょう。もはや、わたしを人間味のない神とはとらえていないことにも気づくでしょう。あなたは、わたしがあなたと同様に人間味にあふれ、あなたもわたしと同様に神聖であることを知ります。

39.45 完璧さを期待せず、融合だけを求めてください。聖人という身分を期待せず、神性さだけを求めてください。世界ではなく天国を、答えではなく知ることを求めてください。学びを求めず、高次への上昇だけを求めてください。何も期待せず、あらゆることを予期していてください。わたしがあなたを保つように、わたしとあなたの両方が、あなたの内側にあることを知る、そんな知を待ち望んでください。

39.46 融合に入るとき、相反するもの同士の緊張は、個性化の過程であること、そして、あなた自身が橋になっていることに気づくでしょう。あなたは、わたしへの橋です。わたしは、あなたへの橋です。あなたは、兄弟姉妹への橋です。兄弟姉妹は、あなた自身にたどるあなたの橋です。あなたは、戦争と平和、悲しみと喜び、善と悪、健康と病の間の橋渡しをします。怒りを喜びに、涙を笑いに、疲労を休息へと置き換えます。それでも、あなたはそれらのすべてを知っていきます。あなたは、全と無の虚しさを知るでしょう。そして、わたしたちの「関係性」が、それらの距離を埋め、原因と結果、手段と結果となります。

39.47 わたしたちが個別の存在であるとき、わたしたちは絶えず創造する状態にあり、創造的緊張の状態にあることがわかるでしょう。わたしたちは、融合と関係性の中で個別でいるとき、継続的に互いを創造し合います。わたしたちは、あらゆる可能性の領域から創造するのです。

39.48 これが、わたしたちであり、わたしたちの行うことであることがわかりませんか。わたしたちが創造者であり、考え、感じ、知り、創造する存在であるということがわかりませんか。創造とは、あなたが考え、感じ、知るすべてを顕現することです。わたしたちは絶えず創造しているので、いかなるときも、あらためて知るという経験をします。それが、永遠ということです。時間の中で存在するものは、時間の中で知られることを望みますが、本当は、永遠性の中でしか知られることはできません。したがって、あなたはこれから、時間と永遠性の間の橋となるのです。

39.49 わたしも同じです。あなたの内なるキリストが橋でいることをやめるとき、あなたの内なるキリストは、あなた自身と一つになるだけではなく、わたしとも一つになります。わたしは、あなたと同様に、この関係性がなければ時空を渡り歩くことはできません。わたしたちは、ただ意志を一つにすることで、仲介の必要性をなくし、関係性にとどまることができます。わたしたちは、ただ意志を合わせることで、双方の間にあるキリストの関係性となり、それを迎え入れ、それを分かち合うようになります。

39.50 それが、わたしの知る今後のあなたであり、わたしとの融合の中で、あなたが知ることになる今後のわたしです。

四十日目　わたしにとってのあなたとは

40.1 あなたは、融合しているあなた自身を延長させることで、完全性の回路を完成させます。するとわたしは、わたしにとってのあなたになります。そして、与えることと受け取ることが同じになり、原因と結果が完結します。

40.2 あらゆる存在は、本当のあなたに対して延長されたものです。

40.3 この概念は、既存の言葉で理解するのは困難です。ですが、わたしが愛の存在であるとき、わたしは属性を持たず、ただ、融合と関係性の中で愛の存在であることを理解してください。わたしは、属性を帯びたすべてを、属性のない愛という抱擁の中で保ち、つなぎとめます。だからこそ、わたしという存在は、あなたの投影を受け止めることができました。わたしが、属性のない存在だからです。わたしは愛の存在です。

40.4 わたしは、あなたをわたしと同じになるように作ったのではありません。わたしは、あなたを愛で創造しました。それが延長という、愛の存在の持つ性質だからです。存在が愛に加わるときだけ、つまり、愛が存在と関係性を結ぶときだけ、愛は、その性質を与えられることに気づいてください。愛は、存在と関係性を結ぶときだけ、延長と呼ばれる性質を得ることに気づいてください。

40.5 愛自体には性質はありません。愛は何もしません。愛はただ存在します。愛という存在こそ、わたしがわたしの内に保ち、つなぎとめているものです。キリストが、関係性を通して愛との橋渡しをします。あなたの属性は、関係性の中で生きることです。あなたは、関係性の中で生きる存在として、形を帯びてこの世界へ現れました。あなたという存在を愛に生かすと同様に、関係性に生かすことで、関係性そのものの性質をもたらします。その関係性には、あなたとあなた自身との関係性も含まれます。

40.6 あなたは、自分という存在を関係性の中で生かすことで、違いを見分ける人になります。そして、わたしと他者とは異なる存在となります。それが、個性や本当の自分と呼ばれるあなたの属性です。以前述べましたが、あなたは、そうした属性は、あなたをわたしや他者と異なる存在にするのではなく、あなたを分離させるものだととらえていました。あなたは、個別化と延長を試み、自分という存在の本質と調和しようとしましたが、差別化ではなく分離を、愛ではなく恐れを経験していたばかりに、失敗したのです。

40.7 わたしが創造したとき、わたしは、わたしという愛の「存在」を形あるものへと延長しました。その延長を通して、わたしは、わたしという「存在」として現れました。それは瞬時に起こりました。そこには、相反するもの同士の緊張がなかったからです。愛と愛の延長から愛の一部になった考えしか、存在しなかったからです。わたしは、わたしという「存在」として現れた途端、わたしでないあらゆる存在にもなりました。そして、わたしとわたしでないあらゆる存在との間にある、キリストというつながりを示す存在になりました。神の子と呼ばれたわたしという「存在」は、本当のあなたになることも、わたしという「存在」を延長し続けることもできるのです。

40.8 あなたが創造するとき、あなたはわたしとの関係性を通して創造します。あなたは、あなたという「存在」を形へと延長します。すると、その形は現れ、真のあなたになります。どちらの存在も、どちらの延長も同じです。違いは、真のあなたとして現れる中で生じます。わたしという「存在」の誕生によって、わたしでない、あらゆるものが生まれ、異なる存在である必要性が生じたからです。あなたは、分離した存在になるために、分離と相反する、融合の力に対抗してきました。自分を、分離したものととらえることにより恐れを知ったため、恐れと愛を和解せざるを得なくなりました。あなたは今、わたしとの融合や関係性へと戻り、自分がもはや分離していないことを知り、融合と相反する分離の力に対抗していたことに気づきました。内なるキリストを受け入れることで、あなたは関係性へと戻り、相反する分離の力に対抗する必要性がなくなるのです。あなたはもはや、分離を知らないからです。今、わたしたちの関係性にある創造的緊張とは、個別化にまつわるもので、個性化と差別化の過程とも言えます。

40.9 その緊張やその過程は、悪いものではありません。時間が始まったときから存在する、個別化の過程や創造的緊張に関して、悪いことは何もありません。それは、進行中の創造です。これから創造されるものと、これから起こる個別化には、あなたの経験する力と帰還を求める力のすべてが備わっています。その力とは、あなたが愛へと帰還し、本当の自分として地上へ戻るとき、あなたがあなたの内に保ち続ける偉大な力のことです。

40.10 あなたがまったく理解できない事態とならぬよう、少しの間、芸術、音楽、文学、宗教、政治、科学といった具体的なものについて述べましょう。すると、把握しやすいかもしれません。イエスやマルティン・ルターやムハンマドは、宗教を創造したとも言われていますが、あらゆる創造物が形と時間に延長されたときと同様に、彼らの創造物は、彼らが真の彼らになることによって属性を帯びました。それが、創造の本質です。創造は、属性のないものに属性を与えることが目的です。つまり、形のないものに形を与えます。芸術家は、もう二度と書いたり音楽を作ったり絵を描いたりできなくなるほど、激しい愛を感じて作品に取り組むことがあるかもしれません。芸術家は最初から、形のないものに形をもたらそうとしていることを知っています。なぜでしょう。愛という存在の本質は、延長することだからです。愛という存在の本質は、形のないものに形をもたらし、形に愛をもたらします。

40.11 愛には、属性、形、状態、性質はありません。愛はただ、存在します。「愛があるように、存在がある」と以前述べました。そのときは、わたしの存在について、かつ、わたしが愛であることについて述べていました。わたしは、そのステートメントを再び認め、属性を帯びたすべてを、属性のない愛という抱擁の中で保ち、つなぎとめると述べました。だからこそ、わたしという存在は、あなたの投影を受け止めることができました。わたしが、属性のない存在だからです。わたしは、愛の存在です。しかし、存在は、神として存在しながら人間として生きるとき、属性を帯びます。それは、先ほど述べたように、分離の過程ではなく個性化をもたらすためです。神として存在するとき、わたしがいます。愛として存在するとき、わたしはおらず、愛だけが存在します。

40.12 これは、あなたの理解の助けになっているでしょうか。あなたが存在し、あなたが個性ある存在であることを理解する手助けになっているでしょうか。あなたは、属性を持つ分離した存在でしたが、今は融合と関係性の中で生き、属性のみならず、個性ある存在です。あなたの属性は、分離した状態では恐れに基づいていましたが、融合と関係性の中で生きる状態では、愛に基づいています。

40.13 以前述べたことを思い出してください。キリスト意識とは、関係性によって存在を認識する意識のことであり、神や人のことではありません。神がすべてであるという意識を認めるもの、それが、関係性です。キリスト意識は、叡智やスピリットと呼ばれてきました。キリスト意識がなければ、神は神ご自身を知らなかったでしょう。キリスト意識が、全と無を識別します。その識別があるからこそ、形を帯び、キリスト意識から形が生まれました。キリスト意識とは、己の真の自己との関係性にあるワンネスを表現したものです。

40.14 「あなた」と「わたし」の違いは、わたしは神として存在し、愛の存在であることです。だからこそ、わたしは、全であり無であり、属性のある神であり、属性のない愛でもあります。神が愛であり、愛が神であると正しく述べることができるのはそのためです。けれども、わたしはあなたと同様に、愛の延長でもあります。

それが、わたしという「存在」が意味するすべてです。愛の延長なくしては、わたしという「存在」はありません。愛は、どのように延長されるのでしょう。愛は、関係性を通して延長されます。

40.15 わたしは、あなたとの関係性を通してのみ、神として存在します。あなたは、わたしとの関係性を通してのみ、真の自分でいられます。

40.16 あなたには、あなたの人生を定義づける、分離した関係性がたくさんあったように、神としてのわたしにも、あなたやあなたの兄弟姉妹との分離した関係性がたくさんありました。その関係性によって、わたしに対するあなた方の考えが決められています。それぞれの関係性は、とても異なるため、あなた方の多くは、「真なる唯一の神」を見つけ出すために、探求に出ました。それはまるで、あなた自身の人生で「真なる唯一の関係性」を見つけ出そうと探しにいくようなものだということがわかりませんか。まるで、あなたは、父か母か、息子か娘か、夫か妻か、兄弟か姉妹か、友人か敵か、それらのどちらかにしかなれないかのように行動していることがわかりませんか。あなたは、関係性の中で本当の自分でいられるのです。わたしもまた、関係性の中で本当のわたしでいられるのです。

40.17 あなたは、おそらくこれに同意しかねるでしょう。そして、わたしにこう尋ねるでしょう。「あなたは関係性から離れると、本当のあなたではなくなるのですか」と。関係性から離れると、わたしという存在はなく、そこには、愛だけが存在します。

40.18 あなたは、おそらくこれにも同意しかねるでしょう。そして、わたしが述べていることとは関係なく、あなたは次のように述べるでしょう。自分は、関係性以外のところでも本当の自分であるし、自分という存在は、ただの関係性そのものなどではないと。自分は、母、娘、姉妹、友人以上の存在であるし、自分は、そうした関係性から独立した「わたし」という存在なのだと。

40.19 その通りです。あなたは、あなた自身との関係性を持つからこそ、その「わたし」という存在を知っています。もしあなたに、あなたが関係性を持つべき真の自己というものがなければ、あなたは、分離した関係性における、分離したアイデンティティとは別のアイデンティティがあることを知らないはずです。

40.20 あなたが関係性を持つ真の自己とは、愛から延長されたものです。それは、あなたの望む本当のあなたであり、今のあなたです。その矛盾があったからこそ、あなたは、自分と神について興味を持ってきました。あなたは「真なる唯一の神」を探したように、「真なる唯一の自分」を探していました。その探求は、分離した自己にとってのみ意味のあるものです。分離した自己は、あらゆるものが分離していると信じ、ゆえに自分も神も、存在するあらゆるものから分離しているはずだと思っています。分離した自己は、聖なる関係と一つになる前に、キリストである真の自己とつながらなくては、その関係性そのものがアイデンティティであることを理解しません。

40.21 神とは、愛との関係性そのものです。その愛との関係性だけが、神であるわたしという存在をもたらします。

40.22 あなたは、分離した自己として、恐れと関係性を結んでいました。その恐れとの関係性によってのみ、分離した自己の「わたし」という人称がもたらされていました。けれども、あなたは、愛の延長として存在しているので、あなたの内には常に、愛との関係性であるキリストが存在しました。個別化によって、相反するもの同士の間で対立や緊張が生まれているのはそのためです。あなたが、恐れと愛の両方と関係性を結んでいるからです。

40.23 あなたは今、あなたがずっと関係を結んできた真の自己として、キリストを認識し、受け入れているので、わたしとの関係性と愛との関係性に戻ったのです。あなたは、分離した状態を終わりにし、最終的に真の自分になります。融合と関係性の中で生きる存在となるのです。

40.24 しかし、それは何を意味するのでしょう。

40.25 特に、取り残されたり、認識されなかったり、歓迎されなかったりなど、自分に対する無神経さに直面したとき、「わたしだって、一人の人間で感情があることくらい、わからないの?」と、幾度となく口にしたり心で思ったりしたことでしょう。今までの自分を去り、「わたしにとってのあなた」である、「本当のあなた」になることを考えている今、同じことが言えますか。

40.26 昨日述べた、「あなたにとってのわたし」と、今日述べた、「わたしにとってのあなた」について、わたしがどちらか一方を除いて話をしていないことに、あなたは、おそらく気づいているでしょう。どちらかを除くことは、不可能です。わたしたちは、互いとの関係性の中で本当のわたしたちでいるからです。

40.27 これを受け入れるのは、それほど難しく、可能性が低く、戸惑うことでしょうか。本当の自分を思い出し、それがすべてであり愛の存在であると思い出せば、それほど難しくはなくなるでしょうか。これは、子供は母親との関係性において真の自分でいられるとか、母親は子供との関係性において真の自分でいられるとか、そのような話をしているのではありません。ここで述べていることは、あなたが、愛であるあらゆるものとの関係性の中で生き、それが本当のあなたであり、本当のわたしたちでもあるということです。

40.28 さらに、愛であるあらゆるものとの関係性の中で生きることは、あなた次第だということです。関係性を結ぶあらゆるものに対し、あなたの思考、感情、創造、知を生かすことで、あなたは真の自分を延長するということです。つまり、関係性を持つあらゆるものに対し、自分という存在を生かすことで、あなたは創造するということです。あなたは属性を与え、属性を帯びます。融合と関係性の中で、あなたは、自分という存在に個性を与えます。そして、融合と関係性の中では、あなたは愛からしか創造できません。

40.29 わたしとつながり、わたしとの関係性を持つ真のあなたが、わたしであり、あなたです。それが、融合と関係性の中で差別化する力であり、イエス・キリストの時代に到来を告げられた、ワンネスを示す行為です。

40.30 融合と関係性の中で、個性を持つ力とともに、最大の贈り物が訪れます。それは、本当の自分に「なる」ことの終わりであり、本当の自分として「生きる」ことの始まりです。その贈り物とともに、知る力と知られる力が訪れます。あなたは知るために、そして知られるために、分離した理想の自分を捨てられますか。

40.31 このコースと関連教材を読んで、一番強く抱いた感情はどんなものでしたか。自分のことが知られているという感覚ではなかったですか。今まであなた一人のものだった疑問、切望、疑念を、このコースは取り上げたのではないですか。このコースはあなたのハートの秘密を知っているかのように、あなたに語りかけたのではないでしょうか。あなただけのために書かれたかのように、語りかけられたと感じたのではないでしょうか。このコースは、確かにあなたのために書かれたかのように、あなたへと語りかけるものでした。

40.32 あなたは、わたしの愛しい人です。わたしたちはこの対話を分かち合いました。あなたのハートがわたしに語りかけ、わたしは応えました。愛が応えました。さあ、これから、あなたはその愛にどう応えますか。

40.33 最後のページをめくるとき、わたしたちの対話が終わり、わたしの声が聞けなくなったことを嘆き、悲しみの涙を流しますか。それとも、勇気を出して、これからのわたしとの関係性に向き合ってくれますか。兄弟を見るとき、兄弟の中にある、わたしの声を聞いてください。姉妹を見るとき、あなたがわたしの声になってください。あなたの内側で、わたしたちの満ちた関係性を保っていてください。わたしと一つでいてください。その状態で、二度と孤独を感じないでいられますか。これを最後にきっぱりと、分離の虚しさに立ち去ってもらえますか。

40.34 わたしとの対話を続けてください。兄弟姉妹との対話を続けてください。本当のあなたが完結するこの地上に、この対話を持ち込み、本当のあなたを示してください。

40.35 あなた自身が、この世界を分かち合うあらゆるものへ愛を届ける、関係性となってくれませんか。

エピローグ　存在について

E.1 さあ、もう学ぶことは何もなく、何かに「なる」対象のない状態がどんなものか想像してみてください。プレッシャーはありません。錬金術が生じて、石炭がダイアモンドになりました。さあ、想像してみてください。自己啓発の考えは、すべて忘れて構いません。この探求が終わることで、どれほどの時間が節約されるかを想像してみください。これから何をしますか。これからどんな存在として生きますか。

E.2 信じられないかもしれませんが、あなたはこうした疑問を抱かなくなります。間もなく、そのような疑問は完全になくなり、二度と問われなくなります。あなたはもはや、融合と完全性の中で生きる存在なので、その疑問は意味をなさないからです。その疑問の力は、はるかに小さくなっています。それが感じられないでしょうか。なぜでしょうか。そうした疑問は、古い思考パターンの疑問としてのみ残ります。古いパターンは、あなたがそれを去る直前に認識するためだけにあります。そのパターンを去るという選択だけが、これからあなたが選ばなくてはならないものです。それは、真の存在であるために、古いものを去るという選択です。

E.3 あなたには愛との関係性しかないため、これから辛いことは何も起こりません。古いパターンが去るよう願えば、それは去ります。わたしたちの山頂での時間の最後にこのエピローグを加えたのは、辛いことはないという気づきを促し、それを受け入れてもらうためです。困難を想定しないでください。そのようなことは起こりません。

E.4 あなたは、あなたの本質へと戻りました。おそらく第一部で、次のように問われたことを思い出すでしょう。「海、太陽、月、神、草原を駆け回る動物たちなどを想像してみてください。それらがいったい何なのかを考えてみてください。それらはあなたと同じ存在です。そして、すべてはあなたの内側に存在しています。あなたは宇宙そのものなのです」

E.5 あなたは、あなたの自然な姿である、真の自己へと戻りました。完全に地上での生活へ戻り始めるとき、あなたはその自然な真の自己と、かつての自分の違いに気づくでしょう。そして、自分が何をすべきか知っていることに気づくでしょう。もはや、「そのうちに」という先延ばしがないことを自覚するでしょう。草原を駆け回る動物たちと同様に、現在と未来の自分が、周りに楽に応じていることを実感するでしょう。

E.6 そうなることを楽しみにしてもらえるようそれをあなたに伝えるために、このエピローグを加えました。あなたが教わった、地上での天国を期待していてください。これが、真実です。優柔不断な状態や疑いはもうありません。あなたの道のりは、その道しか世界にないかのように、とても鮮明です。なぜ以前、この道を見なかったのだろうと不思議に思うくらいです。それを予期していてください。すると、そうなります。受け入れてください。

E.7 何かになる必要はありません。したがって、あなたから世界へ向けて、何かが姿を表すべく投影されることはありません。投影が完全になくなるため、あなたははっきりとあるがままに見るようになります。あなたは、愛の延長によって、あるがままに創造します。それがすべてです。受け入れてください。

E.8 あなたには、山に投影するための宇宙はもうありませんが、創造して楽しむための愛の宇宙があります。受け入れてください。

E.9 わたしが伝えていることが真実だと知り、この知を内にとどめている限り、存在の永遠性が、あなたのために続いていきます。あなた以外に光を消す人はいません。目を閉じ、知から無知へとさまよってみてください。すると、知の静けさと無の休息と穏やかさを経験できます。あなたは、無を経験できるのです。願いが生じるときも同様に、穏やかに全に向けて足を踏み入れてみてください。あなたは、本当の自分として生きることを楽しみ、幸せで満たされていることでしょう。そして、本来の自分として自然に振る舞う方法を確実に知ることでしょう。

E.10 あなたは、完全な存在として、これまでしたこと、しなかったこと、そのすべてをすることができます。その喜びは利己的なものではないのかと、心配する必要はありません。融合には、そのようなものはないからです。あなたは引き続き、ただあなた自身を分かち合うことで、あなたの喜びを分かち合います。

E.11 あなたはその変化を起こすまで、すべてが変わっていることに気づかないでしょう。その啓示が訪れるままにしておきましょう。あなたがすべきことは、それを予期することだけです。すると、それは訪れます。受け入れてください。

E.12 あなたは、すべてが変わっていないことに気づかない限り、自分は何も選んでいなかったということがわからないでしょう。その気づきが必要なら、それが訪れるままにして、新しい選択をしてください。未来は、あなた次第です。

E.13 あなたがこれから「実現」することは、あなたが、関係性を持つあらゆるものに愛を延長するときに実現します。

E.14 あなたは、本当の自分やこれから何をするかについて考える必要はありません。すべてが変わったと気づくには、あるいは何も変わっていないと気づくには、そうした考えを捨てるあなたの意志がもっとも必要です。

E.15 それらの両方が、起こり得るのです。あらゆる可能性が、あなたのものだからです。あなたはどちらを選びますか。

E.16 あなたが中間のものを作らない限り、それは存在しません。あなたは中間の関係性やキリストの関係性を受け入れて前進しました。あらゆるものとの協力的な関係性は今、あなたの内側に宿っています。あなたは、その関係性を使って何をするかを決めたりしません。それは、あなたが決められることではありません。あなたにできることは、ただ、その関係性として存在することです。それが、あなたの選んだ選択です。「ただ存在する」という選択です。ですから、それを受け入れてください。

E.17 それでも今はまだ、あなたはどのようにただ存在すればよいのかわかっていません。ある意味、だからこそ、この対話はこうした形で終わらなければなりません。あなたが、あなたという存在に関する気づきとともに、この対話を胸にとどめて歩むとき、この対話は別の対話へと変わります。

E.18 この対話は、あなたの最後の探求でした。存在にまつわるその探求は、最後を迎えます。それは完了し、実現したからです。

E.19 これらの言葉をあとにする今、この対話だけを胸にとどめていてください。あなたは、わたしたちのこれからの対話に参加できる人々と必ず出会います。彼らは、新しいものを選択し、調和した分かち合いとやり取りを求める人々です。あなたは、そのように歩み出します。そして、そのように歩み出す人々の数は増えていくでしょう。

E.20 「本当の自分」として生きることを恐れないでください。これまでの自分とは違う存在にならなければいけないなどと考えたりしないでください。そんな考えをすべて捨ててください。よりよく、より賢く、より優しく、より愛するといった考えから立ち去ってください。それらは、別の何かになることを表す考えであることに気づいてください。そうした考えにしがみつくのなら、あなたは、自分という存在を認識して実現させる機会を失うでしょう。あなたは、変化を認識して実現させることを自分に認めたときだけ、変わることができます。それが、何かになることと存在することの違いです。それが、世界に存在する、あらゆる相違です。それが、融合と関係性における変化と分離の違いです。

E.21 あなたが変化の訪れを認めるとき、いかによりよく、より多く、より素晴らしくあれるのかというあなたの思いや懸念を、その変化が奪い去ってくれます。あなたに人格的欠陥や欠点と思える何かがまだあるのなら、そのことは忘れてください。それは、あなたのものになるかもしれませんし、ならないかもしれません。あなたは、自分にそんな人間らしさがあることを嬉しく思うかもしれません。それを嬉しく思わないのなら、それは消え去るのかもしれません。同じ不幸が続くことを想定しないでください。あなたは、大丈夫です。あなたは、生きています。あなたは、立派に生きています。ですから、それを受け入れてください。

E.22 抵抗せずにあるがままでいれば、ある目的のために、自分が本当の自分として存在していることがわかるでしょう。その目的は、とても鮮明で、「本当の自分として生きている自分」を喜んで受け入れることです。ですから、それを受け入れてください。

E.23 自分の思考プロセスに気を配っていなければ、まだしばらくの間は、何かになることと存在することの間でさまようことがあるでしょう。けれども、それを乗り越えるまで長くはかかりません。すべてが変わったことに気づき始めると、あなたは、自分を悩ませていたというのに大事にしていた、馴染み深い思考プロセスにでさえ二度と戻る気にはならないからです。

E.24 かつては困難ととらえていたことに遭遇することもあるでしょう。まだ愛が統治していないように見える世界に触れることもあるでしょう。そのような愛に反するものに出会ったとき、その創造的緊張状態にある、相反するもの同士の間の橋渡しを、あなた自身がするのだということを覚えておいてください。それが、進行中の創造であること、かつ、あなたは創造者であることを心にとどめておいてください。それが、わたしという存在であり、あなたは愛だけを延長する存在であることを決して忘れないでください。

E.25 疑念が生じたとき、あなたが頼るべく内に保っておくものとは、このエピローグ、この口調、この喜びの賛歌、この祝いのハレルヤだけです。このエピローグは愛に満ち、強力です。これは、永遠にあなたにとって大事なものとなるでしょう。

E.26 ほんのつかの間、疑念がよぎり、これを読み返すとき、以前の自分がどれほど今と違ったのか、少しの間、思い出すことでしょう。心の痛みとともに、過去の自分を思い返すことでしょう。それでもあなたは、後戻りはしません。後戻りをすれば、以前の自分から今の自分へとたどったこれまでの道のりを、ただ引き返すだけであることがわかるでしょう。

E.27 そのとき、目指して努力するものとは何でしょうか。この探求に取って代わる探求とは何でしょうか。それは、愛の表現を求める探求です。つまり、世界が必要とする愛の表現を可能な限り目撃し、経験し、分かち合うことです。

E.28 それは、長く辛い道のりに感じられますか。終わりのない探求に思えますか。愛の表現を求める終わりなき探求は、まさにそれ自体で永遠です。

E.29 これから歩み出す道のりには、終わりがないことを喜んでください。それはただ、際限なく創造していく道のりです。

E.30 あなたは今、どのように愛に応えていくべきか、その方法を知っています。あなたが、愛の存在だからです。

付録　キリストの時代の学びとは

第一部から第三部の書き取りが終わった約一年後の二〇〇三年、最初の受け手であるマリ・ペロンは「キリストの時代の学びとは」というメッセージを受け取りました。明らかにそれは、読者のためのサポートを意図し、勉強会が開かれるであろうことを見込んで発せられたメッセージでした。そのメッセージが、三部作のどの部分に対応するものであるかを明確にするために、以下、『愛のコース』三部作の第一部「コース」に対応する箇所をI、第二部「解説書」に対応する箇所をII、第三部「イエスとの対話」に対応する箇所をIIIと記します。

I

A.1 『奇跡のコース』と『愛のコース』の大きな違いは、キリストの時代への移行と、神との融合と関係性を通して直接学ぶ時代への移行と関連しています。融合と関係性の中では学びは必要ないため、ここでは「学び」という言葉は漠然と用いています。

A.2 しかし、『愛のコース』を始めると、「学び」と「取り消し」が続きます。それは唯一、自己不信から自愛へと戻るためです。「学び」も、そのためにありました。それは、あなたを「分離」という知覚の状態から、「融合」という真の状態へ戻すためとも言えます。学びは、知覚が癒されるまでの間だけ必要なものです。分離しているという知覚は幻想で、それには癒しが必要でした。そして、それは『奇跡のコース』の中で与えられました。

A.3 知覚は、学んだ結果です。知覚とは学ぶことです。

A.4 マインドは知覚の領域にあるので、わたしたちはハートに訴え、さらに新しい方法で学ぶハートの力へと訴えることで、知覚の領域から離れました。あなたは、通常の学ぶ手段と思考と努力を『愛のコース』のために使わないよう指示されました。このコースは、マインドではなくハートのためにあります。これは、思考や努力の方法を伝えるものではなく、感じ方、心に平和を宿す方法、直接的な関係による生き方を伝えるものです。もう一度、言います。融合の中で得た直接的な関係においては、学びは必要ありません。あなたは、第二部の解説IIを終える前、あるいは終えたあと、融合というものを本当に認識するかもしれません。それが起こるまで、あなたは自分のことを学ぶ存在であると知覚し続けます。それが、このコースが『奇跡のコース』で与えられた課題の続きである、唯一の理由です。あなたは自分のことを、まだ手にしていないものを獲得しようとしている学習者ととらえ、学べないものを学ぼうとしていく努力を続ける間、融合を認識することはできません。あなたは融合の中で生きる存在であり、そこでは永遠に学びから解放されています。

A.5　これは、このコースが簡単であるとか、学び終えることは簡単であるとか、そのようなことを述べるものではありません。このコースが難解だという知覚を作り出している、思考と努力による学びに対する執着を捨てることが、あなたには難しいでしょうと述べています。ですから、できる限り古い学びの手段に固執せずに、このコースを進めるようにと伝えました。理解できなければ、理解できないことを受け入れ、進んでください。あなた自身に語りかけられているかのように、これらの言葉に耳を傾けてください。これは、確かにあなたへと語りかけているからです。友人の話を聞くように、聞いてみてください。語られていることをただ聞くために耳を傾け、言葉があなたの中へ入っていくように、耳を澄ませていてください。

A.6　これらは、このコースを初めて読むときに勧める方法です。

A.7　理解しようとせず、意味を把握しようとせず、以前のような学ぶ努力をせずに耳を傾けられるようになると、あなたの変容が始まります。それは、頭からハートへ、そして分離から融合へと向かう移行です。

A.8　完全な心の状態になったあなたは、このコースを再び読む準備ができています。その状態では、難解さは感じられず、このコースを理解できるようになっていることがわかるでしょう。あなたは、新しい方法で自分自身を知り始めます。知覚やマインドの判断がない状態で、自分自身を知るようになります。本当の自分を知り始めるのです。そしてこのコースの言葉を、自分自身のハートの言葉として聞くようになります。

A.9 あなたは、このコースの経験を他者と分かち合わずにはいられないと感じるかもしれません。そうなると、何が起こると思いますか。

A.10 大抵は、このコースをもう一度読みたくなります。声を出して読みたくなります。語られる言葉を聞きたくなります。音読して、このコースの言葉が自分の中へと染み込んでいくことを望むのは、自然なことです。繰り返しますが、意味を理解しようとして、読むことを中断する必要はありません。それは勧めません。ただ耳を傾け、応えてください。自ずと意味が浮かび上がってくるのを待ちましょう。

A.11 あなたが、このメソッドで受け入れたと思う内容は、まさに教えることができないものです。このメソッドでの学びは、のちに探し求めたり、探して得ることができたりするものではありません。このコースで発見するもの、それは「受け入れる力」です。あなたは、ハートの方法へと戻っていきます。他者と分かち合うことで得るものは状況であり、あなたはその状況において、ハートの受容力を使って、融合の内側で「知る」という経験をします。

A.12 わたしはあなたに、「質問しないでください」「討論し始めないでください」と述べているのでしょうか。わたしはただ、知覚を求める前に、「受け取ってください」とお願いしています。しかし他者に持てるものを、持たざる者として、受け取らないでください。このコースは、あなたが持っていない情報を伝えるものではないからです。わたしはただ、ハートの方法である受け入れる力を身につけるために、受け取ってくださいとお願いしています。立ち止まって、マインドを休ませてください。マインドには異質でも、ハートには愛されている、新しい領域へと足を踏み入れてください。努力を要する課題のないことへの安心感で満たされる機会を、自分に与えてください。このコースに取り組む際、自己啓発のエクササイズとして取り組んだり、達成することを目的にして取り組んだりするのなら、その姿勢は忘れてください。それを忘れることでのみ、自分がすでに完成されていることに気づくでしょう。

A.13 ハートは、受容力を通してマインドが受け入れ難いものを楽に受け入れます。さあ、あなたは、必要な疑問を問う準備ができています。ハートに生じる答えや、隣に座った人の話し声から聞こえる答えに、耳を傾ける準備ができています。あなたは今、周りのあらゆる声を判断せずに聞く準備ができています。議題を持たずに話し合いに参加する準備ができています。聞き忘れたり、自分の考えを発言したりすることにあまり気をもむことなく、話し合いを始める準備ができています。何かを得ようとする攻撃性を持たずに、ただ理解が訪れるままにしておく準備ができています。

A.14 あなたは我慢強く、愛情深く、優しい人です。あなたは、優しい時間に足を踏み入れました。考えるマインドの邪魔や警告のない状態で、あなたは自分の感覚が伝えることに耳を傾け、それを信頼し始めます。それを信頼し始めると、あなたは本当の自分を延長し始めます。そして、真に与えることと受け取ることは同じ、という経験が起こり始めます。あなたは聖なる関係へと足を踏み入れたのです。

A.15 心を打ち明けるミーティングの進行役は、この本を読んでいる参加者を、エゴのマインドから、完全な心であるキリストのマインドへと導くでしょう。そのようなミーティングでは、「どう思っていますか」という問いよりも、「どう感じていますか」という問いの方が適しています。解釈と結果の分かち合いよりも、経験と過程の分かち合いの方がふさわしいです。進行役は、参加者に一つの正しい解釈を求めさせることはしません。唯一の正しい解釈は、一人ひとりの内なるガイダンスから生じるからです。参加者は、他の学びの場とは違い、正しい答えも、取り入れるべき特異な信条もないことがよくわかると、競争する気持ちや、自身の信念を主張したがる気持ちが失せていくことに気づくでしょう。学習者は、共通の信念の必要性から、自身の確信と権威へと移行を始めます。

A.16 学習者が誤って導かれることはあるでしょうか。つまり正しい答えと正確な解釈がなく、間違った答えと不正確な解釈だけがあるという状態はあり得るでしょうか。このコースは、正しいか間違っているかではなく、「融合か分離か」という問題を伝えています。融合と関係性の中では、誰もが答えを受け取り、理解し、それぞれの正しい解釈を得られるだけでなく、必ずそうなることになっています。

A.17 融合と関係性に足を踏み入れない人々は、助けや訂正を得られず、己の知覚の不正確さに気づかされることはありません。彼らの知覚は、彼らにとって真実であり続けます。彼らのマインドが、その知覚が正しいと告げ、マインドの支配権を信じる彼らの信念が、一時的にハートのワンネスを無効にするからです。正しいか間違っているかを問題にする学びや教えにとどまる必要性が強い人々もいます。多くの人々は、価値あるものを手にするためには一生懸命努力しなければならないという論理に納得し、その先へ進むことを思いとどまります。

A.18 はっきりと言いましょう。このコースがそれほど難解に見えないところに、このコースの難解さが潜んでいます。容易であることを求めて難解さを手放すことは、エゴにとっては受け入れられないことです。受容力を求めて難解さを手放すことも、受け入れ難いことです。なぜでしょうか。それがあまりにも難しいからです。それは、これまでのあらゆる学びに逆らい、マインドが機能していた現実に反します。わたしたちはハートに向き合うことで、その難解さをできる限り回避しようとしますが、ある程度は難しいと感じるでしょう。しかしその難しさも、過去に上手くいっていた方法に頼ることを諦める程度の難しさです。

A.19 ハートに向き合う方法が、キリストの時代の方法です。ホーリースピリットの時代は過ぎ、仲介を用いる時代は終わりました。最大の仲介はマインドでした。マインドは、あなたとあなたの内なる知の間に立ちはだかり、知覚という夢に囚われていました。

A.20 あなた方は、集合的にも個人的にも、教えることが可能なものが、その限度を超えたことに不満を抱くようになりました。あなたの準備ができている状態は、焦燥感を覚えている状態と言えます。多くの人々は、待ちきれずに波に乗り、新しい方法へと向かいます。そうでない人々は、新しい方法に逆らい、まだしばらくの間、闘わなくてはなりません。

A.21 新しい方法へと進む準備のできている人々にとっては、闘いの時期はすでに終わっています。彼らは、議論したり、正しいか間違いかを証明されたり、この取り組みやあの取り組みの証言を聞いたりすることには興味がありません。彼らは、マインドの方法にうんざりし、ハートの方法へと戻る準備ができています。

A.22 キリストの時代の学び方が、新しい種類の証拠をもたらしました。それは、エゴのマインドに頼ることを終わらせ、分離した自己を去る意志にはっきりと示されています。これから示されて分かち合われていくもの、それがハートによる完璧な論理です。古い方法を去ることが、崩壊ではなく叡智をもたらすことを示されて、それが分かち合われていきます。一人ひとりが、その叡智をすでに持っていたことを知ります。

A.23 ミーティングの進行役は、多くの参加者がマインドの思考に執着し続けているときでさえ、キリストの時代の新しい証拠に頼ることができます。それを示すことは、融合を受け入れるための内なる融合の場を己の内に見つけられない参加者には、まったく効果がありません。しかし、内なる融合の場から観察する人々には役立ちます。参加者たちの移行を遅らせる理由はありません。新しい方法をまだ受け入れられない人々に対し、優しい気持ちを抱かない理由もありません。新しい証拠を示しても、誰も害を受けません。それはただ、受け取れない人々にはわずかなものしか届かないことを示すだけです。

A.24 叡智は、受容力を通して真の自分を明らかにした人へと受け継がれます。真のアイデンティティを受け入れ、本当の自分を生きることがこのコースのゴールです。わたしが漠然とカリキュラムと呼んでいる過程の中で、それは初級レベルのゴールです。そのレベルで思い出すべきことは、真の自己に誠実であることの目的が、理想的な状態になることや、他者とまったく同じアイデンティティを持つことではないということです。そのレベルはまた、無私無欲の状態になることを目的にはしていません。そうした考えは、このコースで取り消すものであり、勧められる考えではありません。

A.25 必然的に読者は、努力して得るものとは何だろうか、何が残っているのだろうかと考えるかもしれません。そう問うことで、努力をしない状態への難しい移行を再び経験することになります。融合の内側では、完璧さが現実なのです。あなたの現実は融合です。ですから、融合や完璧さを求めて努力をしないことが不可欠です。挑戦を必要とする人々へのわたしからの「返事」は、融合にとどまりなさい、融合と関係性における分かち合いを通し、神聖さという自身の本質を表現しなさい、という呼びかけに挑んで欲しいというものです。その呼びかけについては、第二部でさらに述べています。

II

A.26 マインドやエゴの栄養源となる何かを学ぶ欲求からまだ移行していない読者が、次のレベルへ進むことは、ほぼありません。次のレベルは、読者がこのコースを受ける際に経験した同じ状況をもたらしますが、今度は、日々の中でそうした状況に遭遇していきます。読者はもはや、単なる読者ではありません。彼らのこのコースの経験は、読解やクラスルームを超えて広がっていきます。学びが整ってきていることを感じる人もいるでしょう。あるいは、読むことで与えられるガイダンスが、来ては去るもののように思えることもあるでしょう。「学んだこと」に頼りたくなる思いが膨らむかもしれません。遡って復習したくなったり、何度も戻れるよう文章にハイライトを入れ始めたりするかもしれません。新しい疑問が生じ、フィードバックやディスカッションへの欲求が高まることもあるでしょう。また、クラスルームや集まりに戻ることがほとんど不可能に思えるほど、日々の経験に打ち込んでいるという読者もいるでしょう。

A.27　標準的な学びの場にいるのではなく、新しい方法で人生経験を積んでいる読者は、すでに受け入れて知っていることを強化しようとし始めます。頼りになる友人に判断のない助言を求めるように、「言葉」は、あなたが頼るべきものです。新しい生き方をし始めた読者が発見していくもの、それが、彼らの中にもっとも深く根づいている思考パターンと行動パターンです。助けが必要だと、彼らは感じることでしょう！

A.28　この時点では、クラスのような集まりには、より順応に応じる必要があるかもしれません。会う回数を減らしたり、よりくつろいだスタイルで自然発生的なミーティングを行っているような元クラスメイトに賛同し、解散したりすることもあるでしょう。この時期、ミーティングの進行役や参加者たちは、可能であれば互いに助け合えるようにすることが大事です。経験を通して得られたものは、まだ分かち合われる必要があるからです。その分かち合いは、分かち合う意味を色濃く感じられる機会になる可能性があります。それは、相違を明らかにすると同時に、相違が分離を生むのではないという、喜ばしい気づきをもたらすからです。

A.29　集まりの形態がどうであれ、わたしたちが前進することには変わりありません。学びから移行し、あるがままに受け入れることを目指します。この時期は、相違が浮き彫りになるかもしれません。しかし、分かち合いで明らかになることは、それぞれの経験が大きく異なり、多様な「学び」の場があるように見えても、実は皆が、数々の新しい同じ洞察と真実にたどり着いているということなのです。

A.30 こうした経験はそれぞれのペースで進んでいくものなので、初期の頃の焦りがさらに募ったと感じる人もいるでしょう。比較が生じ、周りの人ほど素早く前進していないと感じる人たちもいるかもしれません。早く進んでいる人たちは、息をつく時間が必要だと思うかもしれません！

A.31 移行の速度は人それぞれなのに一緒に第二部を読むことは、貴重な時間の無駄だと感じられるでしょう。したがって、第二部に取り組む人々の集まりは、必然的に経験の分かち合いが多くなります。ミーティングの進行役の仕事の一つは、分かち合われた経験をこのコースの文脈の中でとらえることです。進行役は、参加者に話す時間を与えたあと、分かち合われた内容に合う箇所を選んで読み上げることもあるでしょう。進行役の役割は、常に、この時期に強く現れる可能性のある、物事を「解明」しようとする傾向から、参加者を引き離して導くことです。問題を解決することは推奨されず、信頼することが推奨されます。ディスカッションは、大抵、「その状況を新しい見方で見たら、どう見えるだろうか」という問いで進められます。容赦のない執拗なマインドの考えに対して思考術の優しさを促すことは、どんなときでも有効です。過度な思考は、常に冷酷で、批判的で、考える人を疲弊させます。その人は、そんな思考の支配を手放す助けが必要です。苦しむことを自分に許可するべきではありません。

A.32 相手のパターンを認識して力を貸すこともまた、進行役や他の参加者が与えられる、非常に有益な助けです。過去の定着したパターンは、本人がそのパターンを認識していたとしても、取り除くことは困難です。その人が自分の癒されていない部分を受け入れ、ゆるし、手放すために、癒されていないものが浮上するたびにその人に促されていることというのは、ただ通り過ぎるパレードを見る態度でいることです。危険を伴う古いパターンや状況の一つひとつを手放すたびに、絶望の雲が消え、また一つ暗闇が遠のき、また一つ光が現れ、道を照らしてくれます。

A.33　この時期、進行役は大抵、参加者一人ひとりの自己評価と自己不信を目の当たりにします。参加者は、自分には何かが欠けていると思ったり、融合を経験していないように感じたり、自分や神を知ることがほど遠く感じたりすることがあります。しばらくはこのコースの学びがとても順調だったのに、今では失望しているという人もいるでしょう。このコースが約束している平和、安心、豊かさは、いったい、いつどこからやってくるのだろうと思うこともあるでしょう。そんな彼らは、落ち着いて今にとどまり、探し求めるものはないことを思い出すための助けが必要です。彼らが必要としているのは、この時期の日々の取り組みが、学んだことを一体化させるためには必要なのだという、あなたからの励ましの言葉と安心をもたらす態度です。第二部の融合に関する解説IIの初めにある、次の箇所を見直すとよいでしょう。「まだ宝物だと認識されていないものが、宝物だと認識されるようになります。一度そう認識されると、それは能力と見なされ、やがて経験を経てあなたのアイデンティティとなります」

A.34　資格、証明書、学位、称賛、敬意、地位をもたらした過去の功績は、今や過去のものです。人々が今求めるものは、このコースの取り組みに身を投じた恩恵です。それが古い方法で現れることを期待しているうちは、新しい方法で訪れるその恩恵を見逃すでしょう。ですから、過去の功績は続くものではなく、それは彼らが今、真に求めているものではないことを優しく伝えてあげてください。本当の自分を生きることで、ようやくゴールに到達できることを思い出させてあげてください。それは、今です。未来ではありません。それは彼らとともにあり、彼らを超えたものではありません。宝物は、彼ら自身です。

Ⅲ

A.35 第二部の取り組みを終えると、わたしとの直接的な関係性が始まります。対話を始めることで、直接的な関係が明らかになります。そして、それはただ会話に参加する以上のことを意味します。第二部の解説Ⅰで述べたように、「創造とは、これまであなたが応じてこなかったものと対話をすることです」

A.36 創造とは、対話です。

A.37 創造は、与えることと受け取ることが同じである、終わりなき行為です。対話も同じです。

A.38 「耳を傾けてください。すると、聞こえてきます」と言いましたが、何に耳を傾けるのでしょう。対話を始めることは、今という瞬間にとどまることに似ています。さまざまな方法で語られるすべてを聞くことにも似ています。今こそ、あらゆる創造において、わたしの声が聞こえ始めるときです。あなたが創造し、あなた自身の声で応じ始めるときです。自分が創造者であることに気づくときです。

A.39 今こそ、素晴らしい親密さを感じるときです。あなたとわたしの親密度は、このコースの取り組みが始まったときからここへ至るまでの中で、今が一番近しいと言えます。日々のどの瞬間においても、あなたが遭遇するすべて、感じるすべての中で、「わたし」が「あなた」に直接語りかけていることに気づくときです。真の啓示を体験するときです。その体験を通して、真の自己が明らかになります。

A.40 それが、対話によって明らかになることです。特に、二人以上の対話で明らかになります。本当のあなたが明らかになるのです。

A.41 わたしたちが語る対話とは、あなたの真の自己と他者の真の自己との関係や、真の自己と人生の関係、真の自己と神の関係、人と神性の関係の中で行われるものです。これは、二元性を示唆しているようですが、関係性を示しています。融合と関係性という概念が今、完全にあなたの一部にならなければなりません。

A.42 あなたは、第三部にある対話を学ぶ「学習者」なのではなく、その対話に全面的に臨む参加者なのです。あなたは、本当の自分を明らかにする最終段階へと入りました。本当の自分が完全に現れると、クラスルームを去って本当の自分を世界で生きるときが訪れたことを知ります。本当の自分として世界に参加することが、継続する対話の一部であることに気づきます。それが創造の継続性であり、その継続性によって新しいものが創造されていくことを知るのです。

A.43 あなたを本当の自分へと回帰させたこの取り組みとあなたの関係は、どんなものになっていくのでしょうか。この取り組みとの関係は、あなたが世界で本当の自分を生き、表現する中で続いていきます。ある人々にとって、それはこのコースと関わり続けることかもしれません。また、このコースの取り組みについて、他者との直接的な分かち合いを続けることかもしれません。しかし多くの人々にとっては、そうではありません。

A.44 あなた方にとって、「本当の自分を生きる」ということは、融合とワンネスを表現することです。あなたが表現できるものはそれだけです。一人ひとりが融合と関係性の中に存在する本当の自分を表現するとき、新しい創造が始まっていきます。そして完全性と癒しが、あなたの生きる世界を一新します。

A.45 このコースは、愛しい母校のようなものとなり、新しい人生の与え手として尊ばれ、戻ってくる場所となります。そこは、あなたを縛りつける壁を提供したりはしません。このコースが、あなたを制限する教義になることはありません。新しい人生が、創造のあり方、愛のあり方、生きることのあり方、新しいあり方を延長していきます。このコースは、すべての対話において、あなたとともにあり、あなたを不快な状態で置き去りにしたりはしません。このコースの恩恵とこのコースとの関わりには、終点はありません。

A.46 このコースで続くものとは、この対話です。対話は継続します。

A.47 ともに学び、成長し、新しく生まれ変わった人々と集まってください。しかし、柔軟な形で集まってください。この対話は、あなたの周りで続いていきます。わたしは、あなたとともにいます。決してあなたを不快な状態で置き去りにはしません。わたしはここにいるので、呼びかけてください。わたしに語りかけてください。すると、わたしはあなたの声を聞きます。あなたは耳を傾けてください。すると、わたしが応えます。わたしは、あなたに応じる声の一つひとつに存在しています。あなたが他者に応じるとき、あなたの声はわたしの声となります。

A.48 完成された芸術品として歩むのではなく、浸透するエネルギーとして歩み出してください。常に変化し、創造し、新しく生まれ変わってください。あなたとあなたが出会うあらゆるものを通して啓示が起こるよう、心を開いて前に進んでください。この発見の旅を喜んで始めてください。常に新しく生まれ変わり、一人の人として愛される人になってください。

A.49 継続するこの対話の中で、あなたの声を聞かせてください。それだけが、あなたに求められています。それは、あなたがこれまで差し出してきた贈り物であり、あなたがこれから世界へもたらす贈り物です。それはあなた自身の声です。本当のあなたの声なのです。それは、分離の声でも分離した自己の声でもなく、融合の声であり、たった一つの真の自己の声です。融合は、そのように表現され、形で認識されるものとなります。それが、新しいものを迎え入れ、世界を変えていきます。あなたなしではそれは達成されません。完成された存在として、融合と関係性の中で生きるあなたの力がなければ、それは達成されません。

A.50 愛しい兄弟姉妹たちよ、あなたは完成された存在です。

あとがきにかえて

香咲弥須子

A Course of Love『愛のコース』（以下ACOL）の日本語版、全三部が出揃いました。

原書（英語）では、まず三冊で出版され、それが一冊にまとめられて再販されたものが、現在出ていますが、日本語版は、三冊に分かれています。

まず、現在の出版社 Take Heart Publications 代表、ACOL の編集者、そしてまた、世界各国に広がる ACOL のコミュニティをリードしているグレン・ホーブマン氏より、日本の読者に向けて、メッセージをいただいていますので、ご紹介します。

テイクハート出版を代表して、ナチュラルスピリット社の今井社長、および香咲弥須子、ティケリー裕子両氏の翻訳、編集チームに、『愛のコース全三巻（ACOL）』の出版を心よりお祝い申し上げます。

この壮大で長大なイエスからのメッセージを翻訳することは、少なくとも二つの異例な理由からチャレンジングなものと言えます。

まず第一に、ACOLでは非常に高度な霊的なアイデアが提示されており、正確に伝えるためにはある程度の言語を扱うにあたってクリエイティブな力が必要とされます。

そして第二に、ACOLは通常の意味での「書籍」ではありません。それはむしろテキストよりも「エネルギーの伝達」に近いものです。開かれた心で接する読者は、その真実を感じることでその真実を認識するでしょう。これを成功裏に伝えるには、翻訳者にとってかなりの技量と調和が必要です。

この作品の受け手であるマリ・ペロンは、イエスのメッセージに干渉する個人的なアジェンダを持たない霊的に誠実な人物です。彼女は人間として可能な限り、受け取ったものを一切変更せずに記録しました。その結果、真の啓示が得られました。

ACOLは十の主要な言語で出版され、さらに増えています。ACOLコミュニティは世界中に広がりつつあります。ACOLの公式ウェブサイト(https://acourseoflove.org/)で利用可能な幅広いリソースを探索することを読者に奨めます。右上隅のドロップダウンメニューを使用して即座に日本語で読むことができます。ウェブサイトには、いくつかの外国語グループを含む多数のオンラインディスカッショングループがリストされています。

読者は、他の多くの霊的な書籍とは異なり、ACOLが「学習」するための本ではないことに気づくでしょう。

ACOLは一切の霊性を磨くための努力を求めません。ポイントになるべきは、あなたが、あなた自身の受信者である、ということです。イエスが述べているように、ACOLの唯一正しい解釈は、各読者の「内的ガイダンスシステム」から生じるものです。つまり、永久に人々の内部に存在するホーリースピリットからです。ACOLを通じて、真実へのポータル、あなたのハートが先導し、ハートとマインドが融合するのです。

ACOLは変容を導きます。喜びに満ち、充実した未来へようこそ。

グレン・ホープマン

グレンは、ACOLの「第一部　コース」でも、まえがきを寄せてくださっています。その中に、ACOLの成立過程、イエスの声を聞き取り、記したマリ・ペロンについて、そして『奇跡のコース』（A Course in Miracles 以下 ACIM）との関連について、詳しく記されているので、目を通してくだされればと思います。

ACOLの内容や読み進め方について、解説しておかなければならないことはなく、むしろ、一人ひとりの読者が、まっさらな気持ちで、ゆっくり噛みしめながら読み進んでくださるのがよいと思っています。

ACOLは、〃愛のコース〃ですから、愛の学びであることは明白です。とはいえ、これもグレンが述べているように、内容を頭で理解して知識を蓄積していくという学びのためのテキストではなく、「エネルギーの伝達」を受け取っていくプロセス、いわば、〃各ページをハートにかざして〃感じていく、染み込ませていく、愛の呼びかけに応え、愛に染まっていく、というような至福の学びです。

そのエネルギーは、ホーリースピリットから送られるものであり、内なるキリストそのもの、そして、わたしには、マリア的な優しさに満ちたものと感じられます。

マリア的とは？

女性的であるとか、母性であると言い換えるのは適切ではないでしょう。それは、女性性、男性性といったものをはるかに超えて、すべてを包み込むもの、あるいはすべてを引き受ける愛そのものです。

たとえば、マインドの中のハート。

そのハートは、芳しい香りを放つ花のようであるかもしれません。

そして、マインドいっぱいに散らばっている数々の感情、記憶、思考が、一気に、または一つずつゆっくり、開いた花の中心に吸い込まれ、その愛に溶けていくような経験が訪れるかもしれません。

わたしが二〇〇六年にACOLに出会い、夢中になって一気に読み通し、その後、「第三部　対話」、特に「四十日＆四十夜」をゆっくり再読したとき、経験したことはまさにそのようなものでした。

まるで花びらがわずかな震えを見せるように、ハートが融合を喜び、祝福の声を送り出すのを実感したとき、

「これが、この地上における真の経験なのかもしれない」

と思いました。そして、

「ゆるしは、このような祝福に着地するようになっているのだ」

とも理解しました。

ものごとを知覚し、反応することが経験なのではなく、それが生きるということなのではなく、ハートとともに受け取る喜びこそが真のいのちの経験なのだと。

もちろん、そのことはACIMにもそのまま当てはまります。ACIMもまた、頭脳で読むものではなく、真の自己の声として、その〝エネルギー〟を受け取っていくものです。

そして分離が消滅する瞬間を、逃さずとらえる。

とらえるときに起こる、他のあらゆる感情とは別次元の〝愛の発動〟(花びらのふるえ)をキャッチする。

そんな経験が、実に具体的で明確な〝愛という原因〟になるということを受け取りました。それが原因であれば、結果を憂える理由はどこにもありません。

ACOLに出会ったとき、わたしはACIMに没頭する十数年間を送っていました。文字通り、一日中ACIMのページを開き、それぞれの日々はワークブックレッスンのためにあり、ゆるしのプラクティスの連続、それが人生そのものになっていました。それ以前に読みあさっていた文学や哲学は、わたしを遠巻きに囲むものとなり、いくつかのエネジーワーク、瞑想法、ボディワークなどは完全に消え去っていきました。そんな中でACOLだけは、ACIMのパートナーとして真っ直ぐ心に入ってきたものです。

ACIMとACOLのパートナーシップについては、わたし個人の見解であり、わたし自身の経験なので、また場所を変えて、皆さんにお伝えできればと思っています。

わたし自身がそうであったために、ACOLは、ACIMの学習者に与えられたものだとわたしは受け取っているのですが、ACIMを知らなくても、あるいは、ACIMを始める前にこちらを読んでも差し支えないし、その方が、「今の自分には合っている」と感じる人も少なくないかもしれません。

そのあたりは各自が自由にしておくのがよく、「どうすべきか」という考え方はしない方がいいのです。(また、自分に合う、合わない、ということや、好き嫌い、得手不得手ということは、他のあらゆることと同様、「今の自分には」と付け加えるのを忘れないようにした方がいいと思います。自身を、固定した、今自分が信じ込んでいる自分に押し込めず、自由にさせておこうというスタンスを持っていることは、このような〝変容〟を希求する学習には大変役立つからです)。

さらに、ACIMとACOLの語彙の違いに戸惑うのですが、というご質問を第一巻、第二巻の読者からいただくことがありますが、そんな時は、ハートで読む(=ホーリースピリットと読む)ことを忘れ、頭脳で知識を蓄積、分析、整理、判断しようとしていたからだと思い出しましょう。姿勢を戻すことで、自分で作った〝しつらえ〟の外に出る経験に出会うことになるのではないかと思います。

ACIM、そしてACOLを通してのイエスの言葉を受け入れてきた今、わたしたちは、自己の完全さも経験し始めています。よりよい自分になる必要はない、なぜなら「これ以上よりよいものなど存在しない」ことを受け入れたからです。そのような努力は不要です。


では、これからは、それに代わって、何を探求していけばよいのでしょうか。

ACOLでは最後にそう語りかけていて、その答えは、こうです。


それは、愛の表現を求める探求です。つまり、世界が必要とする愛の表現を可能な限り目撃し、経験し、分かち合うことです。

それは、長く辛い道のりに感じられますか。終わりのない探求に思えますか。愛の表現を求める終わりなき探求は、まさにそれ自体で永遠です。

これから歩み出す道のりには、終わりがないことを喜んでください。それはただ、際限なく創造していく道のりです。

あなたは今、どのように会いに応えていくべきか、その方法を知っています。あなたが、愛の存在だからです。（ACOL　エピローグ　存在について）

愛の表現を求める探求。

その道は、人の数だけ多彩であるはずですし、あるいは、道中のハートの経験を分かち合うことこそが表現と言える、と言ってもいいかもしれません。

ACIM が、多くのグループによって学ばれ、分かち合われているように、ACOL もまた、グループでの分かち合いは素晴らしく有効でしょう。その方法、注意点なども、この第三部には親切に述べられていますので、ぜひ参考になさってください。

その道のりを、本書に出会った読者の皆さんが喜びとともに歩んでいかれますよう。

そのために本書が役立ちますように。

マリ・ペロンが一切の変更を施さずイエスの言葉を記したように、ティケリー裕子さんは一語一句を非常に大事に扱い、言語の違いによる意味の差異が少しでも生じないよう、句読点に至るまで、細心の注意で訳出作業に臨んでくれました。訳語について何度も議論がなされ、同じ原語を別の日本語表現にした箇所もあります。編集の結城美穂子さん（第一部）、中道真記子さん（第二、第三部）もまた、最後のページまでぴったりとテキストに寄り添ってくださいました。

そして、ナチュラルスピリット社の今井社長、長年を費やしての三巻完結、本当にありがとうございました。最後になりましたが、この場を借りてテイクハート出版のグレンに心からの謝意を、捧げます。変わらぬ忍耐と信頼を示してくださり、サポートの手を常に差し出してくださっていました。

ACOL の分かち合いの輪は、世界に広まりつつあります。愛という融合の実践そのもの、祝福の光が、静かに、でも着実に広がっています。前出の、グレンが示してくれたリンクをぜひご活用ください。もちろん、ご質問、サポート、仲介等はわたしの方でも喜んで引き受けます。

【最初の受け手】

マリ・ペロン　Mari Perron

アメリカ合衆国ミネソタ州出身。ミネソタ大学卒業。1995年、ミステリー小説家として出版社と契約。1996年、『奇跡のコース』に出会う。1997年、友人二人との密接でスピリチュアルな求道体験をまとめた『グレース』出版。1998年、イエスからのメッセージを聞き取り、『愛のコース』の記録が始まる。2001年、メッセージの聞き取りを完了し、『愛のコース』を三部作としてまとめる。2014年、『愛のコース』出版。現在全米各地で『愛のコース』の講演を行っている。

HP　https://acourseoflove.org

【監訳】

香咲弥須子　Yasuko Kasaki

1988年よりニューヨーク在住。

1995年『奇跡のコース』を学び始める。2004年ヒーリング・コミュニティセンターCRS（Center for Remembering & Sharing）をマンハッタンに設立。国際ペンクラブ会員。国際美容連盟IBF理事。『奇跡のコース』『愛のコース』の教師、作家、翻訳家。CRSを中心に、セミナー、講演会等を世界各国で行っている。

香咲弥須子公式HP　https://www.yasukokasaki.com

ヒーリング・コミュニティセンターCRS　www.crsny.org

note「どうでもよくない、どうでもいいこと」　https://note.com/yasukokasaki/

香咲弥須子公式LINE　https://lin.ee/vB7MpxZ（ID @yasukokasaki）

香咲弥須子公式HP

ヒーリング
・コミュニティセンターCRS

note
「どうでもよくない、
どうでもいいこと」

香咲弥須子公式LINE
（ID @yasukokasaki）

【翻訳】

ティケリー裕子　Yuko Tekelly

ペンシルバニア州ドレクセル大学卒業。訳書に、本シリーズの他、ゲイリー・R・レナード著『イエスとブッダが共に生きた生涯』、シンディ・ローラ・レナード著『健康と幸せのコース』（いずれもナチュラルスピリット刊）など。

愛のコース
第三部　対話

●

2024 年 5 月 8 日　初版発行

記／マリ・ペロン
監訳者／香咲弥須子
訳者／ティケリー裕子

本文デザイン・DTP ／山中 央
編集／中道真記子

発行者／今井博揮
発行所／株式会社 ナチュラルスピリット
〒101-0051 東京都千代田区神田神保町 3-2 高橋ビル 2 階
TEL 03-6450-5938　FAX 03-6450-5978
info@naturalspirit.co.jp
https://www.naturalspirit.co.jp/

印刷所／モリモト印刷株式会社

ISBN978-4-86451-469-9　C0011

愛のコース 第一部 コース
愛のコース 第二部 解説書

マリ・ペロン【記】
香咲弥須子【監訳】
ティケリー裕子【訳】

A5判・並製／定価 本体 2300 円+税

A5判・並製／定価 本体 2400 円+税

『奇跡のコース』の続編とも言われる書！（全三巻）

イエスからのメッセージを約三年間にわたり聞き続け記録した、ハートのためのコース。
愛の本質を説くものであると同時に、私たちがその本質に触れ、経験できるよう、段階を踏んで導いてくれるカリキュラムです。

お近くの書店、インターネット書店、および小社でお求めになれます。